TERREUR EN GÉVAUDAN

Du même auteur

Je vous marie, salut, roman, éditions Ramsay, 1990

Saint-Flour l'exil terrestre, chronique, éditions Belfond, 1997,
   nommé pour le prix Terre de France en mars 1998

Vierge noire, polar archéologique,
   éditions du Pré aux Clercs, avril 2009

Mystères du Berry, polar archéologique,
   éditions La Geste, mars 2018

© Centre France Livres SAS, 2019
POLAR
45, rue du Clos-Four – 63056 Clermont-Ferrand cedex 2

Philippe Mignaval

Terreur en Gévaudan

dB

POLAR

PHILIPPE MIGNAVAL

TERREUR
EN GÉVAUDAN

1

Le 19 juin

C'EST AU MOIS DE JUIN, dit le conservateur, que la Bête fut tuée. Il était encore trop tôt pour les blés et les foins, ce qui libérait quelques chasseurs pour les battues du marquis d'Apcher.

Des photos défilent sur l'écran. Elles plantent le décor. Chemins immémoriaux, croix dévorées de lichens, ruines poignantes, genêts et taillis, rochers et replis étranges, montagnes brumeuses. Des images d'aujourd'hui bien sûr, mais choisies pour leur aspect sauvage. Ainsi demeurent la Margeride et le pays des Trois Monts. Bien qu'ils me soient familiers depuis toujours, ces paysages me font presque frémir. Je ne suis pas le seul. La salle est silencieuse, attentive, réceptive.

— Cent et cent hivers de neige, poursuit le conservateur, ont lavé le sang des victimes. Mais, dans le pays, on se raconte encore avec une précision étonnante ce qui est arrivé. C'est comme si le deuil n'avait pas été fait. Après tout, il s'agit de crimes non résolus puisqu'on ignore toujours l'identité de la Bête.

— Combien a-t-elle tué de gens ? demande une voix profane.

— Une centaine de femmes et d'enfants. Le décompte est difficile.

— Certains villages ont payé un tribut énorme, intervient quelqu'un du premier rang.

Le doigt doctement levé, l'homme se tourne vers l'assistance. Dans le milieu des mordus de la Bête, ce prof montpelliérain est connu pour son redoutable sens du détail.

— Huit victimes à Venteuges, récite-t-il, cinq à la Besseyre, quatre à Grèze, sept à Nozeyrolles d'Auvers qui ne comptait que deux cents habitants. La comptabilité pour l'année 1767 est assez floue, cependant...

Le conservateur vient de glisser dans le lecteur un nouveau CD. De grands sapins lugubres apparaissent sur l'écran.

— Le musée que nous inaugurons aujourd'hui, reprend-il, se trouve non sans raison à l'orée de la Ténazeyre. Cette photo a été prise à deux pas d'ici.

Les regards se détournent en direction des hautes fenêtres. Un vent sournois descendu du mont Mouchet fait frissonner les proches herbages. Au-delà se dresse un bois touffu et escarpé. Une forêt comme tant d'autres. Mais il y a ce que nous en savons. Des écharpes verdâtres volètent parmi les ombres.

— Cette forêt de la Ténazeyre, commente le conservateur, fut l'ultime repaire de la Bête. Un enfant venait d'être dévoré. Le jeune marquis s'est rendu sur les lieux dans la nuit avec douze chasseurs. Parmi eux, un paysan âgé de 60 ans, Jean Chastel. Chastel se poste à la Saugne d'Auvers. Il voit arriver la Bête, tire et la tue. C'était le 19 juin 1767.

La photo suivante est d'une obscurité affreuse. Le conférencier tente sans résultat d'affiner le réglage. Cet antre de noirceur, c'est la Saugne d'Auvers. Une fourche de sentiers dans les sous-bois.

— Le marquis d'Apcher fit charger la dépouille sur un cheval. On la transporta au château de Besque entre Auvergne et Gévaudan. Un chirurgien apothicaire de Saugues fut appelé pour embaumer la Bête.

— Entre parenthèses, il a fait ça comme un cochon, ronchonne le vieux prof de fac.

Quand il s'agit de la Bête, tout est toujours sujet à caution. La compétence des intervenants de l'époque et la valeur des témoignages n'en finissent pas de susciter des polémiques. L'assistance mur-mure. Elle est composée, bien sûr, de spécialistes de tout poil, mais, pour une circonstance telle que l'inauguration du musée de la Bête, s'y ajoute tout un aréopage d'officiels régionaux et de partenaires du projet. Il y a aussi des journalistes, des chasseurs d'insolite, deux ou trois prêtres, toutes sortes de curieux plus ou moins travaillés par le sujet, des retraités désœuvrés systématiquement avides de conférences, des érudits locaux, des poètes maudits, des artistes, des illuminés notoires, des étudiants, des étudiantes dont l'une, jolie d'ailleurs, lève la main.

— On l'a tuée, dit-elle. Donc on pouvait savoir. Ces gens n'ont pas dit ce qu'ils avaient vu ?

— Oui et non, répond le conservateur. Nous avons plusieurs textes, mais décevants, je le reconnais.

— « C'était une espèce de gros loup mâle, rougeâtre, lit le prof de Montpellier. La tête extrê-mement grosse et le museau fort allongé, plus que celui d'un loup ordinaire... »

— Mais, d'abord, comment pouvaient-ils être sûrs, insiste la jeune femme sur un ton de char-mante impertinence, que c'était bien la vraie Bête, celle qui avait mangé tous ces gens ?

— Elle a été identifiée par de nombreuses per-sonnes. Des personnes qui, de son vivant, l'avaient vue de près. Et puis son estomac contenait la tête du fémur d'un enfant de 8 à 9 ans. Après sa mort, en tout cas, on n'entendit plus parler d'aucune attaque.

— Là j'ose dire, intervient le prof, que ça ne prouve rien. On avait bien trouvé des témoins pour reconnaître la Bête dans le loup tué aux Chazes en 1765.

Image suivante. Sur l'écran apparaît une gravure ancienne. Le conservateur toussote pour s'éclaircir la voix.

— Voici, dit-il, le château de Besques, paroisse de Charraix, où fut autopsiée la Bête. Sur l'emplacement, on ne voit plus aujourd'hui qu'un simple pré. De Besques, il ne reste plus une seule pierre.

— Mais le cadavre de la Bête ? demande l'étudiante.

— Inutile de faire le déplacement, ironise le conservateur, vous ne le verrez pas non plus. Ce qu'il est devenu ? C'est la grande question. Enfin, c'est l'une des grandes questions. On l'a mis dans une caisse. Un domestique du marquis d'Apcher l'a convoyé à Paris. À l'arrivée, M. de Buffon a déclaré que c'était un loup énorme.

— Buffon, le savant ? Et c'est tout ce qu'il a dit ?

— On n'en sait pas plus. Malgré la tentative d'embaumement, la Bête était dans un tel état de putréfaction qu'on a renoncé à la présenter au roi Louis XV. On s'en est sans doute débarrassé dans un dépotoir proche de Versailles.

Nouveaux murmures dans la salle. Chacun se penche vers l'oreille de son voisin. Cette précieuse pièce à conviction perdue pour toujours, c'est dur à avaler, n'est-ce pas ? On aurait tant voulu être là pour voir...

— Oui, mais nous avons le rapport d'autopsie, intervient le vieux prof. C'est le rapport Marin...

— J'y viens, reprend le conservateur, un peu agacé à force. Le notaire Roch Étienne Marin a rédigé une sorte de compte rendu : « Étant au château de Besques, Monsieur le Marquis nous a fait représenter cet animal qui nous a paru être un loup, mais bien différent par sa figure et ses proportions des loups que l'on voit dans ce pays. C'est ce que nous ont certifié plus de 300 personnes de tous les environs qui sont venues le voir. »

Pour illustrer ce propos, l'écran affiche l'image sinistre d'un matériel chirurgical de l'époque. Là, c'est juste pour l'ambiance. Une pièce de musée quelconque. Je marche, cependant. Malgré mon habitude de la question, la fièvre est toujours là. Dire que ces gens avaient la clé à portée de main !

— Toujours d'après Marin, des connaisseurs lui ont montré que cette bête ne ressemblait au loup que par la queue et le train arrière. « Sa tête est monstrueuse. Ses yeux ont une membrane sin-gulière qui part de la partie inférieure de l'orbite. Son col est recouvert d'un poil très épais d'un gris roussâtre traversé de bandes noires. Il a sur le poitrail une marque blanche en forme de cœur... »

— Les pattes de devant, ajoute le prof de Montpellier, étaient plus courtes que celles de derrière. De nombreux témoignages de gens attaqués le confirment. Mais ces gens n'ont-ils pas été conditionnés ?

— De l'avis des chasseurs, on n'a jamais vu aux loups pareilles couleurs. La couleur du chevreuil. Les côtes aussi ont attiré l'attention. Elles donnaient à l'animal la liberté de se retourner aisément...

Ses feuillets à la main, le conservateur remonte lentement l'allée. C'est mortifiant, mais c'est ainsi. L'histoire officielle de la Bête s'achève sur cette description contradictoire et décevante. C'était un loup, mais ce n'en était pas un.

— Précisons, intervient l'interrupteur de service, que cette autopsie est controversée. « Une troupe de suppôts de saint Côme accourut, dit un autre témoin... Ils étaient armés de couteaux qui leur servaient de scalpels. Ils employèrent tout leur art à détruire les viscères du bas-ventre et de la poitrine. Leur zèle était plus grand que leur connaissance et, au soir, les parties les plus curieuses de l'animal n'existaient plus. »

— Eh oui, soupire le conservateur, la Bête a été découpée. Que sont devenus les morceaux ?

2

Les cent visages du monstre

AUJOURD'HUI, 19 juin, date anniversaire de la mort du mythique prédateur, s'ouvre au château de Ribeyrevieille le grand musée de la Bête du Gévaudan. Pourquoi Ribeyrevieille ? À cause de l'esprit. En arrivant ce matin en voiture, par un frais soleil encore brumeux, je me suis dit que, pour une fois, les institutionnels avaient été bien inspirés. Ce lieu a gardé une bonne part de son mystère. Il appartient au monde de la Bête.

Installé dans une petite ville du Gévaudan, certes pittoresque, mais inévitablement cernée par le cortège des lotissements, des thuyas transgéniques et des nains de jardin, le musée n'aurait été qu'une attraction touristique. À Ribeyrevieille, c'est autre chose. Pas de pavillons ni de thuyas, même pas de route goudronnée. Le visiteur motivé stationnera au bord de la départementale. Il gravira à pied le chemin caillouteux. Le musée, de plus, n'ouvrira que quatre mois par an. En hiver, Ribeyrevieille rechargera ses batteries de solitude.

Les pointes des toits émergent des arbres comme un signal. En haut des marches érodées du double escalier se dresse une porte zébrée de griffures étranges. C'est derrière cette porte cloutée que sont aujourd'hui réunies toutes les plus belles pièces historiques concernant l'affaire de la bête tueuse. Du haut de la tour de l'Ouest, la vue embrasse le théâtre dantesque de ses crimes. Le château de Ribeyrevieille règne sur un peuple de bergères ensanglantées.

De 1765 à 1767, la famille de petite noblesse qui habitait ce manoir rustique avait hébergé des hommes de Denneval, puis d'Antoine, spécialistes envoyés par le roi. Leur présence n'avait pas empêché la Dévorante de hanter les abords. Presque au pied du château, une fille de métayers était sortie un soir pour aller chercher chez des voisins des braises dans un sabot. Cette fille avait été égorgée et décapitée. La Bête l'avait mise en tant de morceaux que le curé du coin, tatillon, s'était longuement demandé s'il fallait lui accorder une sépulture.

Ce matin, un représentant d'une administration culturelle a retracé l'histoire du château et la préhistoire du projet. Comment le manoir avait échappé aux destructions et pillages de la Révolution. Comment, dans le courant du XXe siècle, des propriétaires nantis et successifs s'étaient efforcés d'en faire une résidence d'été. Devant l'ampleur des travaux et l'abnégation requise, tous avaient fini par renoncer, préservant tout au plus l'étanchéité. Les intempéries, là-haut, ne pardonnent pas.

Bref, c'est par une suite de petits miracles que Ribeyrevieille a pu conserver ses toits, charpentes, boiseries, miroirs de cheminée, trumeaux, meubles et tapisseries. Il y a trois ou quatre ans, une collectivité locale rachetait le tout.

Aujourd'hui, 19 juin, le colloque qui accompagne l'inauguration du musée est censé faire le point des connaissances sur la Bête. Mes récents articles et recherches me valent d'y être invité en tant qu'intervenant. Malgré une aversion certaine pour tout ce qui est collectif, officiel et encadré, j'en suis plutôt flatté. La Bête et le Gévaudan, ça compte pour moi. Je suis né et j'habite près du Malzieu, dans une ferme depuis toujours familiale. La Bête, j'ai toujours baigné dans son jus. Enfant, c'est avec une douce horreur que j'entendais narrer ses exploits réels et imaginaires.

Ce qu'était la Bête du Gévaudan ? Je ne suis pas le seul que le mystère de son identité fascine.

Les tenants de toutes les théories, tous les auteurs (vivants) de tous les livres et publications sont aujourd'hui réunis pour en débattre. La salle d'armes voûtée de Ribeyrevieille résonne de l'éternelle controverse.

Certains accusent le loup. Bernard Andrieu, universitaire de Montpellier, a traité par ordinateur toutes les données et prétend faire parler les chiffres. D'après lui, nous avons affaire à une famille de loups ayant pris goût à la chair humaine. Pour d'autres, tel Éric Stanley, éthologue venu du Canada, il s'agit d'un croisement loup-chien ou d'un loup imprégné, c'est-à-dire élevé, voire dressé par l'homme et ayant perdu sa crainte viscérale de l'être humain.

Il y a aussi les défenseurs du loup. Un peu trop catégorique à mon sens, Henri Barma, spécialiste et éleveur de ce fauve, affirme qu'il n'attaque jamais l'homme. Quoi alors ? Une hyène échappée d'une ménagerie aurait-elle résisté aux hivers du Gévaudan ? Serait-ce quelque hybride, comme l'envisageait déjà, à l'époque, le capitaine Duhamel ? Un chercheur clermontois défend la théorie du chien dressé à tuer. La Bête aurait été revêtue d'une cuirasse en peau de sanglier, ce qui expliquerait son aspect bizarre et son invulnérabilité aux balles et aux plombs. Après une lutte acharnée contre elle, un berger affirmait lui avoir vu « le ventre boutonné ». De sangles, peut-être.

Il y aurait eu, d'après certains, intervention humaine. Meneur de loup. Loup-garou. Intervention maléfique en tout cas. La famille Chastel, et surtout

Antoine, fils du vainqueur de la Bête, est haute-
ment suspecte auprès de nombreux auteurs. La
Bête n'est-elle pas carrément sorcière ? Ne l'a-t-on
pas vue franchir, debout, des rivières ? Ne l'a-t-on
pas vue se dresser contre des fenêtres pour regarder
dans les maisons ? Ne l'a-t-on pas entendue s'enfuir
en prononçant des imprécations ?

Un fou sadique ? Oui, mais tant de témoins ont
décrit un animal avéré. Quel homme, tant bien que
mal revêtu d'une peau de bique, pourrait, tenant
un enfant entre ses dents, s'enfuir à quatre pattes,
poursuivi par des paysans armés, des chiens, voire
des dragons à cheval ?

— Mais qu'est-ce qui empêche un assassin, interroge un criminologue venu de Bruxelles, d'utiliser
les méfaits réels de la Bête pour couvrir les siens
propres et s'assurer l'impunité ? De noyer ses
crimes dans ceux de la Bête ? En ces temps-là, la
médecine légale était plus que balbutiante...

Fléau de Dieu ou fléau du diable ? Contre la Bête,
on organisa des pèlerinages. Contre elle, les chasseurs faisaient bénir des balles fondues dans des
médailles de Notre-Dame du Puy. Ce n'est sans
doute pas un hasard si, parmi ses historiens, on
compte au moins quatre abbés. Quant aux thèses
réputées marginales, faisant appel à des animaux
préhistoriques, des sectes, des extraterrestres, ne
sont-elles pas symptomatiques de la dimension
occulte du sujet ?

Pour d'autres encore, il n'y a jamais eu de Bête. Juste une psychose, un délire collectif.

Parmi les intervenants aujourd'hui présents à Ribeyrevieille, figure un nouveau venu. Originaire de la région et depuis peu retraité, ce paléozoologue, de renommée internationale, paraît-il, vit près de Saint-Alban. C'est une sorte de vieux cinglé, chauve comme un caillou. Son exposé enfiévré met en jeu une étrange procession de chiens, de chats, de mammifères archaïques monstrueusement accouplés, de viverridés et autres ratons laveurs incongrus dont les images flottent comme des fantômes sur l'écran de projection qui masque la cheminée armoriée. L'assistance applaudit poliment.

Après deux heures pleines, le sens critique du public s'est relâché. C'est ce que je me dis pour me mettre à l'aise. J'ai prévu, pour l'ambiance, d'introduire mon propos par quelques considérations sur la vie au temps de la Bête. Nuits sans lumière, chemins mal tracés, hivers de glace, nourriture si dure à gagner que, quel que soit le danger, on ne pouvait dispenser les enfants d'aller faire paître les troupeaux.

De la Bête, tel qu'il en capte les relents, chacun peut tirer sa propre fiction. Comme tout le monde, j'aime les histoires qui font peur. Mais je les préfère sans cinéma, sans effets tonitruants. Je ne crois pas aux monstres dotés de super-pouvoirs. Je crois à de simples présences dans la nuit. Les monstres sont des êtres insaisissables, mais élémentaires. La vraie peur s'enracine dans des rencontres réelles et des faits. Des faits véritables du vrai passé.

Les universitaires hochent la tête. Comme si je passais un examen.

Ayant posé ces préalables, j'en arrive aux connaissances d'aujourd'hui et à ce qui relève de mon domaine. Car ma spécialité est scientifique. Je suis venu parler de mes travaux d'embryogénie. De la régénération des mammouths sibériens. Je suis venu dire que les temps ont changé. Que, grâce à la science, nous serions « peut-être » capables aujourd'hui de rattraper la créature qui jadis nous a filé entre les doigts. Si seulement ses contemporains en avaient gardé quelque chose...

— Alors vous croyez, demande quelqu'un, qu'on pourrait recréer la Bête ?

— En théorie, rien ne s'y oppose. Il suffirait d'une petite cellule... en bon état.

Applaudissements. Merci. Au moment de retourner à ma place, je la trouve occupée. Je dois donc m'en trouver une autre, en l'occurrence au fond. Me voilà tout à côté de la fille aux questions impertinentes. Elle porte avec naturel un chapeau de paille et une robe imprimée qui, sur d'autres qu'elle, pourraient paraître vieillots et ridicules.

3

Champagne pour la Bête

À L'ENTRÉE de l'ancienne salle d'armes, on a installé une sculpture contemporaine réalisée par un artiste introduit. C'est moche et animé. L'œuvre est constituée de fines plaques noires ou cuivrées qui, en se mouvant, sont censées recomposer les facettes de la Bête. Côtés, face et profil. Diverses attitudes. La gueule s'ouvre. L'œil suit le visiteur. Vous croyez tourner autour d'elle, mais c'est la Bête qui tourne autour de vous. Voilà du moins ce que, d'après l'artiste, nous devons comprendre.

À 99 %, je déteste l'art contemporain. Je n'y vois que bluff, frime, goût de chiottes, verbe prétentieux et (quand les collectivités achètent) détournements de fonds. Il n'en reste pas moins que cette sculpture est emblématique. En coupant le ruban, le préfet ne s'y trompe pas. Il s'adresse à la Bête. C'est elle la vedette. Une demi-douzaine d'autres discours, pompeux dans l'ensemble, font suite à celui du préfet, et tout un fastidieux protocole de cirage, léchage et remerciements.

Une image, cependant, me frappe. C'est le geste de la représentante de la DRAC qui, en tant que marraine, se donne pour mission de baptiser l'œuvre de trois gouttes de champagne. Vision étrange que ce liquide doré des mondanités jeté avec désinvolture sur la buveuse de sang et de ténèbres.

On se presse maintenant autour du buffet. Jusqu'à preuve du contraire, l'étudiante au chapeau de paille n'est pas accompagnée. Elle se tient en retrait, dubitative, près d'un sombre vaisselier Renaissance. Je lui propose un quelconque bout de gras embroché sur un bâtonnet. Un amuse-gueule, autrement dit.

— Margeride ? m'étonné-je en entendant son nom. Comme la Margeride ?

— Une belle région, n'est-ce pas ?

Il se trouve que cette fille porte le même nom que la vaste forêt qui nous entoure. 200 000 hectares d'espaces naturels préservés. Une main gantée de blanc nous tend deux coupes de mousseux tiède. Nous faisons quelques pas en direction d'une zone moins peuplée. On dirait que Margeride boite légèrement.

— Ce prénom, c'est vos parents qui l'ont inventé ?

— Il y a eu d'autres Margeride dans la famille. Nous habitons la région depuis très longtemps.

— Depuis Louis XV ?

— Oui, depuis la Bête. Et même bien avant. Ça vous obsède, hein ? Alors comme ça, ajoute-t-elle avec ironie, vous êtes un spécialiste...

— Personne, dis-je, ne sait grand-chose sur la Bête. C'est ce qui fait son charme.

Un mouvement de foule nous pousse vers le couloir. Une petite « visite libre » s'impose.

Le musée est étroit, aux dimensions du manoir de Ribeyrevieille. Chaque étage comporte une salle unique et des annexes inscrites dans les tours. Au premier, nous nous arrêtons devant les fusils. Soucieux de continuer à briller, je raconte ce que j'en sais. Ces fusils du XVIIIe siècle sont de beaux objets, mais ils étaient peu fiables et de faible portée. La Bête, en son temps, avait été maintes fois canardée. On la ratait, le plus souvent. On la faisait vaciller parfois. Il arrivait qu'elle tombe, sous l'impact, mais elle se relevait et se secouait. Même blessée au « gros sang », on ne la rejoignait pas.

Jusqu'au jour où la Bête avait trouvé son maître. Jusqu'au jour où elle avait débouché devant l'arme fatale. Le fusil de Jean Chastel, hélas, n'est pas dans la collection. Ce fusil est porté disparu. Une arme sacrée et nimbée de mystère. Celle qu'à la fin du XIXe siècle, l'abbé Pourcher, premier historien de la Bête, caractérisait en ces termes magiques :

« Le pontet et les platines portent des roses avec feuilles... La crosse et la poignée sont marquetées du fruit de l'amandier... »

Dans les vitrines, figurent aussi certaines de ces armes de fortune, maintenant noircies et rongées, que les textes anciens nomment « baïonnettes ». C'est avec ces lames de couteaux fixées au bout d'un manche que les petits bergers et bergères tentaient de repousser les attaques du monstre.

— Vous avez très bien parlé de l'ambiance, dit Margeride. C'était pas mal du tout votre intervention. Ces gens démunis, ces pauvres enfants, la Bête qui vient jusque dans les jardins et aux portes des maisons...

— Quand on est du Gévaudan, on reconnaît tout ça, n'est-ce pas ? Ces lieux sont restés. Ces villages perdus, ces fermes... Même les gens d'ici. Ils ont toujours les mêmes noms.

— Je ressens ça, moi aussi. Le décor n'a pas vraiment changé.

— Oui, dis-je, et la Bête l'a hanté si fort qu'il en restera toujours quelque chose.

Dehors brille le soleil de juin, mais il fait froid dans le château. Ces murs ont emmagasiné quelques centaines d'hivers. Margeride frissonne. Nous nous attardons peu devant les vitrines « folkloriques » et annexes. Ici des vêtements paysans, uniformes de dragons, lettres, documents, colliers cloutés pour les chiens de troupeaux... Là des moulages de traces de loups et de chiens comparés à une reconstitution du pied de la Bête, source de perplexité totale... Une zone est réservée à l'épisode du loup des Chazes, la « fausse Bête » tuée par le sieur Antoine, porte-arquebuse du roi.

Nous reprenons l'escalier. Margeride me précède. En plus d'être attendrissant, son boitillement a quelque chose d'énigmatique.

Là-haut, l'éclairage est dardé sur une iconographie caricaturale et naïve. Non sans arrière-pensées commerciales, les gazettes du temps avaient radicalisé la monstruosité du prédateur. Hyène fantaisiste, léopard, chimère. Cornu et griffu quelquefois. Invraisemblable toujours. Margeride regarde d'un œil, en principe, sensibilisé. J'apprends qu'elle poursuit, à l'université de Clermont-Ferrand, des études d'histoire de l'art. En matière de Bête du Gévaudan, cependant, elle est plutôt novice.

— Saisissant, dit-elle. Vous, vous devez connaître tout ça par cœur ?

— On retrouve ces images dans de nombreux livres.

— Vous avez lu tous les livres ?

— Les plus sensés en tout cas. Mais venez voir...

Je viens de tomber en arrêt. Il y a ici un dessin à l'encre qui, pour moi, est inédit. Où ont-ils trouvé ça ? Ce dessin montre la Bête terrassant un jeune enfant dont elle saisit la tête dans son énorme gueule. À l'arrière-plan, sur fond de champs et de forêt, de lointains personnages s'adonnent à des tâches agricoles.

— Celui-là vous intrigue, on dirait.

— Ce dessin, dis-je, est sûrement contemporain de la Bête ou à peu près. Mais je me demande d'où il provient... C'est le paysage qui me surprend.

Elle jette un regard en passant, mais je sens que ses pensées suivent maintenant un autre cours.

— Il a quoi ce paysage ?

— Je ne sais pas. Il faudrait que je l'étudie. Il a quelque chose de... pas catholique.

— Peut-être bien, dit Margeride. Vous l'étudierez plus tard. Redescendons boire une petite coupe. Vous savez ce qu'on fête aujourd'hui ?

— Une inauguration. Quoi d'autre ?

— Mon anniversaire. Je suis née le jour où la Bête est morte. À quelques siècles près, bien sûr.

Au lieu cependant de se diriger tout de suite vers l'escalier, Margeride flâne d'un air pensif. Elle s'attarde dans l'embrasure d'une fenêtre. Ayant scruté l'horizon bleu du pays des Trois Monts, elle se retourne vers moi. La lumière de midi met en valeur sa pâleur limpide. Elle hésite.

— Vous êtes sans doute très savant sur la Bête, dit-elle enfin, mais il y a quelque chose que vous ne savez pas.

— Et que vous, vous savez ?

— C'est quelque chose de très important peut-être. Je suis venue à ces conférences pour voir si quelqu'un pouvait m'aider.

— Vous aider à quoi ?

— À percer, dit Margeride, un secret dangereux. Un secret qui est dans ma famille depuis très longtemps.

— Si quelqu'un ici doit vous aider, j'aimerais autant que ce soit moi.

— J'ai lu un article sur vous le mois dernier dans *Massif central Magazine*. Il y avait une photo. Vous étiez devant chez vous.

— Et vous m'avez trouvé comment ?

— Sympa, marrant.

— Alors je suis l'homme de la situation.

— Je ne sais pas encore.

Je tâche de me composer un visage. Ni ironique, surtout, ni inquisiteur.

— Allons fêter ces anniversaires, dis-je. Et prenons notre temps.

4

Mauriçou et les présages

LES TOITS DU MALZIEU s'arc-boutent. Le vent est rageur. Le ciel anthracite. L'eau de la Truyère, gris perle. De grands méchants éclairs zèbrent le haut Gévaudan. Au soir d'une journée ensoleillée, ça fait plutôt bizarre. Un vrai temps de Bête.

Je longe le tracé arrondi de l'ancien rempart. Le bourg a conservé des portes, des courtines, quelques tours au faciès têtu. Tout est fermé et désert d'apparence comme dans l'attente médiévale d'un assaut. Tout est sombre. Ce décor, je le connais par cœur et depuis toujours, mais il y a des nuances. Aujourd'hui nuance d'expectative. Ça y est, les premières gouttes s'écrasent sur mon pare-brise. Au bout de quelques secondes, le Malzieu est sous l'orage.

À la sortie du faubourg, des torrents dévalent la minuscule route de chez moi. Mon break Peugeot (pas de concession à la vogue du 4 x 4) surfe sur l'eau déjà boueuse. Les roues projettent de grandes giclées comme dans une rivière à gué. Je renonce à m'en amuser, j'ai bien failli me casser la gueule. Du Malzieu à la Chaleille, il n'y a que sept kilomètres, mais tout en pente et en virages. J'habite sur un plateau solitaire où le vent souffle en permanence et où le climat ronge en quinze jours la peinture d'une fenêtre.

Mauriçou vient à moi sous un grand parapluie noir. Toujours vigilant. Toujours là. Par vocation.

— Ça a fait tomber des tuiles, s'exclame-t-il. Ça a cassé la vitre.

— Quelle vitre ?

— La grande.

— Je vais aller regarder. Les chiens ne sont pas trop affolés ?

— Ça gueule tant que ça peut. T'as vu ce temps ? Si ça veut faire comme ça, j'y vois pas beau. Il y a aussi la baraque des cochons qui va finir par s'effondrer. Le mur est trop pourri.

Mauriçou donc « y voit pas beau ». Jusque-là rien de surprenant. C'est son expression favorite.

— Les anciens, ajoute-t-il, ils diraient que c'est pas bon signe.

Sous son parapluie déglingué, nous courons jusqu'à l'étable où l'on entend gémir et aboyer. À la mort accidentelle de mes parents, j'ai hérité de cette maison et de tout ce qui va avec, dont les beagles de mon père. Je ne suis ni chasseur de sanglier ni amateur de chiens et ces braves bêtes m'encombrent un peu. Je les garde par sentimentalisme.

Quel vacarme, là-dedans ! Ils s'expriment à gorge déployée. Je pousse du pied et du bras la lourde porte. Les pattes cliquètent sur le ciment. L'enclos grillagé est secoué d'impacts. Cette petite meute est composée de six chiens courants, aboyeurs et courts sur pattes. Plutôt affectueux, je le concède. Notre arrivée, censée les calmer, les excite encore plus. Je complète les rations de croquettes. Je distribue quelques caresses.

— Ta bonne amie a téléphoné, dit Mauriçou d'un air vaguement mécontent.

— Justine ? Qu'est-ce qu'elle a dit ?

— Qu'il fallait la rappeler.

C'est une habitude de Justine et de certains de mes proches. Quand ils ne parviennent pas à me joindre, ils appellent mon voisin. Mauriçou est mon répondeur.

— Merci Maumau. Elle a dû oublier que j'étais à l'inauguration. À propos, le musée est super, tu devrais aller y faire un tour.

Je dis ça pour chahuter. Je ne vois pas Mauriçou visiter un musée.

— Un musée de la Bête ! grommelle-t-il. Ils lui font même des statues maintenant ! Si les anciens revenaient, pauvre petit...

— Ils diraient quoi ? Que ça va amener le malheur ?

— Les anciens, y disaient pas que des conneries.

Je n'ai jamais pu connaître l'identité précise de ces anciens auxquels se réfère si souvent Mauriçou. Peut-être ne sont-ils qu'un artifice stylistique qui lui donne accès à la troisième personne du pluriel.

— Avec la Bête, ajoute-t-il, il faut toujours faire attention.

Nous ressortons de l'étable. La pluie ne faiblit pas. Le vent nous cingle. Nous pataugeons le long de l'ancien bâtiment d'exploitation. Mauriçou poursuit son compte rendu. Toujours attentif à mes intérêts. Un peu trop, même. À la mort de mes parents, j'ai aussi hérité de lui comme faisant partie du patrimoine. Mauriçou a été pendant quarante ans ouvrier agricole sur notre ferme. Il passe sa retraite là où il a toujours vécu, dans une dépendance à deux cents mètres de la maison.

— En plus, dit-il, j'ai entendu la cloche.

Le vieil homme s'est immobilisé. Il fixe la rangée de hêtres qui délimite la cour. Malgré le parapluie, son bourgeron bleu déteint est trempé jusqu'aux aisselles.

— Eh beh oui, ajoute-t-il, la cloche de la chapelle.

— Quand ça ?

— Ce matin tôt. Tu venais de partir.

Cette cloche est un couplet cher à Mauriçou. Personnellement, je n'ai jamais rien entendu. D'autant moins qu'il n'y a pas de cloche. De la chapelle en question, il ne reste que quelques pans de murs au milieu des estives.

— Et cette fois-ci, demandé-je, ça annonce quel genre de catastrophe ?

— Tu rigoles... Tu peux pas comprendre.

Par-dessus l'épaule du vieux paysan, je scrute l'horizon brouillé. Un jour où il sera d'humeur moins sombre, je tâcherai de savoir ce que disaient les « anciens » de cette cloche fantôme.

— Allez, viens voir les dégâts.

Mauriçou me désigne l'arche de pierre qui marque l'entrée de ce qu'on appelait dans le temps « l'écurie du cheval ». J'aimais l'ancienne porte, mais elle tombait en morceaux. Quand cette écurie est devenue pièce de séjour, j'ai fait mettre une vitre. Ça gagne de la lumière. C'est une tuile projetée par le vent qui, semble-t-il, a fêlé cette vitre. Les deux parties cependant ont l'air de bien tenir.

— Ça non plus, c'est pas bon signe. Non ?

— Il y a des choses, répète Mauriçou, que tu peux pas comprendre. Et encore moins tes copains les « bestieux », les professeurs de la Bête. Ils comprendront jamais qu'il faut pas rire avec ça.

5

Dans le rempart de Saint-Flour

SAINT-FLOUR et son rocher émergent des brumes matinales. À l'avant de la presqu'île basaltique dont la pointe regarde vers l'Orient apparaissent les deux tours cornues de la plus massive cathédrale du monde. La pierre ici est dure. On n'a jamais fait dans la dentelle. L'avenue de la République nous mène au pied du promontoire battu par l'Écir, vent des montagnes primitives. N'est-il pas étrange que l'objet de notre quête puisse être posé sur ce piédestal ? Je veux dire si évident.

Ici c'est l'Auvergne du sud. Saint-Flour n'est pas en Gévaudan. La Bête, cependant, y a mangé du monde. Tout près de ces murailles qui, jusqu'à la Révolution, jetaient l'ombre sur les campagnes, elle a sévi à Clavières, Saint-Poncy, Lorcières, Ruynes,

37

la Chapelle-Laurent. Et c'est à Saint-Flour, du haut de l'immense point de vue dominant la Margeride, que le 19 février 1765, Martin Denneval, grand louvetier de Louis XV, prenait la mesure de son impossible mission.

Ayant passé le pont Neuf, traversé la ville basse, nous montons vers la citadelle par une route à flanc de pente le long des orgues noires. Là-haut, la cité médiévale se raccorde par l'ouest à un plateau qu'on nomme la Planèze. Le labyrinthe des rues étroites exhale, même en ce jour d'été, un froid de glacière. C'est sur la place d'Armes, au pied de la cathédrale, que nous laissons la voiture.

— On n'a presque rien touché, dit Margeride. Tout est en l'état.

— Il n'y a pas eu de partage ?

— Non, mes parents sont les seuls héritiers et ils n'aiment pas qui est vieux.

Cette cité est si serrée qu'il n'y a pas de distances. Rien que des murs et de la pénombre. À l'angle de la mairie, la rue de la Frauze s'insinue le long de l'ancien rempart. Dans cette rue austère et sans commerces, nous ne croisons personne. Margeride boitille à peine. Je crois qu'elle réprime tant qu'elle peut.

— La maison va te plaire, dit-elle. Toi qui aimes les ambiances...

Je note qu'elle vient de me dire « tu ». Signe de quoi ? De rien du tout sans doute. Margeride est une fille spontanée. Elle a déjà oublié la différence d'âge et, d'ailleurs, je ne suis pas trop en ruine. Malgré tout, elle aurait pu conserver le « vous » si elle avait voulu me tenir à distance. Je ne peux m'empêcher de ressentir, dans cette deuxième personne du singulier, comme une légère caresse.

— Depuis la mort de... cette personne, tu n'es venue qu'une seule fois ?

— Ce n'est pas faute de curiosité. Mais je ne pouvais pas y aller toute seule. Ça fout les jetons quand même.

Nous nous arrêtons devant le linteau en accolade d'une maison de lave noire. Ces hôtels bourgeois datent de la fin du XVe siècle, ère de la grande prospérité de Saint-Flour. Aujourd'hui inexploitables, obscurs et étranglés, ils sont voués, sinon à la ruine, du moins à un mutisme sinistre.

Margeride sort de son sac un trousseau d'énormes clés anciennes. La serrure cède avec un claquement. Une odeur de froid, de moisi et de cave nous saisit. Enfilade de pièces. Les piédroits d'une cheminée de pierre récemment affublée d'un hideux lambris verni se dessinent tout au fond. Les vieux papiers peints se gondolent. Tout est crasseux, cendreux, encombré d'un fatras putride. Des particules en suspension dansent dans un rai de lumière.

J'émets un soupir admiratif.

— Sous ces boiseries, dit Margeride, il y a des fresques. Je m'occuperai de tout ça un jour.

— Personne n'a eu cette curiosité ?

— Ma mère dit que ça sent pas bon. Au propre et au figuré.

— Au figuré ?

— Elle trouve que ça sent le soufre.

Le rez-de-chaussée n'est pas ce qui nous intéresse. Margeride m'entraîne vers un escalier à vis éclairé par une vague lueur. Nous nous élevons dans les hauteurs de cet habitat délabré, niché parmi les décombres du Moyen Âge. Dire qu'il y a seulement deux ans, à l'aube du XXIe siècle, quelqu'un vivait ici...

Par l'une des minuscules fenêtres, j'entrevois des toits bosselés qui s'étagent à flanc de rocher jusqu'au ruisseau tout en bas. La vue sans doute a peu changé. C'est la vue défensive. Celle qui s'offrait aux sentinelles du rempart.

L'escalier est raide. Les rondes fesses de Margeride se meuvent à la hauteur de mes yeux. Je les mate sans fausse honte sur deux ou trois étages, jusqu'à ce que, dans une émouvante contraction, ces fesses, tout à coup, s'immobilisent. Je ne peux résister à la tentation de les heurter légèrement. Parmi les rupestres relents de la masure, je capte l'odeur de cette fille. Une odeur de fougère et de fraise des bois.

L'escalier de pierre s'arrête là. Des planches lui font suite. Une échelle, pour ainsi dire, qui disparaît dans la pénombre.

— La dernière fois, j'ai failli passer à travers. Il faudra faire attention.

— Alors, comme ça, ton arrière-grand-mère était sorcière ?

— Mais, moi aussi, dit Margeride, je suis sorcière. Elle m'a passé le don.

— Elle t'a fait une cérémonie ?

— Tout un cirque avec des amulettes, des médailles et un tas de prières. J'étais petite. Ça m'avait impressionnée... Par contre, ce n'est qu'un mois avant sa mort qu'elle m'a parlé de cette « chose » du grenier.

Nos pas s'impriment sur les planches dans une poussière épaisse. Ma torche éclaire tout un réseau de toiles d'araignées. Ne manquent, pour l'ambiance, que quelques chauves-souris. Margeride extirpe du trousseau une deuxième clé.

— La grand-mère de mon arrière-grand-mère, elle aussi, avait une drôle de réputation. On l'appelait « la masque ». La sorcière. Comme, d'ailleurs son ancêtre... Il semblerait que ça saute des générations.

— Et on remonte comme ça jusqu'au temps de la Bête ?

— Peut-être, dit Margeride. C'est du moins ce qui se raconte dans la famille.

— Et de l'une à l'autre, elles auraient pu se transmettre... ?

— Se transmettre je ne sais quoi. On va bien voir. D'abord, il faut ouvrir... Approche un peu la lampe.

— Mais tes parents, quand elle te faisait ces incantations, ça ne les inquiétait pas ?

— Ils n'aimaient pas du tout. Mais, moi, je pense qu'elle n'a jamais fait de mal à personne. Ses recettes, c'était pour soigner. Elle était rebouteuse.

La porte déformée résiste. Soudée pour ainsi dire à ses montants et au vieux plancher. Je pousse à mon tour. Il faut s'y reprendre à plusieurs fois tant elle frotte le sol. Voici donc ce grenier. Il est plutôt petit, car cette maison, tout en hauteur, est une sorte de donjon. Au-dessus de nos têtes scintillent des fentes lumineuses et la charpente semble plier sous le poids des tuiles romaines. Mais la pluie n'est pas entrée. Le contenu est au sec. Cinq ou six siècles d'objets mis au rebut. On se croirait dans le tombeau d'un pharaon.

— Mes parents, dit Margeride, ne sont même pas montés. Ils disent que ça va s'effondrer.

Un cimier en crin de cheval, une cuirasse, des coffres craquelés, une horloge en forme de cercueil, un pressoir à vis émergent de l'ombre poudreuse. Il faudrait des heures pour détailler. Suspendue à une panne de la charpente, une arbalète rongée de rouille rappelle l'épopée de la ville-forteresse et des milices bourgeoises.

— C'est vrai que le plancher est pourri. On pourrait bien se retrouver un étage plus bas. Essayons de suivre les poutres.

— Oui, dit Margeride. On dirait qu'il y a un chemin.

— Et il est où ce truc ?

— Dans le placard du fond. Mais je ne sais pas où elle a mis la clé.

Ménagé dans l'épaisseur du mur, le placard en question est fermé par des portes massives ornées d'un décor en plis de serviettes. Le bois en est couturé de rafistolages anciens. La serrure a l'air solide. Les gonds, par contre, sont branlants. Il serait facile de casser, mais ce n'est pas dans mes mœurs. J'ai prévu quelques outils et, après dix minutes à batailler contre des clous informes et des vis grippées, nous parvenons à détacher l'un des deux panneaux. Une odeur balsamique s'exhale de la pénombre.

— Instant de vérité, dit Margeride, j'espère que je ne t'ai pas fait venir pour rien.

— Pour rien, sûrement pas. Cet endroit vaut le détour.

« Toi aussi », pensé-je. Mais nous verrons ça plus tard. Cette affaire sollicite mes nerfs plus que je ne veux le laisser paraître.

Le faisceau de la lampe balaie les rayonnages et toute une procession d'objets invraisemblables : herbes séchées, chapelets, pilons, mortiers, crucifix, cierges, statuettes, grimoires et même, je crois, un crâne humain. Il y a aussi un hippocampe momifié, un œuf noir, une couronne de mariée en fil d'argent, des pierres à venin... D'autres choses encore, plus ou moins identifiables.

— Tu trouveras un bocal, souffle Margeride. C'est ce qu'elle m'a dit.

— Il y a le bocal aux serpents...

— Non pas les serpents. C'est peut-être dans cette boîte.

Avec des précautions d'archéologue, j'extrais le coffret. Il est en bois sombre, sculpté au couteau et plutôt lourd. Pour l'ouvrir, il faut encore jouer du tournevis. Oui. Chaud. On brûle. C'est bien un bocal qu'il contient. Un bocal fermé d'un gros bouchon de liège. Comme une bouteille millésimée, il est cacheté de cire. On distingue une sorte de sceau cabalistique en forme de main, index et auriculaire tendus, les autres doigts repliés.

— C'est ça, j'en suis sûre ! s'écrie Margeride, la voix pleine d'excitation.

Je dépose le bocal sur le marbre cassé d'une table de toilette dont le miroir renvoie, à travers la poussière, nos ombres effarées. Dans la lumière de la torche qui l'éclaire à bout portant, le liquide trouble et jaunâtre révèle une masse molle. Une fourrure associée à une doublure de chair filandreuse. Ça ressemble à un vieux résidu d'anatomie comme on en voit au Muséum du Jardin des plantes. Margeride se penche, toute frémissante. Je ressens en moi une effervescence à la fois chaude et froide. Je ne sais ce qu'il faut penser de cette relique, mais je veux bien croire qu'elle revient de loin.

6

Une matinée professionnelle

PREMIÈRE CHOSE en arrivant : dépouiller tout un tas de courrier chiant. Il y a un baratin en mauvais anglais où il est question d'un *integrated project* financé par l'Union européenne. On me convie, par ailleurs, à une réunion où sera débattue l'opportunité de l'achat par le labo d'un chromatographe en phase gazeuse. Ma boîte mail est truffée de messages parasitaires et d'offres qui ne me concernent pas plus qu'elles ne m'intéressent. Poubelle. Poubelle. Poubelle.

Aujourd'hui, donc, je suis à Clermont-Ferrand sur le plateau des Cézeaux. Lieu assez vague au milieu de nulle part et qu'on nomme « complexe scientifique ». Je n'y passe qu'une journée par semaine. Après-demain, je serai à l'INSERM de Montpellier.

Comme par hasard, Clermont et Montpellier sont les extrémités nord et sud non pas exactement du champ d'action, mais du champ de rayonnement de la Bête. Voilà qui m'offre une perception stéréoscopique du Gévaudan.

À part ces deux obligations hebdomadaires, je m'organise assez librement. S'il se débrouille bien, un chercheur peut chercher où il veut et quand il veut. Ça ne signifie pas que j'en profite pour ne rien glander. Rien faire m'angoisse beaucoup trop. Je n'ai pas les nerfs pour ça. Il n'empêche que je souffre d'un grave défaut à la limite de l'asocialité. Je n'ai pas du tout tendance à faire miens les intérêts et l'idéologie de l'institution pour laquelle je travaille.

Mon bureau des Cézeaux est spacieux, confortable et calme, sauf les jours de grand vent où les volets roulants produisent un affreux tintamarre. Il est meublé de plusieurs micro-ordinateurs, d'un philodendron poussiéreux et d'une affiche « sauvons la recherche » représentant un scientifique misérable, à poil sous sa blouse trouée. Pour ce qui est du philodendron, son arrosage est assuré à l'eau de Volvic par la secrétaire du service et, de temps en temps, par moi-même avec quelques vieux cafés refroidis. Le gobelet que je viens de déposer, dégoulinant, sur le tapis de la souris, sera peut-être bien pour lui.

Il me reste un peu de temps avant mon rendez-vous. Je compose le numéro d'Ulrich. Conformément à sa nature tonique, il décroche en un clin d'œil.

— Plein de boulot, dit-il, mais j'ai envie de faire une pause. Parle-moi de ton pays. Ça m'oxygénera.

— Pour l'oxygène, ce n'est pas tout à fait ça. Je ne suis pas en Lozère. Je suis à Clermont, dans une sorte de zone industrielle. Sauf que ça s'appelle un campus parce qu'il y a du gazon.

— Et tu vois quoi de ta fenêtre ?

— Des immeubles voués à la science... un château d'eau... des lotissements... De cet étage élevé, on a même vue sur le plateau de Gergovie. D'après la légende, le vaillant peuple arverne y a remporté une éclatante victoire sur l'envahisseur étranger.

— C'est une légende ?

— On n'est même pas sûr que Gergovie se trouve à cet endroit. On n'est même pas sûr qu'il y ait vraiment eu une bataille.

— Il y a eu quoi alors ?

— Selon l'histoire historique, Jules César, voyant les Gaulois solidement retranchés, aurait sagement levé le camp après quelques escarmouches. Il est allé vaquer ailleurs en attendant une meilleure occasion de battre à plate couture ce pauvre Vercingétorix.

— L'orgueil national en prend un coup !

— Il paraît aussi, dis-je, que les Gaulois, dans leur majorité, ne demandaient qu'à être civilisés. Être envahis par les Romains leur évitait d'être envahis par d'autres gens beaucoup plus mal élevés.

— Tu ne voudrais pas parler de mes ancêtres les Germains, j'espère ?

Nous éclatons simultanément d'un rire joyeux.

— À part ça, reprend Ulrich, j'attends ta visite. La voie est libre. Il est confirmé que je ne pars ni pour Sumatra ni pour la Patagonie.

— J'arrive jeudi et je reste trois jours, si c'est OK pour toi.

— Donc tu viens sans Justine ?

— Elle a des obligations. Elle ne peut pas fermer sa boutique en ce moment. Et c'est pas plus mal comme ça.

— Tu joues à quoi avec elle ? Je crois que je ne comprends pas tout.

— Mais non, ce n'est pas du masochisme.

— Justine a des côtés attirants, mais quand même.

— À part ça, Uli, il faut que je te demande...

— Dis toujours.

— Je voudrais t'amener un truc à analyser. Tu pourrais faire ça pour moi ?

J'éponge hâtivement les taches de café qui constellent mon bureau, car on frappe à la porte. C'est mon étudiante. Elle prépare une thèse d'État intitulée : *Étude par les approches génomiques*

*fonctionnelles de l'induction de la polarité embryon-
naire chez les proboscidiens.* Je viens de jeter un
coup d'œil sur son dernier envoi. Visiblement, elle
n'a pas avancé d'un pouce. Elle s'assied en face
de moi. Quand je dis étudiante, ça ne veut pas
dire nymphette. Trente ans et des poussières. Elle
veut devenir chercheuse. Le genre qui se prend au
sérieux, mais sans aucun sens de l'efficacité. Je la
taquine toujours un peu en guise d'introduction.

— C'est marrant ce mot « chercheur », au fond.
Vous ne trouvez pas ?

— Marrant, pourquoi ?

— Parce que, dis-je, si l'on réfléchit un peu,
ça n'a pas de sens. Pourquoi y aurait-il des gens
qui spécifiquement cherchent ? Toute l'humanité
cherche. L'humanité ne fait que ça depuis le début
des temps.

— Mais, ça n'a rien à voir...

— Chercheur, c'est comme poète, artiste. Ce sont
ceux qui pensent l'être qui le sont le moins... Non,
rassurez-vous, je plaisante. C'est juste une sorte
de paradoxe. Ça ne vous empêche pas du tout de
passer votre diplôme.

Pendant une petite heure, nous débattons donc
des conséquences aléatoires de la fornication des
éléphants. Un peu rêveusement, je l'avoue, en ce
qui me concerne, car, bien que plutôt conformiste
dans sa tête, cette fille a une façon assez leste de se
tenir. D'accord, elle s'habille BCBG pour aller voir

le prof, mais la jupe courte, les jambes croisées, permettent d'apercevoir le haut des bas retenus par de larges élastiques moirés. Une ou deux fois, j'ai pu entrevoir une culotte noire en filet et qui ne dissimule pas grand-chose de son contenu.

Si elle ne le fait pas exprès, c'est que son vécu, jusqu'à ce jour, l'a tenue à l'écart des réalités sexuelles relatives à l'homo sapiens. Ce qui m'étonnerait un peu.

À midi, la fille reprend ses documents et sort en tortillant des fesses sur ses hauts talons. Bien que je sois d'un naturel plutôt inflammable et que son parfum ambré persiste lourdement dans mon bureau, j'oublie assez vite la culotte à trous-trous (précision syntaxique : « parfum ambré » concerne « fille » et pas « culotte »). Autre chose m'occupe l'esprit. Plus que je ne le voudrais, je songe au bocal de Margeride.

Une vieille cinglée, me dis-je, garde en conserve un bout de chair d'un animal, ça prouve quoi ? On imputait jadis toutes sortes de pouvoirs à la satanique figure du loup. Patte de loup, queue de loup, oreilles, testicules, viscères étaient utilisés en sorcellerie. Ça pourrait aussi être du chien, du renard, voire un cervidé. Il y a toujours un dicton qui traîne à propos des vertus magiques de telle ou telle vieille cochonnerie.

Cette relique serait censée et supposée être un morceau de la Bête ? Supposée, d'accord. Mais qu'est-ce qu'une relique ? Si l'on rassemblait tous les morceaux de la vraie croix de Jésus ramenés d'Orient au Moyen Âge, on aurait de quoi en reconstituer un plein wagon.

De tous les passionnés de la Bête connus de moi, je suis le plus sceptique. C'est-à-dire rationnel. C'est-à-dire scrupuleux. J'irai donc au fond des choses. Je veux, bien sûr, montrer à Margeride qu'on ne fait pas appel à moi en vain. Mais j'avoue que ses beaux yeux ne sont pas seuls en cause. Je n'aurai pas l'esprit en paix avant d'avoir effectué certaines vérifications.

7

Vu de plus près

AUSFAHRT. C'est la bretelle. Par la grâce de quelques heures d'autoroute, me voilà transporté des bords de la Truyère à ceux du Neckar. Je ne dirais pas que Stuttgart n'a plus de secret pour moi, mais, après cinq ou six visites, je commence à me repérer. Le labo se trouve à Untertürkheim, pas très loin des usines Mercedes. Un endroit agréablement arboré, plutôt apaisant après le sombre défilé de sites industriels que je viens d'endurer. À la barrière, le planton téléphone. Ulrich vient m'accueillir.

— Alors, comme ça, tu m'as amené du travail ?

— Pour quelqu'un comme toi, dis-je, ce sera facile. Vite fait sur le gaz.

— J'espère bien, car je nous ai programmé pour ce soir une petite sortie entre hommes. On se racontera nos dernières aventures torrides...

Clin d'œil complice. Non seulement Uli et moi nous comprenons à demi-mot pour raison d'affinité, mais sa maîtrise du français englobe toutes les nuances. Il le parle avec juste une pointe de cet accent chaleureux qu'ont les Allemands quand ils ne sont ni vampires à Düsseldorf ni *Obersturmführer* dans *La Grande Vadrouille*. Uli est un garçon de bonne compagnie.

— Tu m'intrigues, reprend-il, désignant le petit container d'aluminium que je tiens à deux mains comme le Saint Sacrement (en admettant que je sache comment il convient de tenir le Saint Sacrement), il y a quoi là-dedans ?

— On en causera là-haut.

— Top secret ? Ne t'inquiète pas, ça ne sortira pas de l'Union européenne.

La double porte de l'ascenseur s'ouvre sur un couloir climatisé. Ici tout est d'avant-garde. Matériel d'analyse, informatique et tout le reste. L'entreprise a de gros moyens. Ses clients aussi, qui sont, entre autres, les plus grandes réserves et les plus grands parcs naturels du monde entier. Ici, ils n'embauchent que des pointures et Ulrich en est une. C'est un super-spécialiste de l'identification des mammifères, capable, d'après une minuscule trace biologique, de débiter le pedigree complet d'un chat pêcheur d'Islande ou d'un caracal des savanes.

Dans le domaine des animaux disparus, Ulrich assure également comme une bête et je sais de quoi je parle. N'oublions pas que c'est au chevet d'un mammouth « surgelé » que nous nous sommes rencontrés.

— Est-ce que je vais enfin savoir ? C'est quoi ce mystère ?

Je referme derrière nous avec circonspection la porte du labo. Je dépose sur une table carrelée la boîte d'aluminium. Je l'ouvre et entreprends d'extraire le bocal de son rembourrage antichoc. Uli m'observe. Amusé et attentif.

— *Mein Gott !* C'est une conserve du Moyen, Âge ?

— Plutôt, dis-je, une sorte de vieille marinade.

— Et de quoi ?

— Je ne sais pas. Je me suis bien gardé d'ouvrir. Je voudrais qu'on le fasse ensemble.

La lumière du scialytique transperce le liquide jaunâtre. Le morceau de fourrure y macère comme une algue malsaine. Au fond s'est accumulée une lie blanchâtre et floconneuse.

— Drôle d'affaire ! s'exclame Uli. Tu as des indications sur la date de mise en boîte ?

— Ce sceau de cire rouge devrait dater du XVIIIe siècle. C'est à vérifier. Je ne connais pas de spécialiste des sceaux du XVIIIe siècle.

— Eh bien allons-y. On va faire ça dans les règles.

Nous revêtons des tenues complètes de chirurgie. Uli loge son catogan dans une coiffe bleu ciel du meilleur effet et m'en remet une identique.

— Pour ce qui est de ce liquide, je vois à peu près.

— Tu vois déjà ! Et tu vois quoi ?

— Sans doute, dit-il, du sérum de lait.

— Et ça serait bon pour la conservation ?

— Celui qui a mis ça là-dedans savait ce qu'il faisait.

— Et on va pouvoir en tirer quelque chose ?

— Dans un liquide physiologique, il y a de grandes chances que l'ADN soit nickel.

— Même après deux cent cinquante ans ?

— C'est bien plus jeune que nos mammouths. Le plus dur sera de séparer les cellules de la peau de celles du lait.

Ayant minutieusement nettoyé l'extérieur du bocal, Ulrich le place dans l'enceinte axénique. C'est une cage vitrée munie de trous circulaires par où passent les bras des opérateurs. Des gants solidaires de ces ouvertures assurent l'étanchéité. Il y a là-dedans divers instruments chirurgicaux, dont un microrobot destiné à découper les tissus. Une hotte à flux laminaire est là pour aspirer et recueillir les poussières et les pollens.

À l'aide d'un scalpel, Ulrich découpe les bords du sceau de cire. Le gros bouchon de liège qui obture le bocal semble en parfait état. Pour l'extraire, Uli s'équipe d'un simple tire-bouchon, dûment aseptisé. Tandis qu'il s'active, je maintiens le récipient de mes mains gantées. Je serais curieux de savoir quelle odeur s'exhale, mais ce caisson, bien sûr, ne laisse rien filtrer.

Alors qu'Ulrich extirpe doucement son contenu, le bocal craquelé m'apparaît tout à coup comme d'une curieuse couleur rosée. Le morceau de peau se déploie. Il est grand comme deux fois et demie ma main. Le derme est épais et blanchâtre. On y perçoit encore le trajet des vaisseaux sanguins. Uli le nettoie au sérum et l'étale sur la table d'inox. Le poil grisâtre est tourné vers nous. Délavé, mais conservant de nettes nuances.

— Une tache blanche en forme de cœur ! m'exclamé-je.

— Un cœur... plus ou moins. Tu connais donc cette bestiole ?

— Faut voir. Dis-moi d'abord. Je te dirai ensuite.

— OK. OK. Mammifère carnivore...

— Jusque-là, ça paraît évident.

— Canidé en principe, mais un peu bizarre... Ce morceau correspond, en tout cas, au poitrail.

— Ça collerait assez bien, dis-je. Quoi d'autre ?

— Rien. Mais sans doute beaucoup de choses si tu veux que j'aille plus loin.

Malgré la clim, on étouffe sous ce masque. Ma toque est déjà trempée. J'ai à peine conscience, cependant, de ruisseler de sueur. Je fixe, fasciné, le débris animal qui trône sur le plateau d'acier. Je dois faire effort pour lui tourner le dos.

— Je sais, dis-je, que c'est un gros boulot, mais tu pourrais faire un caryotype ?

— Si tu y tiens.

— Et tu pourrais dater la mort de cette... créature ?

— À cinq ou dix ans près, ça doit pouvoir se faire.

— Tu es un amour. *Ich liebe dich.*

— Condition. Tu m'invites à dîner chez Kleinschmidt.

— OK, dis-je, on boira plein de bière et on pissera tous les quarts d'heure.

8

Confiture d'églantine et fraises du jardin

J E ME SENS FÉBRILE ces temps-ci. Pour tenter de réduire ma tension nerveuse, je me suis attelé ce matin à des petits travaux domestiques réputés apaisants. Il est écrit, cependant, que le stress doit me poursuivre. Je suis en train d'étendre une rangée de slips et de chaussettes lorsqu'un bruit de moteur jette l'alarme. Une épingle à linge manque s'engouffrer dans mon œsophage. Je la recrache *in extremis*. C'est une Toyota tout terrain qui escalade la route.

Abandonnant ma corbeille de fringues au milieu des pommiers noueux et burinés (voir climat du haut Gévaudan), je contourne la maison. Justine claque la portière et vient à moi de son pas nerveux. Élégante, mince, gracieuse, je dois le reconnaître.

Même si, à mon goût, elle manque de rondeur et de chaleur. Même si l'attirance qu'elle m'inspire est, au fond, plus théorique que viscérale.

— Mon portable était déchargé. Je n'ai pas pu te prévenir.

— Tu tombes mal, dis-je. J'allais partir.

— Tu vas où ?

— À Saugues et je suis déjà en retard. Excuse-moi. C'est vraiment très urgent.

Ce rendez-vous, je viens de l'inventer. J'attends Margeride et je veux éviter, on le conçoit, que les deux filles se rencontrent. Par-dessus l'épaule de Justine, je scrute peureusement la route. Je suis un peu bredouillant et incertain. Ma « bonne amie », comme dit Mauriçou, soupçonne quelque chose.

— C'est quoi ce rendez-vous ?

— Je dois voir un journaliste d'une revue scientifique. Il prépare un dossier sur la Bête.

— La Bête, toujours la Bête. C'est pas un peu névrotique ? Il serait peut-être temps que tu t'en remettes. Depuis cette affaire, il y a eu quelques guerres, entre autres, qui ont tué beaucoup plus de gens.

— Il ne s'agit pas du fléau. Il s'agit de l'énigme.

— Tu n'as qu'à voir qui ça fascine. Il n'y a que des malades mentaux.

— On se voit vendredi, comme convenu ?

— En attendant, tu essaieras ça. C'est un extrait d'églantine que je viens de recevoir. Tu as une mine pas possible. Il faut que tu régules ton métabolisme.

— Une confiture ? Je goûterai dès demain matin. Sur mes tartines.

— Mais non idiot ! Il faut prendre ça à jeun... Et à Stuttgart, ça s'est passé comment ?

— Je suis allé faire un tour à la Neue Staatsgalerie. Mais, bon, j'ai horreur de l'art moderne.

— Et alors c'était pour quoi ?

— Surtout pour le travail. Pour des analyses. Ulrich m'a aidé.

Je n'ai pas parlé à Justine du bocal et je n'en parlerai pas. Elle ricanerait. Ni, bien sûr, de la personne qui me l'a confié. Ce serait mal perçu.

Ayant (re)consulté précipitamment ma montre, j'embrasse ma « bonne amie » et saute dans ma voiture. Elle et moi nous éloignons par deux routes différentes. Je longe, quant à moi, l'orée de l'immense sapinière qui couvre l'échine de la Margeride. Oui, ma relation avec Justine est ce qu'elle est. Il y a, chez tout individu, à prendre et à laisser. Je n'y suis pour rien.

À l'issue d'un rapide détour par des chemins déconseillés aux véhicules délicats, je retourne à la Chaleille. J'ai échappé de peu à l'incident. Margeride est arrivée. Je la trouve dans la cour en grande conversation avec Mauriçou qui est rarement aussi loquace. Je complète les présentations.

Que cette jouvencelle porte le nom de la forêt de ses ancêtres, Mauriçou en reste stupéfait et même un peu sceptique. À part ça, il a l'air sous le charme, sourire édenté à l'appui.

— Ce monsieur m'a dit que tu étais parti avec ta « bonne amie », note Margeride.

— Oui, dis-je un peu gêné. Enfin, c'est elle qui est partie...

— La personne que j'ai croisée dans la voiture bleue ? Elle a une boutique au Malzieu, non ?

— Tu la connais ?

— De vue seulement. Elle vend des produits...

— Purée d'ortie, tisane de ronce, vêtements en fibre de chardon... Des trucs comme ça. Elle vient de m'apporter ce « nectar revitalisant à la pulpe d'églantine ».

Dans l'urgence, je n'ai pas encore pu ranger cette marmelade médicinale. Un cocktail d'énergie vitale et d'oligo-éléments chaudement recommandé, d'après l'étiquette, par un grand gourou de la phytothérapie. Mauriçou contemple le pot en fronçant les sourcils. Il n'aime pas beaucoup Justine.

— Tu parles, grommelle-t-il, c'est de la confiture de gratte-cul.

Margeride sourit d'un air conciliant. Je lui propose de visiter la ferme, mais, presque tout de suite, au détour de la grange, elle avise les chiens qui, excités par ces allées et venues, aboient, gémissent et secouent le grillage de leur enclos extérieur.

— Les pauvres ! s'exclame-t-elle. Ils doivent s'ennuyer.

— On ne peut pas les lâcher. Ils se mettraient tout de suite à chasser. Mais, souvent, je les prête à des amis de mon père pour le sanglier...

— On pourrait peut-être en promener un ou deux en laisse.

— Je te préviens, soupiré-je, c'est épuisant. Si ces chiens ne faisaient pas partie de la famille, il y a longtemps que je m'en serais débarrassé.

Je décroche donc les laisses de Fougère et de Granite (les deux plus affectueuses). Et nous voilà partis en direction des hauteurs à travers les prés odorants de trèfle.

— Bon, dit Margeride après quelques centaines de mètres, ici il n'y a pas d'espion. Où en sommes-nous ?

— J'ai eu Ulrich ce matin au téléphone. Le contenu du bocal date de la deuxième moitié du XVIIIe siècle. Entre 1760 et la Révolution. Ça collerait pile-poil.

— Et, d'après lui, ça serait une peau de quoi ?

— Une peau de rien, pour le moment. Le nombre de chromosomes est celui de certains canidés tels que le loup, mais il y a d'autres caractéristiques. Ulrich me dit qu'il n'a jamais vu ça chez aucun animal...

— Délire ! s'exclame Margeride.

Elle est en sarouel noir et chemisier indien néo-baba cool. Somme toute, très étudiante des Beaux-Arts. Et son boitillement me donne une furieuse envie de lui prendre la main. La gauche, du moins. L'autre doit retenir l'élan de la chienne.

— Ce qui exalte surtout Uli, dis-je après un assez long silence, c'est que l'ADN est en très bon état. Il voudrait qu'on essaie un clonage. Ça m'était, bien sûr, venu à l'esprit, mais...

— Un clonage ! Et tu serais capable de faire ça ?

— Presque. Je suis embryogéniste après tout.

Le chemin poudroie. Les deux chiens se défoulent. Tirant sur les laisses comme des bulldozers, ils nous traînent si vite que les contours des ruines se précisent à chaque seconde. Nous marchons vers la chapelle des estives.

— Donc, il te faudrait des mères porteuses ?

— Pour une bonne probabilité de réussite, il nous en faudrait, dis-je, une bonne trentaine.

— Mais quel genre de mères ?

— Dans le cas des mammouths, on prend des éléphantes.

— Et là tu prendrais quoi ?

— Stop, dis-je. Ne poussons pas la plaisanterie trop loin.

Margeride me jette un regard soudain fiévreux.

— Ce n'est pas une plaisanterie ! dit-elle avec une sorte de violence.

— Je crois que tu ne te rends pas bien compte.

— De quoi devrais-je me rendre compte ?

Nous voilà parmi les affleurements de murs où poussent l'épilobe et la morelle noire. Dire que cette chapelle a sonné un jour le glas des victimes de la Bête ! Granite et Fougère furètent parmi les cailloux. Ici, les restes d'une arcade. Là, deux marches d'escalier. Je gratte du pied une pierre couchée qui pourrait être une dalle funéraire. Le vent amène un tintement. Les cloches d'un troupeau paissant, aux robes couleur de silex et de fumée.

— Je me demande ce qui te fait si peur, insiste Margeride.

— C'est joli, les Aubrac. De près, on verrait qu'elles ont les yeux maquillés de noir. Celles-ci appartiennent au GAEC Albaret.

— N'essaie pas de faire diversion. Je m'en fous de ton GAEC...

— Eh oui, les mots ont bien changé depuis l'époque de la Bête. Les vaches aussi d'ailleurs. Elles sont devenues plus grandes et plus saines, contrôlées, calibrées, rentables... Je ne t'ai jamais parlé des Albaret ? Ce sont mes voisins les plus proches, à part Mauriçou bien sûr. Des gens très agréables.

Margeride s'avance vers l'à-pic. Je m'arrête deux pas derrière elle. J'ai horreur du vide. Ce site se nomme la roche Truyère. Un éboulis de pegmatite qui marque l'extrémité du plateau. D'ici le regard embrasse les hauteurs nébuleuses qui culminent à la croix de Malessagne.

— Ce clonage, reprend brusquement Margeride, il faut que tu le fasses.

— Je ne sais pas...

— Tu imagines ?

— Je préfère ne pas trop imaginer.

— Tu réalises qu'on pourrait savoir ce que personne n'a jamais réussi à savoir ?

— Ce serait un travail énorme pour sûrement pas grand-chose.

— Mais il y a quand même des chances pour que ça marche. Non ?

Granite et Fougère ne s'intéressent pas au paysage. Elles nous tirent en arrière. Avant de redescendre, nous faisons un crochet par la source de Fontanas où les chiens se désaltèrent en haletant. Les yeux rivés sur les cailloux du chemin, je médite la question qui vient de m'être posée. Margeride m'épie du coin de l'œil. Je lui fais face tout à coup et, sans raison, nous éclatons de rire. C'est nerveux.

Les chiens, comme à l'aller, ahanent au bout de leurs laisses. Ils tirent si fort qu'il faut sans arrêt changer de main. En arrivant aux abords de la ferme, nous voyons Mauriçou qui referme la barrière de son jardin. Il s'arrête. On dirait qu'il nous attend. Finalement, il vient à notre rencontre et tend à Margeride un panier de grosses fraises incandescentes.

9

Au moulin du Puech

C'EST AU SAMEDI SUIVANT qu'est fixée la deuxième consultation. Pas en Allemagne, celle-là, mais au cœur du Gévaudan. Après Saint-Alban, je m'engage dans l'étroite vallée de la Limagnole. Une minuscule route s'élève en sinuant, jalonnée, de loin en loin, par des hameaux aux toits effondrés ou rafistolés de tôle. Quelques maisons ont été transformées, avec plus ou moins de bonheur, en résidences secondaires, mais la plupart sont en ruines.

La journée est ensoleillée. Je roule toutes vitres ouvertes. Les fossés regorgent d'herbes odorantes : scabieuses, centaurées et compagnie. Une question, parmi d'autres, me turlupine. Le nom du lieu où je me rends. Ça me dit quelque chose. Quelque chose du passé. Le moulin du Puech se trouve au fond d'une gorge boisée et obscure. Ce n'est qu'en vue du panneau bleu dévoré par les ronces que j'établis le lien avec la sanglante chronique d'autrefois.

Les détails me reviennent. C'est dans le hameau du Puech qu'un jour de l'hiver 1767 une fillette de huit ans fut enlevée devant sa porte. Armé d'une hache, son père, le meunier, avait suivi les traces dans la neige. Dans une clairière, il rejoignait la Bête et parvenait à lui faire lâcher prise. Mais le chien dont il était accompagné, d'ordinaire vaillant contre les loups, avait refusé de la poursuivre. La gorge entaillée, la peau du crâne arrachée, saisie d'une violente fièvre, la petite était morte peu après.

Le lieu est humide. Je pose pied sur un tapis d'herbe colonisé par la mousse. En bordure d'un pré minuscule, penché sur les vestiges du bief et de la roue, le moulin a résisté au temps. La Margeride toujours l'environne. Cette forêt qui avait assuré, trois années durant, l'impunité du monstre. Cette forêt qui enveloppe l'ère de la Bête de ténèbres profondes. Je ressens une impression d'étrangeté. Comme chaque fois que je suis confronté à la survie et au témoignage des lieux anciens.

Presque hésitant, je m'avance. Le moulin du Puech a été harmonieusement restauré. Tuiles romaines. Crépi à la chaux. Corniche de pierre remise en valeur. Les adaptations à la modernité sont fines et discrètes. Au pied du haut perron rustique poussent de vieux pruniers et une glycine.

Un homme en noir m'ouvre la porte. Décidément, le monde est petit. Je veux dire le monde des aficionados de la Bête, les « bestieux » comme dit Mauriçou.

— Vous êtes bien chez Norbert Védrine, indique le jeune prêtre. Je suis son neveu, l'abbé Blanqui.

— Je vous ai aperçu récemment. Au musée de Ribeyrevieille, je crois.

— Votre intervention était passionnante. Mon oncle se réjouit de vous voir. Et moi également...

— Vous êtes trop aimable.

— On dirait que ma soutane vous surprend. Elle surprend, en général.

— Les prêtres en soutane se font rares...

— Il est vrai. Pourtant, je ne me considère pas comme intégriste.

— Cette tenue correspond peut-être à une certaine esthétique ?

— Nostalgie, dirons-nous.

L'intérieur est obscur. Les meubles anciens et les boiseries sentent la cire d'abeille. Un pas résonne. Une porte s'ouvre au fond de la pièce près de l'alcôve abritant les lits clos. Un homme grand et massif vient à ma rencontre. Son crâne chauve luit dans la pénombre (dire qu'un crâne chauve luit est un cliché, mais je n'y peux rien). Le docteur Védrine est ce paléozoologue dont l'intervention m'avait paru si insolite lors de l'inauguration du musée.

— Je brûle de curiosité, dit-il.

Dans ma tête, une sonnette retentit, mais ce qui est fait est fait. Avant de venir, j'ai pesé le pour et le contre. Je sais que cette « consultation » est imprudente. Mais, quand on dispose, à vingt kilomètres de chez soi, d'un spécialiste mondial des carnivores, comment résister ?

— Ainsi que je vous l'ai expliqué au téléphone, dis-je, ce morceau de peau m'a été confié par un ami allemand. Il provient de la région de Stuttgart...

Ma précipitation trahit mon anxiété. Mon regard inquiet va de l'un à l'autre des deux hommes plantés devant moi. Cette relique viendrait d'ailleurs, c'est tout ce que j'ai trouvé pour détourner les soupçons.

— Finissez d'entrer, dit en souriant le paléozoologue, et excusez-moi de ne pas vous avoir annoncé la présence de mon neveu. Vous auriez peut-être préféré me consulter en tête-à-tête ?

— Je suis ravi de le voir, dis-je sur un ton mondain. Et puis un prêtre n'est-il pas tenu à toutes les discrétions ?

Je dépose sur une table mon bagage d'aluminium. Védrine allume une puissante lampe et me regarde extraire le bocal du container. Pour une conservation optimale, Ulrich a remplacé le sérum de lait par un liquide physiologique de synthèse. La peau est nettoyée, le liquide presque limpide. Par sécurité, Uli a prélevé et congelé une bonne quantité de derme.

Le docteur Védrine tourne autour du bocal et scrute son contenu avec une attention acérée. J'ignore l'âge de cet éminent retraité, mais ses attitudes sont celles d'un homme énergique et vigoureux.

— Je vais préparer de quoi manipuler cette chose proprement, annonce-t-il avant de quitter la pièce.

Son neveu me considère avec un sourire onctueux. Ses longs cils frémissent.

— Vous avez là, dit-il en désignant le bocal, un ancien pot à pharmacie.

— Vous vous y connaissez ? En antiquités, je veux dire...

— Dans certains domaines. Si vous venez au presbytère, je vous montrerai une belle collection de bénitiers de verre, soufflés et travaillés à la pince.

La voix de Blanqui est précieuse et murmurante. Je m'approche pour mieux entendre. Une légère odeur de fleurs fanées s'exhale de lui.

— La pièce que vous avez là, poursuit-il, date de la fin du XVIIIe.

— Comment faites-vous pour dater ?

— Vous voyez cette teinte rosée et ces fissures ? C'est à cause de l'oxydation du manganèse. Du fait d'un dosage approximatif, ce verre souffre d'une dégénérescence. Avec le temps, il se dévitrifie. C'est aussi le cas, hélas, de la plupart de mes bénitiers de la Margeride.

— On fabriquait du verre en Margeride ?

— Ça vous étonne ? Il y a tout ce qu'il faut. Des roches à fondre. Du bois à brûler. Ces verreries ont perduré jusqu'à la Révolution.

— Mon pot n'a sûrement pas été fabriqué ici. Il vient d'Allemagne comme je vous l'ai dit.

— En êtes-vous bien sûr ?

— Cette « maladie » peut aussi affecter le verre allemand, non ?

— Certes... Mais, tel que je le vois, cet objet ressemble fort à une production de la Margeride.

La porte du fond s'ouvre à nouveau. Le paléozoologue déjà reparaît et me conduit dans son laboratoire. Cette annexe communique de plain-pied avec le moulin. Elle est éclairée par des baies de création récente. Sur des rayonnages trônent des fossiles, des ossements aux couleurs âcres, des squelettes complets ou fragmentaires. Le neveu a disparu. Du moins, il n'a pas suivi. Il s'est retiré sur la pointe des pieds.

Dûment ganté et équipé, le docteur Védrine extirpe la peau. Il la manipule longuement avec sa pince. Il la triture.

— D'après la forme du sous-poil et les glandes tégumentaires, on penserait, dit-il, à un viverridé.

— Un viverridé ! Comme la civette, la genette, la mangouste ?

— Pas seulement. Les viverridés sont un groupe fourre-tout. La plupart ont cinq doigts, mais pas tous. Certains des griffes rétractiles, d'autres non...

Prenez le fossa, « cryptoprocta ferox », il ressemble à un puma, il grimpe aux arbres pour dévorer les lémuriens, mais ce n'est pas du tout un félin...

— Les viverridés n'ont-ils pas des ancêtres communs avec les canidés ?

Norbert Védrine hoche la tête d'un air gourmand qui semble vouloir dire : « bonne question ! » Il me désigne au mur le dessin d'une bestiole bizarre.

— À la fin de l'ère secondaire, voyez-vous, il y a soixante millions d'années, vivait cet animal pas plus gros qu'une belette. *Miacis* est l'ancêtre commun des chiens, des chats, des ours... La nature est pleine de cousinages surprenants.

Silence méditatif. Dans les profondeurs de cette maison autrefois endeuillée par la Bête, je perçois de vagues et lointains craquements de planches. Le vieux bois travaille.

Comment formuler mes questions sans trop me compromettre ?

— Mon collègue de Stuttgart, dis-je, a étudié les chromosomes de ce morceau de peau. Mais il ne parvient pas à conclure.

— Avec un crâne, je pourrais vous aider de manière plus efficace... Cet animal est un hybride, non ?

— Sûrement, mais de quoi ? Dans chaque paire, l'un des chromosomes est celui d'un loup. C'est le deuxième type qui pose problème. Ils sont petits et minces. On ne sait même pas vraiment comment les apparier avec les autres.

— Petits et minces... On pourrait penser à un croisement avec une espèce archaïque.

— Mais, dis-je, cette peau est conservée depuis le xviiie siècle. L'animal avec lequel le loup s'est accouplé vivait à cette époque...

— Je ne crois pas, bien sûr, à la survivance d'un spécimen préhistorique isolé...

De ses grandes mains gantées de latex, le docteur Védrine tourne et retourne la pièce à conviction. Son regard redoutablement averti s'attarde sur la tache en forme de cœur. J'ai du mal à contenir ma fébrilité.

— Que voulez-vous dire par « espèce archaïque » ?

— Voilà, dit Norbert Védrine, un sujet terriblement excitant. Vous avez entendu parler de la théorie des « codons muets » ?

— Peu de gens y croient pour l'instant.

— Eh bien moi, j'y adhère tout à fait. Les gènes des premiers animaux, ceux qui ont peuplé les eaux de la planète, étaient tous signifiants. Ce qui veut dire que tous codaient pour des protéines. L'inconvénient est que ces gènes avaient tendance à se déplacer. Ils sautaient d'un site à l'autre.

— Ce qui créait sans arrêt de nouvelles formes animales ?

— Absolument. Alors la Nature a inventé les codons muets. Ces gènes qui ne codent pour rien, apparemment inutiles, emmaillotent en fait les gènes signifiants et les empêchent de sauter. Ce sont les codons muets qui ont permis de stabiliser les espèces animales !

L'index du docteur Védrine est pointé vers moi. Son crâne jette des reflets assortis aux débris fossiles de sa collection.

— On découvre encore aujourd'hui, poursuit-il, des espèces qu'on qualifie de « fossiles vivants » et qui se sont stabilisées il y a très longtemps. Comportant peu de codons muets, leur génome est plastique. Ce qui les rend peut-être capables de franchir la fameuse « barrière des espèces ». Je suis persuadé, quant à moi, que certains viverridés méconnus sont restés aptes à se croiser avec des canidés ou des félidés.

Me prenant presque par la main sous l'effet de l'enthousiasme, Norbert Védrine me guide auprès de ses rayonnages.

— Et voici un autre maillon, s'exclame-t-il. Un animal nettement plus gros que *miacis*. Le tomarctus du miocène. Il reste lui aussi énigmatique, mais on est à peu près sûr que ce fauve redoutable était un ancêtre commun aux hyénidés, aux félidés et aux viverridés.

— Et cette énorme mâchoire, c'était quoi ?

— Un hyaenodon de l'oligocène aux molaires à crêtes tranchantes. Et ici, vous avez un smilodon, le fameux « tigre à dents de sabres »... Leur aspect n'est pas parfaitement connu, mais, d'après les crânes et les dents, vous imaginez la puissance de ces monstres.

— J'imagine, dis-je à mi-voix. C'étaient sûrement des sales bêtes.

10

Des histoires pour la veillée

Muni de prétextes divers et variés, j'ai fait la tournée des refuges SPA de la Lozère, du Cantal et de la Haute-Loire. J'ai écumé jusqu'au Puy-de-Dôme et à l'Aveyron. J'ai fait appel à des amis et connaissances. Bref, j'ai réussi à « adopter », sans éveiller, je l'espère, de soupçons, une vingtaine de chiennes de race indéfinissables. Elles sont installées. Ce fut une rude besogne. Il a fallu construire, dans l'étable et à l'extérieur, de nouveaux box grillagés. La cohabitation de ces bêtes entre elles et avec les six chiens de mon père engendre un horrible vacarme.

Mauriçou m'a aidé efficacement, mais non sans ronchonner. J'ai beau lui expliquer en termes accessibles qu'il s'agit d'une sorte d'expérience génétique à durée limitée, il ne voit pas ce que je veux faire de toutes ces « bestiasses » plus ou moins galeuses. Sans doute craint-il aussi pour ses moutons. Il suffirait que l'une d'elles s'échappe... Bien que retraité, Mauriçou n'a pas complètement rompu avec l'agriculture. Il élève une douzaine de brebis Bizet. Le minimum pour entretenir son pré et les miens.

C'est par un beau lundi d'octobre (je préfère les nuances des intersaisons au bête soleil estival) que je cueille Ulrich à la gare de Saint-Chély-d'Apcher. Il trouve amusant et plutôt rétro de venir en train et en profite pour dévorer l'*International Journal of animal reproduction*. Uli a dix jours devant lui, ce devrait être suffisant. J'ai, quant à moi, reporté tous mes rendez-vous et toutes mes obligations à Clermont et à l'INSERM de Montpellier.

Halte rapide dans le bourg du Malzieu. Juste pour quelques courses et prendre un café. Les bistrots d'ici et l'ambiance, c'est marrant pour un étranger et Ulrich apprécie d'ordinaire cet inoxydable parfum de France traditionnelle. Mais, aujourd'hui, notre esprit est polarisé par l'entreprise que l'on sait. Deux randonneuses aux cuisses bronzées traversent en pure perte la place du Foirail. Nous n'échangeons pas le moindre regard appréciateur.

En arrivant à la Chaleille, j'emmène Ulrich directement à l'étable des chiens. Un apocalyptique concert nous accueille.

En tant qu'embryogéniste, j'ai longtemps travaillé à fabriquer des porcelets transgéniques aux tissus compatibles avec tel ou tel malade en attente d'une greffe. À cet égard, je connais bien mieux les truies que les chiennes. La différence cependant n'est pas insurmontable. Le protocole « cochon » devrait pouvoir être appliqué. Il faudra prélever des ovules par rinçage des cornes utérines et remplacer les noyaux par l'ADN de la « chose du bocal ». Chaque œuf sera mis en incubation dans une gélose. S'il est vivant, on l'implantera. Compter une dizaine d'œufs par chienne, car il y a de la perte.

— On commence quand ? demande Ulrich qui visiblement trépigne.

— J'ai hormoné les chiennes pour les faire ovuler. On peut attaquer dès demain.

Les animaux se ruent sur les grillages dans un raffut d'enfer. Certains semblent vouloir nous lécher les mains, d'autres nous bouffer tout crus. Granite et Fougère me jettent des regards lourds d'interrogations et de reproches. J'y prends à peine garde, ne songeant qu'à l'objectif.

— L'automne est la meilleure saison pour les chaleurs. Mais la probabilité de réussite reste faible. Tu crois qu'une vingtaine de chiennes... ?

— Ça devrait suffire, hurlé-je pour dominer les aboiements. N'oublie pas les mammouths. On a fait des miracles. Il y en aura bientôt plein les zoos.

— Si on réussit à franchir le cap, ça devrait cartonner en tout cas. Avec notre super-gélose de croissance, on aura un beau bébé.

C'est en proie à une vive excitation doublée d'une sorte d'hilarité nerveuse que nous ressortons du chenil.

— Une petite bébête du Gévaudan nourrie au biberon ! Ou peut-être plusieurs. Si ça se trouve, elles n'auront pas du tout le mauvais caractère de leur ancêtre.

— Ancêtre pas tout à fait, rectifie Ulrich... Comment on pourrait dire en français ? Antécédente ?

Pour entreprendre, un certain optimisme est de rigueur. Dans deux mois, nous en saurons plus. La gestation des canidés est courte.

— Et cette petite Margeride, tu me la présentes quand ?

— Tu la verras ce soir.

— Je croyais qu'elle était en Italie ?

— Oui, dis-je, elle y a passé tout l'été, en stage. Elle étudie le Quattrocento. Mais elle est rentrée hier et on va faire la fête. J'ai invité du monde.

— La fête ? Et en l'honneur de quoi ?

— En l'honneur de... diverses choses.

Uli ne semble pas fatigué par le voyage. Au pas de course, nous retournons à la voiture pour extirper ses bagages du coffre.

— Voilà Mauriçou qui vient te saluer. Il a la casquette rabattue des mauvais jours. Pour nos « expériences », tu en dis le minimum. S'il savait, je pense qu'il y « verrait pas beau ».

— L'homme, s'esclaffe Ulrich, ne doit pas jouer les apprentis sorciers.

— L'homme doit faire preuve d'humilité face aux forces de la nature.

— *Und so weiter.*

Nous reprenons au plus vite notre sérieux et saluons Mauriçou avec la gravité qui convient. Inutile de le vexer.

Dix minutes suffisent à Ulrich pour se rafraîchir et se changer. Ensemble, nous transportons dans la cour, sous le noyer, la grande table de la ferme. Elle est très lourde. Dans les campagnes on dit : ça pèse comme un âne mort. Les dernières mouches de la saison bourdonnent. Une camionnette arrive. C'est le restaurateur du Malzieu à qui j'ai commandé les plats pour ce soir. Vu les circonstances, je n'ai ni le temps ni l'envie de me mettre en cuisine.

Dès dix-neuf heures, tout le monde est là, mais la soirée commence par un contretemps en forme de corrida. Ayant cassé leur clôture, les génisses du GAEC Albaret font une incursion dans les prés de la Chaleille. Pour les encercler et les ramener au bercail, tous les invités sont mobilisés. L'opération se passe pour le mieux, d'autant que les Albaret sont parmi nous. Cet intermède plaît beaucoup à

Ulrich. Beaucoup moins à Justine du fait de ses escarpins vernis.

Autour de la table, nous sommes neuf. Les bouchons des bouteilles sautent joyeusement. Le vin de Massiac (Cantal) est un cru qui déconcerte. Il ne faut pas l'aborder de manière conventionnelle. Je bois un peu trop vite. Mon anxiété est compulsive. Margeride ramène d'Italie un teint lumineux de Dame à l'Hermine (Léonard de Vinci). Justine et elle échangent des regards. Assis entre les deux filles, Ulrich est chargé de faire tampon et, au besoin, diversion.

Je reste sur mes gardes et je fais bien. Alors que je suis en train d'extraire un plat du four, Justine me rejoint dans la cuisine, thermostat à fond.

— C'est quoi cette gamine maintenant ? demande ma « bonne amie » en ouvrant avec violence un tiroir. Tu nous fais la crise de la quarantaine ?

Elle s'affaire bruyamment, faisant cliqueter les couverts avec l'autorité de quelqu'un qui connaît la maison.

— Quelle gamine ?

— Ne fais pas l'innocent.

Je feins de ne pas comprendre. Serait-il question de ma voisine de gauche, Estelle Albaret (pas mal non plus d'ailleurs), la fille de mes voisins ? Justine se plante devant moi, comme si elle allait me saisir au collet. Dans son œil, une lueur ironique et mauvaise. Une gifle peut-être se prépare. Justine a la main leste. Pour libérer les miennes, je dépose le plat brûlant sur la cuisinière.

— Margeride ? m'étonné-je. C'est pas le genre. Elle ne pense qu'à ses études.

— Mais bien sûr !

— J'ai bien le droit d'avoir des collaboratrices. Tu ne me fais pas de scène à propos d'Ulrich.

— C'est ça. Une collaboratrice...

— N'oublie pas que sur la planète Terre, un homme sur deux, en moyenne, est une femme. Et il se trouve que parmi mes relations de travail, cette proportion se retrouve plus ou moins.

— Arrête tes conneries, dit Justine sans élever la voix. Ta Margeride, je ne sais peut-être pas à quoi elle pense, mais toi, je sais à quoi tu penses.

Dehors, sous le noyer, circule un petit souffle apaisant. Je parviens à me rasseoir avant que cet aparté contre la cuisinière n'ait trop dégénéré. Le repas bientôt prend son allure de croisière. La grand-mère de Pierre Albaret, quatre-vingt-dix-huit ans et en fauteuil roulant, n'est pas la moins réjouie. Une « truffade » géante a été installée au centre de la table. Le vin va bien finir par me faire apprécier le côté divertissant des choses.

La conversation s'anime d'abord autour des sujets classiques. Il est question du monde paysan. Agriculteur biologique bourré d'éthique militante, Pierre Albaret s'excite à propos d'ensilage et de farines animales. Mauriçou, bien sûr, regrette les vaches du temps jadis et les neiges d'antan. Maryse Albaret s'inquiète des cours du lait et des heurs et malheurs de la race Aubrac. Il est aussi question d'Europe, de subventions, de nouvelles normes et j'en passe.

À tout cela, Ulrich, bien que profane, s'intègre à merveille. Sa culture scientifique et sa curiosité en font un interlocuteur agricole pertinent. Les Albaret, on le sent, le tiennent d'emblée en haute estime. Uli a aussi un bon contact avec la très jeune Estelle qui lui parle de ses démêlés scolaires avec la langue allemande.

Sous couvert de questions anodines, Justine, pendant ce temps, s'amuse à mettre Margeride mal à l'aise. Je feins de ne rien remarquer. Margeride a bon caractère. Je compte sur elle pour amortir.

L'appétit va bon train. Les saladiers et les plats se vident. Ma venimeuse « bonne amie » s'étant absentée pour aller chercher le gâteau à la rhubarbe et au sureau concocté par elle, Margeride se penche vers moi.

— Alors, chuchote-t-elle, vous avez commencé ?

— L'ADN est conditionné. On va s'y mettre.

— Super ! Il faudra aussi que je te dise un truc. C'est à propos de ce dessin qu'on a vu au musée...

L'obscurité engloutit déjà le rideau de frênes et de hêtres qui borde la cour. Deux lampadaires à halogène, dont les rallonges passent par la fenêtre, éclairent la table d'une lumière théâtrale. Un chien, de temps en temps, gémit dans la grange. Ils rêvent peut-être. Quelque part, une chouette lance son double cri.

— Si on se racontait des histoires ! lance Estelle Albaret.

— Quel genre d'histoire ?

— Des histoires qui font peur...

Estelle Albaret est une jolie blonde de dix-sept ou dix-huit ans. C'est un âge où l'on aime délirer entre copains autour d'un feu de bois. Avec ou sans bonbons à la guimauve qui fondent et dégoulinent au bout d'une baguette.

— OK, dit Uli. Tu n'as jamais entendu parler du mystère de Kaspar Hauser ?

Ulrich y va de son histoire d'enfant sauvage germanique, agrémentée de l'accent adéquat. Maryse Albaret enchaîne avec celle d'une jeune vierge échappant par un geste héroïque aux entreprises de la Galipote, ce loup-garou régional qui, tel un sac à dos, s'accroche aux épaules des voyageurs. Ça se passait tout près d'ici, paraît-il, à la roche Truyère par une nuit de lune pleine. Pierre Albaret évoque une légende où il est question d'un char et ses deux bœufs engloutis dans un lac d'Auvergne. Sauf que les nuits de Toussaint, si l'on prête l'oreille, on entend grincer les roues.

Fidèle à son obsession végétarienne et avec une froide aisance, Justine raconte une histoire de sorcellerie où la mandragore tient le premier rôle. Puis

Estelle, dans un style confus, mais passionné, met en scène un raid extraterrestre sur la steppe lozérienne. Quant à moi, de peur, peut-être, de trahir le scénario fantastique qui me trotte dans la tête, je m'efforce de me faire oublier et de passer mon tour.

— Écoutez bien la mienne, s'exclame soudain Margeride désinhibée par le vin qui lui rosit les joues, c'est une histoire vraie. Je l'ai vécue... Vous avez remarqué que je boite ?

Personne n'opine, bien sûr. Les visages expriment une courtoise attention. Moi qui n'avais jamais osé aborder avec Margeride ce sujet délicat, je suis plutôt déconcerté.

— Vous avez eu un accident ? s'enquiert finalement quelqu'un.

— Pas tout à fait. C'est une mésaventure. J'avais douze ans à l'époque. On a une maison de famille près du mont Mouchet. Un après-midi, je ramassais des myrtilles dans un bois. Je sais, ça commence comme le Petit Chaperon rouge...

— C'était où exactement ? demandé-je.

— À la Besseyre-Saint-Mary.

La Besseyre, me dis-je. L'épicentre de la Bête.

— Tout à coup, poursuit Margeride, j'ai senti une présence. Il y avait un drôle de type derrière moi. Il me regardait. Il me suivait de plus en plus près. Je me suis mise à courir. J'entendais son souffle. En sortant du bois, je suis tombée dans une rase, mais je me suis relevée. J'ai atteint le village. Là, je me suis retournée. Il avait disparu.

— Mais ce type, demande Estelle, c'était quel genre ?

— Ni vieux ni jeune. Je n'ai rien retenu. Il n'y a que son attitude... Sur le moment, j'ai fait une description aux gendarmes. Mais aujourd'hui, je ne sais plus du tout.

— Un vieux dégueulasse en mal de chair fraîche, note Justine en me regardant.

À part ça, tout le monde semble vaguement gêné. Mauriçou fronce les sourcils. Dans les arbres, la chouette se fait à nouveau entendre.

— Il voulait vraiment t'attraper, tu es sûre ? insiste la jeune Estelle.

— Il tendait ses mains vers moi. Des mains qui m'ont paru très grandes... Mais je ne vous ai pas dit le plus extraordinaire.

La nuit est tiède et totale, sans lueurs d'habitations. Nuit idéale pour qui voudrait déchiffrer le ciel.

— Le plus extraordinaire, reprend Margeride, c'est qu'après cette chute dans la rase, je me suis mise à boiter.

— Tu es mal tombée, dit Estelle. Tu t'es fait mal.

— Et pourtant non. Je n'ai rien senti du tout. Plusieurs médecins m'ont examiné. Je n'avais pas de blessure. J'ai consulté depuis. Je n'ai rien du tout.

— Rien de cassé, de déplacé ?

— Absolument rien. Je boite sans raison.

Je vois Justine qui hausse les épaules. Elle propose à la ronde une deuxième tournée de son gâteau. Y a-t-il d'autres conteurs ? Je voudrais que Mauriçou se manifeste. Je lui tends la perche. J'aimerais qu'il raconte la cloche fantôme qui sonne les jours d'orage. Mais Mauriçou n'est pas disposé.

— Je vais vous dire une histoire du temps de la Bête, commence la grand-mère Albaret avec le ton de qui sait par cœur. C'est arrivé à deux femmes du hameau des Escures, dans la paroisse de Fournels.

— Oh oui, dit Estelle, tu la racontes bien.

— C'était un dimanche. Ces deux femmes allaient à la messe, toutes deux sur le même cheval. Elles furent rejointes par un inconnu, lui aussi à cheval. Il allait dans la même direction. Cet homme portait un vieux fusil rouillé et annonçait qu'il allait chasser. Chemin faisant, elles virent, par la fente de sa chemise, que son ventre était couvert de poils. Et elles avaient si peur qu'elles pouvaient à peine respirer...

Ici l'aïeule observe une pause stratégique. Cette histoire, on le sent, est chorégraphiée par la tradition.

— Ces femmes avaient du mal à se maintenir sur leur monture. Quand l'homme tendit la main pour les aider, l'une sentit cette main pleine de poils. Elle pensa que c'était un loup-garou qui voulait les empêcher d'aller à la messe. Mais l'homme bientôt disparut sans plus rien dire. De retour chez elles, elles racontèrent ce qui leur était arrivé. Dans la matinée, on avait vu la Bête non loin de là. Des hommes alors se rassemblèrent...

La chouette, à nouveau, par deux fois, s'égosille. Au fil du récit de l'aïeule, les ténèbres de la Chaleille se resserrent pour faire fusionner le présent et la légende. On se croirait revenu au temps des vraies veillées. Même chez ceux qui déjà le connaissent, ce récit fait naître une sensation indésirable et désirée. Une sorte de frisson sacré.

11

Ferassimus

Sans le secours d'aucun réveil, Ulrich et moi nous retrouvons à l'aube devant un petit déjeuner copieux et rustique avec confiture de mûres issue des ronces locales. Quelques tasses de café viennent à bout de ma migraine naissante. Par esprit de courtoisie, j'ai avalé au préalable une cuillérée de l'élixir régénérant prescrit par Justine.

Au travail maintenant. Dans l'étable, les chiennes semblent nous attendre. Bruyantes toujours, mais pas trop mal disposées en fin de compte. Parmi les beagles de mon père, plusieurs femelles sont en situation de « participer ». Ça nous fait, en tout, vingt-trois cobayes. Nous débordons d'énergie et les opérations démarrent rondement. Vers midi, ma

« bonne amie », qui émerge de mon lit, vient en reconnaissance.

— Ça pue là-dedans ! Qu'est-ce que vous fabriquez avec tous ces chiens cradingues ?

Je reconnais que nos recrues des SPA circonvoisines n'ont rien à voir, quant au toilettage, avec les scottish-terriers de la reine d'Angleterre.

Plantée au milieu de l'ancienne étable dans son peignoir satiné, Justine fronce le nez. Plus intriguée, sans doute, que vraiment dégoûtée. Méfions-nous. Elle n'est pas si stupide... Hier soir, j'ai commencé à lui expliquer que nous expérimentions des croisements à partir de paillettes d'insémination. Aussi près que possible de la vérité. Elle veut en savoir plus et je m'embrouille un peu. Ulrich vient à mon secours et entreprend de noyer le poisson (il s'agit de chiens, mais tant pis) à grand renfort de détails. La sonnerie de son portable interrompt l'exposé. Justine m'entraîne vers la maison.

— Toi, dit-elle, tu me caches quelque chose.

— Qu'est-ce qui te fait dire ça ? L'intuition féminine ?

— Peut-être. Tu n'y crois pas ?

— Je crois que les femmes disent, en moyenne, autant de conneries que les hommes.

Toujours sophistiquée dans ses œuvres culinaires, Justine nous a préparé une choucroute d'orties. Tandis qu'elle s'affaire au-dessus de sa verdâtre marmite, Uli, qui vient de nous rejoindre, se penche vers moi.

— Ce coup de fil, c'était mon labo.

— Ils ont du nouveau ?

— Gunther a analysé l'ADN mitochondrial. Nous supposions que l'un des parents était un loup... eh bien c'est confirmé.

— C'est la mère ?

— Exactement.

— Il aurait peut-être fallu prendre des louves comme mères porteuses.

— Tu en connais beaucoup de disponibles ?

La choucroute d'orties, finalement, passe bien. Nous complimentons la cantinière. Je prépare du café. Uli charge le lave-vaisselle. Angéliques. Des non-dits volètent çà et là, mais je sais que tout en s'affichant contrariée par nos cachotteries et par mes provocations d'hier, Justine n'y trouve pas moins une indispensable stimulation. Elle a besoin, au fond, qu'on résiste à ses tendances tyranniques. Ce rapport de force me fatigue quelquefois et même souvent, mais telle est notre relation.

Justine rentre au Malzieu pour rouvrir sa boutique. Nous reprenons le travail. Il se poursuit jusqu'à la nuit noire. L'enthousiasme nous porte. Le lendemain même rythme. Sauf qu'en milieu d'après-midi, je laisse Ulrich achever, avec Mauriçou (en blouse blanche !) pour assistant, le prélèvement des ovules. Il faut que je m'échappe un moment. Cas de force majeure. J'ai rendez-vous avec la boiteuse aux stigmates.

C'est au château de Ribeyrevieille qu'elle m'attend dans une salle réservée aux chercheurs, une salle tapissée de livres des temps obscurs. Bras nus, décolleté en accolade ou, si l'on veut, en forme de cœur, Margeride est assise à une table tendue de vieux cuir.

— Bienvenue, dit-elle, sur la piste historique !

— Alors, c'est quoi cette révélation ?

— En Italie, on a passé notre temps à déchiffrer des images anciennes.

— Déchiffrer, comment ça ?

— Toutes sortes de codes... Du coup j'ai repensé au dessin que tu m'as montré. Et, en arrivant, je me suis débrouillée pour le voir de plus près.

D'un geste emphatique, Margeride soulève une feuille de papier blanc. Le fameux dessin est sur la table.

— Comment as-tu fait pour l'avoir ?

— Je l'ai demandé gentiment au conservateur.

— Il est vrai, dis-je, que tu as les arguments qu'il faut. Charme, tact, innocence...

— Seule restriction : ce document ne doit pas sortir d'ici.

Avant d'être la bibliothèque du musée, cette salle en était déjà une. Le mobilier ancien est resté : armoires grillagées, rayonnages monumentaux, tables et pupitres. Bien que le lieu soit désert, nous parlons bas comme dans un sanctuaire. Je me penche sur l'image. Les cheveux noirs de Margeride caressent ma main gauche comme une pluie suave. Que n'ai-je le temps de m'attarder !

— Il t'a expliqué d'où venait ce dessin ?

— Ce serait, dit-elle, un don récent d'une famille de l'Ardèche. Une vieillerie retrouvée dans une grange. Plusieurs spécialistes l'ont examiné.

— Et quelles sont leurs conclusions ?

— Ils n'ont pas pu dater exactement, mais ils pensent qu'il s'agit de la Bête.

Je me contorsionne pour déjouer les reflets du verre. Un monstre velu tient dans sa gueule béante et bavante la tête d'un enfant terrassé. Quelque chose là-dedans évoque l'Antiquité. Un fantastique bizarre, venu d'ailleurs. Une candeur effrayante.

— L'Ardèche, dis-je, est le lieu des premiers crimes attribués à la Bête.

Margeride exhibe une poignée de photocopies.

— Et ça, tu connaissais ? Une lettre du syndic du Vivarais à Aubenas adressée à l'intendant de Montpellier. Ça date de 1764 : « Depuis plus de six mois, une bête féroce qui rôde dans nos montagnes du Vivarais [l'Ardèche donc], voisines de celles du Gévaudan fait éprouver aux habitants l'effet de sa voracité. Neuf personnes ont été dévorées... »

— Bien joué, dis-je. Tu as trouvé ça où ?

— Ça vient des Archives départementales de l'Hérault.

Si je fais mine de redoubler d'intérêt, c'est par pure diplomatie. Tous les chercheurs connaissent cette lettre. Margeride est profane. Elle ne peut pas savoir.

— Je sens, dis-je, que tu as une théorie.

— Donne-moi d'abord tes impressions sur ce dessin.

— Il m'intrigue, c'est sûr. Le style est naïf... mais il y a comme un souci de précision descriptive. En plus maladroit, ça fait penser à un croquis de naturaliste. Comme du temps de Buffon.

— Ouais. Mais encore ?

— Je ne sais pas.

— Examine ce petit machin tout au fond... Eh bien, je suis sûre que c'est une voile.

— Peut-être une barque sur la Truyère.

— Justement non ! s'exclame Margeride. C'est un navire. Tu imagines, toi, un navire en Gévaudan ou dans l'Ardèche ?

Son index résolu souligne un détail triangulaire. Une voile ? Rien n'est moins sûr.

— Admettons, dis-je, que ce soit un navire. Ça prouverait quoi ? Les gens de l'époque ont tellement brodé... Les représentations de la Bête qui nous sont parvenues n'en sont pas à une incohérence près.

— Et le costume de cet enfant, il ressemble à quoi ?

— Tu parles, c'est la Bête qui l'a mis en loques.

— Mais enfin, tout ça ne te paraît pas curieux ?

— Très curieux. Nous sommes tout à fait d'accord. Mais je ne vois pas ce qu'il faut en conclure.

— Et si ce dessin, dit Margeride, ne représentait PAS la Bête ni le Gévaudan ?

— Alors, il ne nous intéresserait plus du tout.

Nos regards perplexes se toisent. Le mien finissant par se perdre dans le décolleté anxiogène en forme de cœur. Fugitivement, car je n'ai pas le temps, je pense à des frustrations à venir. À la dépossession. Cette fille est trop jeune pour moi.

— Poursuivons, dit Margeride en retournant le cadre. Avant ton arrivée, j'ai fait un peu de bricolage.

— Tu es gonflée, dis-je en jetant un coup d'œil circulaire. C'est toi qui as tout démantibulé ?

— Ne t'inquiète pas. Je remettrai tout en place.

Margeride extirpe le dessin. Bien que le papier soit plutôt crasseux, des caractères dissimulés jusqu'alors par le cadre apparaissent nettement dans le coin inférieur droit. « *Ferassimus S.* » C'est ce qui est écrit.

— Nous ne sommes pas les premiers à démonter cet encadrement. Le conservateur a repéré cette inscription. Il pense que c'est la signature. Le nom de l'auteur. Un nom latinisé.

— Et toi, tu ne le penses pas ?

— Moi, dit Margeride, je crois qu'il s'agit de l'animal représenté.

À la lumière de la lampe, puis à la lumière du jour, nous examinons le papier, son filigrane, la baguette dorée, le carton sous toutes les coutures. « *Ferassimus S.* », c'est tout ce que livre l'examen.

— Il faut que je retourne auprès des chiens, dis-je. On est dans une phase délicate.

— Oui, je te sens sous pression. On reparlera de tout ça une autre fois... Tu sais, je voudrais bien vous aider.

— Je vais travailler plein pot toute la semaine avec Ulrich. Mais, après, tu pourras peut-être venir voir...

— Ça ne plaira pas à Justine.

— Elle ne sera pas forcément dans le coin, dis-je avec un regard appuyé et en réfrénant des déclarations plus hasardeuses.

Margeride rougit. C'est rare et magique une fille qui rougit. Cette façon de trahir par le visage un trouble caché m'attendrit au plus haut point.

— Tu es déçu, n'est-ce pas ? Je n'ai rien trouvé du tout.

— À vérifier, dis-je. « *Ferassimus S.* », ça signifie forcément quelque chose. Il faudrait explorer les vieux bouquins du XVIIIᵉ. Le vocabulaire zoologique. Ça serait bien si tu pouvais jeter un œil...

Margeride va prendre deux ou trois photos du dessin avant de le remettre dans son cadre. Je l'embrasse et nous nous souhaitons bonne réussite. Cette « piste historique », je n'y crois déjà plus. Une supputation parmi tant d'autres. Mais je veux que Margeride continue. Ne serait-ce que pour la garder sous la main, si j'ose dire.

Il est presque dix-sept heures. Je repars en courant, mais, à peine dehors, mon élan est brisé sur le perron par un homme en noir qui me tend une main onctueuse.

— Vous venez vous documenter ? s'enquiert-il.

— Notre quête est sans fin.

— Il est vrai, dit l'abbé Blanqui. Moi aussi, je viens souvent. D'autant que ce musée est mon antre. Peut-être l'ignorez-vous, mais j'en suis l'un des administrateurs.

— J'ai entendu dire que vous prépariez un livre.

— Bien modestement. J'écris sur un auteur. Que ceci reste entre nous (il baisse la voix), ce sera une biographie de Pourcher.

— C'est un beau projet.

— N'est-ce pas ? reprend Blanqui. L'abbé Pourcher est le premier véritable historien de la Bête. Avant lui, il n'y avait eu que des rumeurs.

— Il n'a pas pu sauver toute la vérité...

— Oui, mais il a sauvé beaucoup de textes et de précieux témoignages. Il a rencontré des paysans dont le père ou le grand-père avait participé aux grandes battues. Pour qui veut connaître la Bête, son ouvrage est le livre des livres. Le mien ne visera qu'à lui rendre justice.

Comme quelqu'un qui s'apprête à prendre son temps, l'abbé Blanqui s'accoude à la balustrade du perron. D'un geste frôleur, sa blanche main caresse les veines de la pierre.

— Dès son plus jeune âge, poursuit-il, Pourcher a été imprégné des méfaits de la Bête. Les plaies familiales étaient encore sanglantes. Le soir, on en parlait autour du feu, à la lumière de la résine et des mèches de suif.

— J'ai connu, dis-je, des veillées de ce genre. Les dernières. Quand j'étais enfant, on regardait moins la télé qu'aujourd'hui.

— Pourcher a couru les bibliothèques, les campagnes, les châteaux... J'ai beaucoup d'admiration pour son travail et sa ténacité.

Je suis pressé, mais une question me travaille. Comme pour tout ce qui concerne la Bête, la réponse, s'il y en avait une, serait forcément trouble.

— Je me suis souvent demandé pourquoi la Bête du Gévaudan passionne tant les prêtres. Parmi ses historiens, on compte au moins quatre ou cinq abbés.

— Peut-être, répond presque timidement Blanqui, la Bête est-elle une image dantesque. Une punition divine. C'est l'enfer médiéval dont nous n'avons peut-être pas fait table rase...

Avec une brusquerie incontrôlée, je consulte ma montre.

— Je ne veux pas vous retenir, dit Blanqui. Venez plutôt me voir un de ces jours. J'ai retrouvé à la cure des papiers inédits. D'après l'époque, il devrait y avoir des détails relatifs à la Bête. Vous m'aiderez. Les vieux presbytères de campagne n'ont peut-être pas livré tous leurs secrets...

— Il est vrai que les registres paroissiaux sont une source capitale.

Les propos du collant ecclésiastique titillent, je l'avoue, ma curiosité, mais je suis prévenu contre les gens de son espèce. Ces gens qui collectionnent, entassent, photocopient, compilent, commentent, supposent, pour finalement accoucher dans la douleur de fluettes et invérifiables théories. À leur mort, on évacue de chez eux de pleines semi-remorques de papiers. Rien de plus. Je suis d'une autre race, du moins je l'espère.

Je dévale enfin l'élégant escalier du perron. Dans la cour sévit un vent froid. Le même qui fait vibrer dans le lointain les sapins verts et bleus du mont Mouchet. C'est le genre de vent qui ranime les corps et réveille la pensée. Un vent d'une vitalité aiguë, comme il en souffle dans les régions sauvages jusqu'au cœur du mois d'août. Il porte la mélancolie des hautes terres et fait se retourner dans leurs tombes les romantiques du temps jadis.

12

La césarienne

L ES SEMAINES DE L'AUTOMNE se sont écoulées. Elles
ont été incertaines et brumeuses. Le houx a produit très tôt ses boules rouges. Voilà qui annonce,
d'après certains, un rude hiver en Gévaudan. Selon
d'autres, au contraire, un hiver qui n'en sera pas un.
Aujourd'hui, énième jour de brouillard, c'est en tout
cas pour moi l'heure de vérité.

— Eh beh, s'exclame Mauriçou en contemplant
le carnage, j'y vois pas beau !

— Comme vous dites, note le vétérinaire.

Il n'y a pas que la vue qui n'est pas belle. Sur
le théâtre sanglant des opérations, le verdâtre
liquide amniotique répand une odeur à faire vomir
un rat d'égout. La chienne est mourante. L'unique
« chiot » mené à terme par elle à partir d'une

quinzaine d'œufs implantés est dans un état critique. Jusqu'à la mise bas, tout allait bien pourtant. Je pensais pouvoir me passer de vétérinaire. J'allais avoir ma « bête » en toute discrétion. Mais il a fallu recourir à une césarienne et les chiennes supportent mal les césariennes.

Le vétérinaire de Saint-Chély-d'Apcher a fait le maximum. Je parle en connaisseur. Rien à lui reprocher. Je scrute son visage légèrement crispé. Il est certes contrarié de la tournure des événements, mais il n'y a pas que ça. Je le sens intrigué et perplexe. J'ai essayé de lui dissimuler le « bébé » que j'ai enroulé dans une serviette, mais il a, bien sûr, remarqué certaines anomalies. Pour ne pas aggraver ses soupçons, je suis obligé de le lui laisser observer.

J'ôte la serviette. Le véto contourne la table et se penche. Oui, l'animal a une drôle de tournure. Les oreilles sont collées au crâne, les yeux fermés. Normal pour un nouveau-né. Mais la fourrure poisseuse a une curieuse couleur fauve et grise. Le dos est noir. Le museau est pointu et la mâchoire déjà très forte. Les pattes de derrière sont plus longues que celles de devant. Le jeu des proportions est inhabituel.

— Mais, bon sang, c'était quoi le père ?

— Un quelconque chien, dis-je, mais je ne sais pas lequel.

— Ça pourrait être autre chose.

— Vous croyez ? J'ai plusieurs chiennes et je ne surveille pas toutes leurs allées et venues. Je crois que je ferai plus attention à l'avenir.

— Il s'est passé quelque chose d'anormal.

— Oui, dis-je, sans doute un accident génétique.

Les lois du hasard, c'est tout ce que je trouve à invoquer.

Entre-temps la chienne est morte. Le véto ne peut que le constater. Il nous passe le relais. Concernant le petit, il donne sans illusions quelques conseils. Tandis que je m'affaire avec mes injections, Mauriçou, jusqu'à la dernière minute, tente de le nourrir. D'ordinaire, il a un bon feeling avec les animaux, mais le « chiot » refuse obstinément le biberon et meurt dans la soirée. C'est en l'examinant *post mortem* que je découvre d'autres détails troublants. Des griffes longues, acérées et qui semblent semi-rétractiles. Des yeux un peu rougeâtres et aux pupilles fendues comme celles d'un chat.

Avec l'équipement adéquat, ne pourrait-on pas tout de même le ranimer ? Au moins le maintenir en vie végétative ? J'aurais dû anticiper. Il me vient une idée qui vaut ce qu'elle vaut. Le congeler, c'est tout ce que je suis en mesure de faire. J'ai chez moi un de ces bacs de cryogénisation qu'utilisent les inséminateurs pour conserver les paillettes de sperme. J'y plonge le corps tiède du « chiot ».

Clôture des opérations. Avant de regagner son antre, Mauriçou me lance un long regard sombre et broussailleux. Si appuyé est ce regard, si inhabituel de la part de quelqu'un d'aussi pudique, que j'en suis ébranlé. Mauriçou n'a pas tout compris sans doute, mais il a compris quelque chose.

Vers minuit, j'empoigne le téléphone. J'ai besoin de parler avec quelqu'un qui sait. Ulrich n'est pas encore couché. J'ai avec lui une longue conversation. Une conversation en forme de bilan. Sur une demi-douzaine d'implantations réussies, cinq chiennes ont, à divers stades, avorté. Une seule a tenu jusqu'à terme. Sur elle reposaient nos derniers espoirs d'obtenir une « bête ».

— Tu dis qu'il a de très longues et fortes pattes arrière ?

— Entre autres bizarreries.

— Le kangourou du Gévaudan ! s'exclame Uli.

J'émets un vague ricanement, mais le cœur n'y est pas. Ulrich est déçu lui aussi, je le sens.

— En tout cas, poursuit-il, le clonage avait réussi. Il PEUT réussir.

— La Bête avait été portée par une louve. C'est peut-être là que ça coince.

— On pourrait réessayer en améliorant les conditions utérines. J'ai congelé les avortons. On a des quantités de tissu embryonnaire...

— Si on retente le coup, dis-je, on s'y prendra autrement. Je ne peux pas entretenir tous ces clebs *ad vitam aeternam*. Heureusement, je n'ai pas de voisin proche, mais tout ça va finir par se savoir et je risque des ennuis. À partir de dix chiens, il faut un chenil agréé.

Sans lâcher le combiné, je déboutonne ma blouse et la jette avec écœurement. L'odeur imprègne tout ici. Il n'y a pas que les vêtements. Malgré un nettoyage régulier des cages, le fumet de ces animaux se propage partout. Jusque dans ma chambre d'où je téléphone. Franchement, j'en ai ma claque. Je suis épuisé. Je rêve d'air pur. Je ne veux plus les sentir ni les avoir sous les yeux. Ces chiens signent mon échec.

— Ces bêtes, tu vas en faire quoi ?

— J'ai un plan, dis-je, pour les recaser et, rassure-toi, pas dans la vivisection... Il y en a deux de mortes, ça allège un peu. J'en ai une qui a fait un cancer de la mamelle.

— C'est courant chez les vieilles chiennes. Tu l'as piquée ?

— Je n'avais pas ce qu'il fallait. Mauriçou s'en est occupé. Il l'a abrégée « à l'ancienne ». Il a un vieux revolver qui date des combats de la Résistance sur le mont Mouchet.

— C'est un peu barbare, non ?

— Je fais confiance à Maumau. Il n'a jamais fait souffrir un animal.

En pleine nuit, dans un sursaut, et pour conjurer je crois mon dégoût, je sors et me dirige vers l'étable environnée de brume. Mes pensionnaires sont plutôt calmes. Elles viennent à moi en gémissant doucement. Elles me lèchent à travers les grillages des box. Après un dernier test de gestation (pour plus de sûreté), les recrues des SPA vont partir. Un éthologue de mes amis les « embauche » pour des études de comportement. Les chiennes ne subiront aucune atteinte physique et seront bien traitées. Ceci dit, je me sens triste. Presque au bord des larmes. C'est nerveux sans doute.

Je distribue un supplément de croquettes. Les six beagles de mon père ne sont pas les derniers à se jeter sur les gamelles. *A priori*, ils sont en pleine forme. Mais il est temps de leur restituer leur espace vital. Ça fait du bien après une période troublée de se retrouver « en famille ». Tranquilles.

13

La Saugne d'Auvers

Nous passons Nozeyrolles. La route s'élève toujours. La vue sur les monts s'ouvre en grand. Fugitivement, on aperçoit les tours du château-musée qui émergent des arbres. Une belle lumière tragique baigne le paysage. Nous traversons Auvers où, près de l'église, la Bête du Gévaudan trône sur un socle de rochers. Le monstre statufié est en train d'assaillir une fillette qui, armée d'une pique et cuirassée d'une robe en forme de soucoupe volante, se défend de tout son cœur.

C'est juste quelques kilomètres plus loin que nous laissons la voiture à un carrefour. Le jeu de piste commence.

La petite route de droite conduit vers un hameau. Ce n'est pas par là. C'est juste un repère. De l'autre côté, un chemin de débardage encadré de grands pins décharnés s'enfonce dans le grouillement sombre de la Ténazeyre. Autrefois, paraît-il, des pâturages couvraient les flancs du mont Mouchet. Ce chemin était une draille. Les troupeaux l'empruntaient. On le nomme encore quelquefois « le chemin des moutons ».

L'automne touche à sa fin. Ce temps limpide et froid est comme un temps de Toussaint clémente. Sur son pull couleur absinthe, Margeride endosse une veste matelassée. Nous nous mettons en marche lentement, comme surpris par la matérialité de la forêt. Le chemin sableux, assez large en son début, s'étrangle et s'assombrit très vite. Margeride me sourit d'un air confiant. Je sais de quoi elle va parler. Elle ne désarme pas.

— Il faut réessayer. Vous y étiez presque.

— Si ces bêtes, dis-je, n'ont pas vécu, c'est qu'elles n'étaient pas viables.

— Ulrich pense qu'il faut insister.

— Au fond, je suis presque soulagé. Il y avait làdedans quelque chose de malsain.

— Tu cherches la vérité non ? La vérité n'est pas malsaine.

— Laissons au moins passer un peu de temps.

— Pour le moment, tu es déçu et fatigué. Tu vas repenser à tout ça !

— Oui, dis-je, penser n'engage à rien. Comme tu le sais, je dois partir pour les Kouriles. J'aurai huit mois.

La lumière souffre. Le jour, malgré sa vigueur d'aujourd'hui, peine à traverser les branches. La vue se borne au noir fouillis des pins douglas, aux myrtilliers, aux fougères sèches. À la lisière des résineux, quelques jeunes hêtres et bouleaux miroitent faiblement. De vagues ornières envahies de ronces encadrent le chemin. Il y avait là, jadis, des fossés qui servaient à canaliser le troupeau. D'après certains auteurs, cette draille serait jalonnée par des vestiges de fosses à loups.

C'est bien ce que j'imaginais. Mais, en même temps, pas du tout. La nuit précédente, anticipant cette promenade, j'avais été hanté par des images floues. Entre sommeil et semi-conscience, je voyais la Bête errante, la Bête guettant sur le sentier. Je voyais la Bête blessée tombée à terre. La Bête refusant de mourir.

Au jour, heureusement, la raison revient nous dire que la Bête n'est pas ici. Pas plus que sur les lieux de ses crimes. La Bête, quelle que soit son identité, est morte et enterrée. De la mort, aucune créature ne revient. Les fantômes n'existent pas.

J'entreprends de raconter ma nuit à Margeride et mes visions et sensations. Je crois qu'elle ne me suit pas.

— C'est où les Kouriles exactement ? demande-t-elle.

— Très loin. Un archipel russe près du Kamtchatka.

— Et pourquoi dois-tu partir aussi longtemps ?

— Pour la science, dis-je avec un soupçon d'amertume.

Dans sa démarche plus ondulante que boitillante, Margeride me frôle de sa hanche. Malgré son apparente fragilité, il se dégage d'elle quelque chose de rassurant. N'est-elle pas une sorte de nymphe à qui la complicité de la forêt est acquise ? Et si je lui prenais la main ? Margeride a un petit ami, étudiant comme elle. Leur relation paraît plutôt stable... Quant à l'intérêt qu'elle me manifeste, n'est-il pas essentiellement lié à notre commune recherche ?

— Tu as fait du latin ? demande-t-elle tout à coup.

— Il y a bien longtemps.

— « Fera », tu sais ce que ça veut dire ?

— Fera, ferae, féminin, dis-je. La bête sauvage.

— Tout juste. Et « ferassimus », ce serait un superlatif. La bête la plus sauvage. La super-bête sauvage.

— Oui, mais là c'est au masculin... Ça doit être du latin de cuisine. Va savoir.

Le chemin est monotone. Il faut être attentif au moindre évasement. La Saugne d'Auvers n'est qu'une fourche de sentiers aujourd'hui à peine repérable sur la pente boisée du mont Mouchet. Seuls quelques initiés connaissent ce nom. Pour moi cependant, et pour quelques autres fétichistes, ce lieu revêt un sens fascinant et complexe. C'est là que le 19 juin 1767 un paysan âgé de soixante ans tua la Bête dévorante.

Nous faisons halte. Nos têtes se penchent sur une photocopie annotée de la carte d'état-major. Pourquoi, malgré mon ancienne et durable passion pour l'histoire de la Bête, n'étais-je jamais venu sur les lieux de sa mise à mort ? Par peur, sans doute, d'être déçu. Par peur qu'aux accents épiques et mystérieux de ce nom (la Saugne d'Auvers) ne corresponde qu'un trivial coin de bois. Un coin de bois où le hasard, et rien de plus, avait induit la rencontre de la Bête et de la balle bénite de Jean Chastel.

La carte le confirme, c'est ici. Aucun autre croisement n'a cette forme. À part ça, rien de particulier sinon une profusion de grandes plantes des orées et des clairières : épilobes et armoises desséchées par l'automne. Pas d'insecte, pas d'oiseau, ni même le bruit d'un lointain chantier de coupe. Le silence est total.

La Saugne d'Auvers semble avoir jadis été connue des chasseurs en tant que lieu de passage. Le gibier suivait ces sentiers. Je pense qu'à l'époque la forêt alternait avec des pâturages. Elle était différente, plus nuancée. Aujourd'hui, le site a changé. Il est demeuré giboyeux cependant et sans trop avoir à chercher, j'identifie sur l'emplacement boueux d'une flaque, des traces de sangliers. Il faut croire que « ça passe » toujours.

Les douze hommes, donc, du marquis d'Apcher s'étaient postés dans les parages. Parmi eux, Jean Chastel et son fusil gravé de roses avec feuilles. D'après l'abbé Pourcher, premier historien de ces événements, Chastel, avant de mettre en joue le monstre, replia ses lunettes et referma son livre. Un livre de prières. Pour le vénérable abbé, il n'y a aucun doute. Chastel est le bras de Dieu. Ce triomphe est celui de saint Michel sur le dragon.

Une corneille lentement nous survole. Et maintenant ? Margeride se tourne vers moi.

— Tu n'es pas trop déçu ?

— Oui et non. Je ne sais pas.

Je fais mine d'examiner les alentours.

— Interprétons, dis-je finalement.

— Interpréter quoi ?

— Je ne sais pas. La végétation.

— D'après toi, elle est morte à quel endroit ?

— Là-bas, sans aucun doute. Tu vois cette touffe d'orties ? Le sang a enrichi le sol.

— Tu crois ? dit Margeride en se tournant vers un bouquet de digitales. Moi je pense plutôt qu'elle est tombée ici.

Ces hypothèses sont insensées bien sûr. Elles ne se fondent sur rien. Qui peut savoir après tout ce temps ? Nous échangeons un sourire navré et j'en profite pour poser doucement ma main sur la nuque blanche et parfumée de Margeride. Non, elle ne me repousse pas. Ni mes baisers dans son cou. Pour commencer, elle reste passive, mais, à ce stade, l'alanguissement est inévitable. L'instant est capiteux. J'en tremble comme une feuille.

Margeride accepte ma bouche, ma langue. Sans doute bientôt tout ce qu'il est convenu d'administrer dans ces cas-là. À force de caresses, je remonte bien haut la jupe. Margeride porte un string noir qui met en valeur deux ravissantes fesses rondes et lisses. Je n'ai jamais été excité par les strings. Trop intentionnel. Trop cliché sexy commercial. Mais les deux fossettes au creux de ses reins me remuent au plus profond.

Nickel, en tout cas, les fesses de Margeride. Aucune dissymétrie, aucune torsion ne laisse soupçonner l'origine du mystérieux boitillement. Ce boitillement toucherait-il au spirituel ?

— Tu n'as pas froid ?

— Pas pour l'instant.

Si ses fesses sont fraîches, c'est de saison. Elles sont sereines en tout cas. Ni frémissements, ni chair de poule, ni anxiété palpable. Peut-être aurais-je préféré plus de maladresse de sa part. Peut-être que je ne me sens pas prêt.

Nous nous laissons tomber sur la bruyère. Le pubis de Margeride est renflé, charnu, duveteux comme la colombe du Saint-Esprit. Ça ne se refuse pas, mais je suis inquiet. Margeride me semble si juvénile et inaltérable. C'est idiot, sans doute, ce sentiment d'infériorité. Je suis un angoissé trop chronique. Il faut que je me raisonne.

Nous voilà donc déculottés au milieu du chemin comme d'audacieux pastoureaux de jadis passibles des foudres du prêtre de la paroisse et des dangers de la Ténazeyre. La Bête rôde autour de nous. Elle dont le corps velu et l'âme prédatrice recouvrent tant de contradictions.

Lorsque nous retombons essoufflés sur l'herbe sèche, je vois que les tiges de dactyle ont marqué de leur empreinte les cuisses de Margeride. Elle me regarde avec des yeux sans mélange. Iris brun-vert couleur d'eau dormante. On sent que pour elle, en cet instant, tout est naturel et simple. La Saugne d'Auvers entre en elle. Pour moi, c'est autre chose. Les paillettes d'émotion esthétique se dissolvent. Je suis déjà préoccupé.

Le soir se fait rasant. Du temps s'est écoulé. Au retour, le long de la draille, nous nous tenons la main avec de nombreuses haltes pour suppléments de caresses. C'est là qu'en distendant la bretelle du soutien-gorge, je fais une découverte troublante. Je n'avais pas vu tout à l'heure. Question d'angle. Au-dessus du sein, Margeride porte une tache de naissance couleur café au lait. Cinq petites taches, en fait.

— Ça fait moche, tu trouves ?

— Moche ? dis-je. Pas du tout.

— Tu trouves ça comment ?

— Le coussinet. Les quatre doigts. C'est exactement une patte de chien ou de loup.

— Il paraît que mon arrière-grand-mère avait la même.

— Ça serait génétique alors ?

— Plus ou moins. Ça saute des générations, en tout cas. C'est une marque qu'on retrouve dans la famille chez les femmes. Ça remonte, paraît-il, à celle qui a connu la Bête. La sorcière d'avant la Révolution.

Non, Margeride n'a pas l'air de rire.

— Je t'en ai déjà parlé, ajoute-t-elle, on l'appelait la Masque. Elle habitait une ferme isolée au-dessus de la Besseyre. Tout près d'ici. Plusieurs fois, la Bête l'a attaquée...

— Et on dit que c'est de là que vient l'empreinte. Je me trompe ?

— On ne sait pas. Peut-être elle l'avait avant et l'empreinte l'a protégée comme un talisman.

— Qui t'a raconté ça ?

— Mon arrière-grand-mère toujours. Je ne prends pas tout ça au pied de la lettre, mais ça me plaît beaucoup quand même. Dommage que je n'aie pas tout retenu. J'étais gamine...

— Je ne crois pas, dis-je, à la magie, ni noire ni blanche, mais à la poésie si tu veux.

— La dernière attaque, c'était en hiver. Mon ancêtre cassait la glace de l'abreuvoir. Elle a repoussé la Bête à coups de pioche. On dit qu'ensuite la Bête passait au large. La Masque savait se faire respecter.

— Les gens la craignaient ?

— Sans doute. Mais je ne crois pas qu'elle était mauvaise.

— Les gens craignaient aussi Chastel. Sais-tu que lui aussi habitait la Besseyre ? Ils étaient voisins.

— Je l'ai entendu dire.

— La Besseyre est le pays des sorciers.

— Ça ne m'étonnerait pas, dit Margeride. Mais cette marque, j'aimerais bien savoir si elle attire le mal ou si elle le repousse.

De l'index, elle me désigne le stigmate et je me penche pour le caresser de mes lèvres entrouvertes. La Bête a jugé bon de laisser ici sa trace. Je ne fais que suivre ma quête. Au passage, je lèche la pointe du sein en forme de framboise rosissant.

14

Les îles du brouillard

TOUTE PERSONNE ayant accès à une carte du monde peut vérifier de ses propres yeux, entre le nord du Japon et le Kamtchatka, l'existence d'une guirlande d'îles très exotiques. Il y en a une trentaine. C'est dans ce coin reculé et réfrigérant de la planète, sur la plus septentrionale des îles Kouriles, qu'Uli et moi avons entamé une mission-mammouth de huit mois.

Rien de tel pour prendre du recul. Rien de tel aussi pour geler ma situation sentimentale. Elle en a besoin. Durant les quelques semaines qui ont précédé mon départ, ma relation avec Margeride avait pris une tournure dangereusement sexuelle et fusionnelle. Et ce dans une clandestinité des plus imaginatives, voire sur la paille d'une ancienne cabane roulante de berger. Alcôve parfumée. Divine faute. On se croirait dans un poème de Vigny.

En milieu rural, une liaison est difficile à cacher. Une voiture, un couple furtif, des allées et venues sont vite repérés. Tout le monde se connaît. Vis-à-vis de Justine et, une autre fois, vis-à-vis du boy-friend de Margeride, nous sommes passés tout près du clash. Aucun flagrant délit, cependant, n'a été constaté et c'est tant mieux. L'enthousiasme affiché par Margeride n'est pas forcément durable. Et même le serait-il... Rien ne prouve que je veuille réorganiser mon existence.

Bref, je laisse en Gévaudan une situation trouble, mais, pour ce qui est de laisser décanter, je vais avoir le temps. D'ici la fin de notre séjour kourilien, aucun congé n'est prévu. Je pourrais bien, si je voulais, prendre un avion et revenir quelques jours au pays. Mais comment, sur une si courte durée, me répartir entre mes deux maîtresses ? J'attendrai donc la fin. Probablement qu'à l'issue des huit mois l'une, au moins, aura fait son deuil. Je ne suis pas fataliste de tempérament, mais la sélection naturelle serait une solution. Une solution commode, bien qu'un peu déprimante.

« Wait and see », dirait Ponce Pilate. Il le dirait en latin, bien sûr.

Ulrich, qui a déniché, je ne sais où, un dictionnaire de citations françaises, prend un malin plaisir à me lire La Rochefoucauld : « L'absence diminue les médiocres passions et augmente les grandes, comme le vent éteint les bougies et allume le feu. » Je ris d'autant plus jaune qu'à Paramouchir les diversions à l'inquiétude sentimentale sont rares. Emmitouflées de partout et linguistiquement peu abordables, les vahinés locales décourageraient plus d'un émule polaire de Gauguin. Quant aux scientifiques allemandes, russes et japonaises que nous côtoyons, elles sont, dans l'ensemble, plutôt austères.

Ajoutons qu'en tant que réconfort, la compagnie des animaux préhistoriques « surgelés » a ses limites. En l'occurrence, nous travaillons sur un mammouth adulte découvert dans le sol plus que durci d'un ancien marécage. Le dégagement s'effectue avec tout un protocole de précautions. Pour abriter du vent l'équipe scientifique, une sorte de tente a été dressée sur le ventre du pachyderme. Il y règne cependant un froid de canard boréal.

À propos de ce mammouth, une curieuse controverse s'élève bientôt au sein des équipes. La « controverse du sexe ». Pour des raisons restant à éclaircir, les parties génitales sont la zone la moins bien conservée. Elles sont même complètement racornies. Dans un anglais parfois laborieux, qui est notre langue commune, des théories fusent et s'entrechoquent. Les polémistes invoquent la forme du crâne, celle des os du bassin, la taille relativement à l'âge, la longueur des défenses. Les poils sont passés au peigne fin.

L'analyse de l'ADN aurait dû permettre de trancher. Elle renvoie finalement les deux camps dos à dos. Sauf erreur, nous sommes tombés sur un mammouth hermaphrodite doté de trois chromosomes sexuels (génotype XXY). Au lieu de mettre tout le monde d'accord, voilà qui ne conduirait qu'à une reformulation de la question. Ce pachyderme, de son vivant, se reproduisait-il en tant que mâle ou en tant que femelle ? Bref, quelles étaient ses mœurs sexuelles ?

La confrontation demeure brûlante. Deux vieux profs atrabilaires, l'un suédois, l'autre allemand, en viennent à se saisir par le col de l'anorak. Encore heureux qu'ils ne se prennent pas par les parties incriminées.

L'âpreté de cette « controverse du sexe » montre à quel point nous vivons en circuit fermé. Il suffit d'une étincelle pour qu'explosent les tensions accumulées. Avec un minimum d'humour et de recul, cette affaire n'en demeure pas moins propice à mille commentaires, oiseux et graveleux de préférence. Ulrich et moi ne nous privons pas de délirer sur le sexe du mammouth. Ça détend et ça défoule.

À part ça, nous sommes là pour élaborer *in situ* des méthodes de conservation. Le conditionnement doit être immédiat. Au rythme du dégagement, nous analysons les tissus et les cellules. Mine de rien, c'est un gros travail. Le soir au « bivouac », nous sommes plutôt fatigués. Il est quelquefois furtivement question, entre Uli et moi, de la créature du bocal et d'une éventuelle deuxième tentative. De moins en moins cependant.

Vu d'ici, le Gévaudan se dissout dans l'irréalité. À l'image de cette carte postale que je reçois un beau matin, décolorée par une longue confrontation avec les intempéries sur un présentoir extérieur. Cette carte provient, je pense, d'un tabac du Malzieu. Elle représente le viaduc de Garabit, monument local construit par Eiffel.

Au dos, court la laborieuse écriture de Mauriçou. Caractères très serrés. Il est question de moutons, de concours de belote, de banquet de la classe (où il ne va pas, car tous ceux qui valaient quelque chose sont morts), des insuffisances du nouveau maire dans la collecte des ordures ménagères, des saisons détraquées par les antennes paraboliques et les « spoutniks » indûment catapultés. Mauriçou s'occupe des beagles et de la maison. Il veille au grain.

Ce courrier est émouvant, car Maumau n'a peut-être pas pris la plume depuis trente ans. Émouvante aussi son odeur de fumée et de vieux « cantou » noirâtre.

En ce qui concerne Justine et Margeride, je fais en sorte que tout se fasse par courriel, de préférence au téléphone que je juge trop perturbant. Toutes deux, c'est une chance, aiment correspondre. Les courriers vont bon train. Je mets dans les miens une forte dose de spleen arctique et la trouble tentation de me maintenir auprès de l'une et de l'autre. Être « bigame » à distance est une chose. L'être sur le terrain en est une autre. Nous verrons bien.

À Justine, je signale l'idylle d'Ulrich avec une mignonne biologiste japonaise (pas toutes si austères finalement). C'est, bien sûr, pour l'agacer et éveiller sa suspicion. De son côté, elle m'annonce avoir croisé, au pied de la tour des Anglais de Saugues, Margeride main dans la main avec son boy-friend attitré. « Ils avaient l'air très amoureux ! » Petite perfidie de routine. Je tâche de ne pas m'en formaliser.

Quant à la Margeride en question, elle m'entretient de ses études. Sa dernière année d'histoire de l'art. Les bonnes notes pleuvent. Quant à « ferassimus », elle continue le combat, compulsant, m'écrit-elle, Buffon, Linné, Daubenton et autres savants de l'époque. La piste patine, mais cette ténacité ne me déplaît pas. Margeride me tient, par ailleurs, des propos aimants toujours bons à prendre sous ces latitudes glacées. Mais qu'y a-t-il derrière tout ça ? Ne se fait-elle pas, telle une marraine de guerre, un devoir civique de me soutenir ?

Quand le temps est clair, je m'aventure sur la falaise de glace et je regarde la mer d'Okhotsk. Lorsqu'à la fin du XVIIIᵉ siècle, La Pérouse découvrit ces rochers, il paraît qu'il ne daigna pas aborder et les décréta inhabitables. Aujourd'hui, la plupart des localités de Paramouchir (« la grande île » en langue aïnoue) ressemblent à des cantonnements, à de transitoires cités pionnières. Sur les maisons de madriers battues des vents, sur les plaques de béton rongées par les intempéries, planent d'immenses corbeaux et le souffle de la Sibérie.

Pour le 19 juin, je fais adresser à Margeride un grand bouquet d'iris. Il s'agit de marquer un triple anniversaire. Celui de sa naissance, celui de notre rencontre, celui du jour, aussi, qui vit tomber la Bête. Ce bouquet d'iris, m'écrira-t-elle par la suite (pas la Bête, Margeride) emplit son petit studio d'une tentaculaire jungle aquatique. Toute la journée du 19 juin, je concentre ma pensée. J'invoque nos premières caresses à la Saugne d'Auvers. Les Kouriles n'en demeurent pas moins cadavériques.

Le pire, ce sont les jours de repos. J'ai tout le temps d'être en manque et la Rochefoucault m'est d'un maigre secours. J'essaie de prendre goût à la pêche au saumon. En « no kill », c'est-à-dire qu'on les relâche presque tous. Et puis, il y a quelquefois des éclaircies en forme de révélations. L'histoire récente a saccagé nombre de paysages, mais quand la lumière veut bien paraître, elle révèle de loin en loin des volcans enneigés, des oiseaux au vol magique, des sources chaudes crachant des vapeurs, une faune rare.

Les travaux de nos équipes portent leurs fruits. Et même des fruits inattendus. L'équipe russe vient d'exhumer les restes d'une antilope hyperboréenne d'une espèce inédite. Du point de vue scientifique, c'est un très gros coup. Mais, par voie de conséquence, des prolongations se profilent. Quand j'apprends que les huit mois risquent d'être portés à onze, je suis à deux doigts du *nervous breakdown* (c'est comme ça qu'ils parlent ici). Je n'aurais jamais dû « signer ». Je ne me rendais pas compte.

L'humour et la jovialité d'Ulrich m'aident à franchir le pas. Pour lui, ceci dit, c'est plus facile : il a sa Japonaise. Bon an mal an, le retour approche. Je grave les jours sur le béton gelé d'un poteau de transmission comme Robinson sur l'écorce d'un cocotier. Il est clair que, quel que soit le rhinocéros laineux, l'ornithorynque ou le mastodonte, je n'accepterai plus aucun délai, dussé-je me faire rapatrier par Mondial Assistance. Dans les derniers jours, deux mèls reçus du pays viennent attiser encore ma fébrilité. L'un m'intrigue. L'autre m'inquiète.

Margeride est impatiente de me retrouver. Elle l'affirme avec conviction. Je veux bien. Elle m'informe, par ailleurs, que l'abbé Blanqui s'est enquis auprès d'elle de mon retour. Il m'attend avec des informations qui m'intéresseront « au plus haut point ». Blanqui la connaît en tant que ma collaboratrice, mais, à elle, il n'a rien voulu dire. « Visiblement, c'est toi qui as la cote », note Margeride.

L'autre nouvelle me vient de Justine. Sur le ton de la plaisanterie, ma « bonne amie » fait état d'une rumeur locale. Une rumeur qui, depuis quelques jours, se répand au Malzieu. Plusieurs troupeaux de moutons auraient été attaqués par un prédateur. Des chiens, même, auraient été dévorés. Mieux, alors qu'il travaillait en rase campagne à réparer les lignes électriques endommagées par les récentes intempéries, un agent EDF dit avoir vu d'assez près une bête grise qui se déplaçait de façon bizarre. Elle l'a regardé puis s'est éloignée sans se presser.

Justine elle-même était présente alors que l'électricien en question (plutôt aviné, dit-elle) racontait l'incident dans un café du foirail... Plus il répétait l'histoire, paraît-il, plus ça prenait des proportions. L'homme avait l'air de plus en plus convaincu. Autosuggestionné. Il y avait eu, dans le bistrot, quelques rires. « Mais tu devines bien, conclut Justine, que les bonnes gens se montent déjà le bourrichon. C'est le grand retour de la Bête du Gévaudan. »

15

L'âne de Mauriçou

JUSTINE EST VENUE m'attendre à Aulnat. Je la repère tout de suite. Sur le tarmac de l'aéroport de Clermont-Ferrand, son imperméable orange resplendit, assorti à ses cheveux ravivés de frais. Malgré son penchant pour les médecines naturelles, ma « bonne amie » ne se vêt pas de laine écrue. Justine s'habille acide et psychédélique. Elle déniche aux puces des fringues qui ressemblent à des papiers peints des années soixante-dix. Je n'aime pas vraiment, mais je reconnais que ces couleurs grinçantes sont un intéressant reflet de sa personnalité.

Le voyage en voiture (un peu moins de deux heures) se déroule sans chamaillerie. Nous ressassons quelques thèmes et impressions déjà traités au téléphone ou par courriel. Il nous faut le temps, peut-être, de retrouver nos marques. Ou de nous engueuler définitivement. Je ne ressens rien de précis. En cet instant, je ne suis plus bien certain qu'au sein du triangle Margeride-Justine-et-moi les choses vont, d'elles-mêmes, s'éclaircir.

L'affaire de la bête qui mange les moutons ? D'après Justine, quelques battues ont déjà été organisées. Les autorités recommandent cependant aux chasseurs de ne pas trop s'exciter. De préférence, éviter de tuer quelqu'un. Et puis, si animal il y a, c'est peut-être une espèce protégée. Les écologistes, eux aussi, sont sur le coup.

À part ça, ma « bonne amie » me donne des nouvelles de nos connaissances communes. D'aucuns déménagent. D'aucuns enroulent leur voiture autour d'un arbre. D'aucuns divorcent. Son amie Monica, grande prêtresse du zodiaque, a encore changé d'amant. Avant d'aller rouvrir sa boutique de la rue des Pénitents où elle doit recevoir un fournisseur, Justine me dépose chez moi. Nous nous reverrons ce soir.

Des plaques de neige durcie constellent le plateau. À la Chaleille, il fait moins onze. Pas aussi froid qu'aux Kouriles, mais il n'est pas encore l'heure de s'exposer, sur une chaise longue, les doigts de pieds en éventail. Je relève mon col et, avant toute chose, je prends le temps d'embrasser du regard le pays des trois monts, la Margeride environnante. Ce n'est pas sans émotion. Ça fait presque un an tout de même...

Ma ferme domine la cuvette du Malzieu. On voit très loin. L'air est transparent. Le paysage est semé de quelques pâturages, mais la forêt épaisse domine. Là-haut, c'est le Montgrand, au-delà duquel j'aperçois le bleu du mont Mouchet. À droite, on distingue Montchauvet, un site archéologique médiéval. Plus près, c'est le chaos sculptural de la roche Truyère et l'épaulement de la chapelle en ruine. Mes toits, au premier plan, sont couverts de très anciennes tuiles romaines que j'ai fait « ressuivre » à prix d'or. Rude, mais beau, n'est-ce pas ?

La casquette en bataille, Mauriçou apparaît au détour de sa masure. Il m'adresse de loin un vigoureux hochement de tête. Le salut des grands jours. Ce vieux paysan a connu trois générations de mes ancêtres. C'est un témoin des mystères de l'éternel pays. L'homme qui a vu l'homme qui a vu la Bête. J'exagère un peu, mais c'est ainsi que je le ressens.

Maumau vient vers moi d'un pas alerte. En pull de laine tricoté et bourgeron de moleskine déboutonné. Sans gants, sans rien. Mauriçou n'est pas frileux. Sa tenue vestimentaire, d'ailleurs, ne varie jamais. Je trouve rassurant de le revoir *a priori* inaltéré. Il me claque vigoureusement l'épaule. Que d'effusions. Mauriçou met presque plusieurs secondes à retrouver son air congénitalement contrarié.

— Viens voir, dit-il.

— Que vas-tu m'annoncer ?

— Elle a fini par tomber. Mais, s'empresse-t-il d'ajouter, j'ai mis un contre-plaqué.

— La grande vitre ? Elle était foutue, de toute façon, depuis l'orage.

Nous contournons l'angle du bâtiment. Sous les claveaux de granite, un panneau crasseux récupéré je ne sais où, mais découpé et fixé avec soin, obture l'entrée de ce qui était autrefois « la petite écurie ». La maison, du coup, a l'air un peu borgne. Mauriçou, tel que je le connais, se sent responsable. Sans que je ne lui aie jamais rien recommandé à ce propos, il se considère comme le gardien de mon patrimoine.

— C'est arrivé juste après ton départ. Je te l'avais pas dit parce que ce genre de chose, ça fait souci.

— Mais non, Maumau. C'est rien du tout. En tout cas, je te remercie. Tu as fait tout ce qu'il fallait.

Mauriçou semble hésiter. Quelque chose le turlupine.

— Oui, dit-il finalement, mais je me demande si quelqu'un n'est pas venu. Tu comprends, ça c'est passé quand j'étais à Mende. J'étais parti voir mon frère à l'hôpital.

— On aurait volé quelque chose ?

— Je crois pas. Je suis pas sûr, tu comprends. Sinon, j'aurais appelé les gendarmes.

Il fait bon dans la maison. J'avais laissé le chauffage en position hors gel, mais Mauriçou est passé ce matin pour tout réchauffer plein pot. J'allume les lumières. Rien ne manque apparemment. L'ordinateur, la télé, le lecteur de DVD, les étains, les cuivres de famille... Tous les objets susceptibles d'intéresser un cambrioleur sont à leur place. Je ressens, pourtant, une drôle d'impression. La porte du frigo que je croyais avoir laissée ouverte pour aérer est maintenant fermée. Quant au couvercle du congélateur, il porte une petite empreinte terreuse qui me paraît louche.

— Tu penses que cette vitre n'est pas tombée toute seule ?

— Elle serait pas tombée comme ça, entièrement, dit Mauriçou. Deux ou trois jours avant, les chiens ont aboyé. Quelqu'un voulait s'approcher. Mais il pouvait pas trop tant que j'étais là.

— Ne t'inquiète pas. Il ne manque rien. Je passerai te voir ce soir. Je t'ai ramené de la vodka russe.

J'ai soudain hâte de vérifier discrètement certaines choses. J'annonce que je dois défaire mes bagages, prendre un bain, téléphoner... Maumau, cependant, n'a pas terminé son rapport. D'une poche intérieure de son bourgeron de travail, il extrait un papier froissé. C'est une coupure du quotidien régional en vigueur que, d'un geste grave, il étale sur la table.

Ça date d'hier seulement. Le fait divers concerne le parc des loups de la Margeride que je connais bien pour l'avoir visité plusieurs fois. D'après le journal, les loups ont été perturbés toute une nuit par une présence suspecte. L'intrus aurait, en plusieurs endroits, gratté et creusé le sol autour de l'enclos pour tenter d'y pénétrer. Les traces retrouvées près du grillage seraient celles d'un grand canidé, avec un talon très marqué. Sur la vingtaine de loups que compte le parc, aucun, en tout cas, ne manque à l'appel.

Le fait, en lui-même, est assez maigre. Si une persistante rumeur à propos d'attaques de troupeaux n'avait accompagné cet incident, il est évident que le journal ne lui aurait pas donné une telle importance. Maumau fait état de conversations entendues sur le foirail du Malzieu. En divers lieux de la Margeride, entre autres près de Lorcières (Cantal), de Saugues (Haute-Loire) et de Saint-Alban (Lozère) des gens auraient aperçu une assez grosse et inquiétante bête. À Servières, pas plus tard que la nuit dernière, un veau aurait été égorgé.

— Je suppose que tu as ton idée sur la question.

— Je sais pas trop, dit Mauriçou. Je sais pas trop... Mais, s'il s'approche, j'ai les chevrotines à sanglier. Le fusil est derrière la porte.

— Oui, mais tu ne peux pas être à l'affût vingt-quatre heures sur vingt-quatre. Il aura vite fait de t'emporter un agneau. C'est un chien de troupeau qu'il te faudrait.

— Les chiens, il les bouffe. J'ai mieux que ça. Viens voir.

De la fenêtre, Mauriçou me désigne le pré de derrière où sont parquées, malgré le froid, ses douze brebis. Il y a parmi elles un âne. Un baudet du Poitou, il me semble. Jeune et vigoureux à voir comme il gambade.

— Il est à toi ?

— À Jeannot de Fraissinet. Il me l'a prêté. C'est un bon bourricot. Avec les gens, il est gentil comme tout.

— Mais tu crois vraiment qu'il défendrait tes moutons ?

— Si cette bête vient s'y frotter, grommelle Mauriçou, j'y vois pas beau pour elle.

— Et qu'est-ce qu'il ferait ?

— Ça peut être un chien, un loup, n'importe quoi, il craint rien. Ils sont comme ça les ânes. Tu sais pas comment ça a la peau dure. Ça botte. Ça se fait respecter. Et puis celui-là, tu peux me croire, il est pas manchot.

Et moi, pensé-je, qu'est-ce que je dois faire ? Si cette bête vient ici, je veux dire. Lui lâcher les beagles aux fesses ? Je voudrais relativiser, mais cette affaire me tracasse. Elle me tracasse depuis le début, depuis le mèl de Justine faisant état de la rumeur. On devine pourquoi. L'an dernier, j'ai voulu reconstituer la Bête. Cette année, une bête paraît...

— Maumau, je peux t'emprunter ta grande pince pour la vanne extérieure ?

Muni de ce prétexte, je cours vers la remise où Mauriçou entrepose depuis des temps immémoriaux toute sa récup : bidons et bouteilles vides, piquets de clôture, journaux, barbelé, ficelle de lieuse, carton d'emballage, grillage à moutons, vieux outils, vieux matériel agricole. Excellente cachette que ce capharnaüm. C'est du moins ce qu'il m'avait semblé. J'ouvre fébrilement la vieille trémie à grains. Ouf, il est toujours là. C'est là qu'avant de partir pour les Kouriles, j'avais enfoui le container savamment isolé des écarts de température. La peau de la Bête n'a pas été volée.

Un pas crisse sur les écorces et les brindilles éparses de bois d'allumage. Je remets vite tout en place. Mauriçou est sur mes talons. Il n'a pas épuisé la liste de ses inquiétudes.

— Je t'ai pas dit, il y a encore eu la cloche.

— Encore cette cloche de la chapelle ?

— C'était à l'automne, il y a pas bien longtemps.

— Tu es sûr que ce n'est pas le vent qui fait un bruit bizarre certains jours ?

Du coup, je prête l'oreille. Aujourd'hui, il n'y a ni vent ni rien. Machinalement, je fais jouer les mâchoires de la grande pince que je tiens à la main. Ça fait comme un animal qui mord.

— Pauvre, je sais quand même reconnaître une cloche ! grogne Maumau.

— Et elle veut dire quoi ? Raconte un peu.

— Tu te fous de moi à chaque fois, pauvre petit. Alors je te dis pas.

— Mais non, Mauriçou. C'est pas du tout ça. Tu sais bien que ça m'intéresse les histoires de l'ancien temps.

— Je sais, mais tu comprends pas tout... Cette cloche, c'est une cloche qui existe plus depuis mille ans et qui sonne quand même. Elle sonnait quand c'était la guerre avec les protestants. Elle sonnait à la Révolution quand on coupait la tête à un curé. C'est chaque fois qu'il vient un malheur pour le Gévaudan.

16

L'abattoir

CINQ HEURES DU MATIN sur une route sinueuse du Gévaudan. Les phares du camion percent péniblement la pluie glacée. Les arbres noirs, les taillis, les poteaux de bois se dressent comme des fantômes. Mario réprime un bâillement. Rien de plus tuant que ce travail. Il faut se lever avant l'aube toute l'année. Il faut réveiller les paysans et ce n'est pas le plus facile. Les paysans d'aujourd'hui ne se lèvent pas volontiers à l'heure du ramasseur de veaux.

Mario, pourtant, préfère ça aux longues distances. Dans son boulot d'avant, il n'avait même pas de week-end. Il ne voyait presque plus Josiane et les gosses. Alors, quand le patron lui avait proposé la collecte, il s'était jeté sur l'occasion. Les autres routiers, du coup, lui avaient presque fait la tête. Il les aimait bien et regrette un peu l'ambiance. Mais maintenant, au moins, se dit-il, je peux dormir dans mon lit.

Des spectres de bâtiments émergent au ras du sol. C'est la zone artisanale de Saint-Chély-d'Apcher. En arrivant devant la barrière du nouvel abattoir, Mario songe que, même avec la deuxième tournée de veaux, il aura fini vers dix heures, quand les autres feignants démarrent à peine leur journée. Rien que ça, c'est un motif de satisfaction.

Tandis que la barrière se lève en silence, Mario grommelle tout de même contre ce temps de merde, cette bruine sournoise. En longeant la guérite inoccupée du gardien, il aperçoit, derrière les quais de déchargement des gros bovins, les silhouettes de deux camions. Ceux de Dédé et du fils Chaulhac. Après leur première tournée, ils sont en train de nettoyer les caisses à la pompe à pression. Diffracté par la pluie, le faisceau d'halogènes qui les environne est, à cette heure, la seule tache de lumière. Par la suite, Mario devra, lui aussi, passer une heure à désinfecter le camion. C'est le règlement.

Heureusement, nous sommes en saison creuse. Il n'y a que trois veaux à décharger. Mario recule le camion jusqu'à la porte de la bouverie où sont parqués les animaux en attente d'abattage. Il descend pour rabattre la rampe entre les poteaux du couloir de contention. Les bandes de plastique du rideau

censé défendre l'entrée contre les mouches lui
collent aux épaules. Mario a horreur de cette sensation. Ce n'est pas parce qu'on fréquente chaque jour
les abattoirs qu'on est quitte de toute répulsion.

Il allume quelques lumières puis, remontant dans
le camion, il détache les trois veaux hébétés par ce
brutal transfert nocturne. Il y a là une femelle à
la robe silex. Vu la couleur de ses muqueuses, elle
« sortira » bien. La viande sera classée claire. Peut-
être un peu grasse, suppute Mario. Les deux mâles
seront moins bien classés. L'un, de robe trop
foncée, donnera une carcasse trop rouge. Quant au
petit craintif, Mario le soupçonne de ne pas avoir
bu autant de lait qu'il convient à un veau de lait.

À cette heure, bien sûr, le tintamarre de la chaîne
d'abattage n'a pas démarré, mais on devrait au
moins entendre les raclements des sabots, les bruits
de mastication, le foin trituré. Dans les ténèbres
intérieures, mal dissipées par de maigres ampoules,
ne bruissent que les trop-pleins des abreuvoirs qui
s'écoulent. Perdu dans ses pensées, Mario n'a pas
encore remarqué le silence excessif de la bouverie.
À la réflexion, il dira plus tard avoir tout de même
perçu, parmi les remugles des bestiaux confinés,
une odeur inhabituelle.

Mario, depuis le couloir, repère une case vide
et ouvre le portillon, mais les trois veaux refusent
d'entrer. Les oreilles couchées, les sabots plantés dans la paille fraîche épandue sur le sol, ils

renâclent. Mario n'utilise jamais ni bâton ni « pile ». On n'est pas des sauvages. Pour le faire avancer, il se contente de tordre la queue du premier, mais l'animal préfère plonger sa tête entre ses pattes comme pour tenter un demi-tour par en dessous.

L'odeur se précise. Mario sent que quelque chose va confirmer ses inquiétudes. Il pénètre dans la case et s'arrête. Sur le sol, il distingue les corps d'une demi-douzaine d'agneaux. Les bêtes se sont débattues. Elles gisent dans toutes les positions. Visiblement égorgées. Plus qu'égorgées même, pour certaines. Une tête séparée d'un corps a roulé jusqu'à l'entrée. Cette odeur, ce sont les pelages imprégnés de stress, les mares de sang qui se figent à peine. Mario recule. Désormais certain que les autres cases, trop silencieuses, regorgent de victimes.

Il ressort et se précipite vers la tache lumineuse. Là-bas, sur l'aire de lavage, Dédé et le fils Chaulhac finissent de rincer les caisses. Tous deux lèvent les yeux, la pompe au bout du bras. Ils ne vont tout de même pas l'arroser, ces cons, comme ils le font souvent pour rigoler, même par un froid sibérien. Mais non, on dirait que les collègues regardent derrière lui. Ils regardent en direction de l'enceinte, aux confins des ténèbres transpercées par les phares des deux camions. Mario se retourne juste à temps pour voir une forme brune se glisser sous la barrière de l'abattoir.

C'est un vendredi soir chez ma « bonne amie » au Malzieu, alors que celle-ci s'adonne à des ablutions prolongées, qu'en allumant distraitement la télé, je tombe sur les infos régionales.

— Eh ! hurlé-je, à l'adresse de Justine, qui d'ailleurs, de sa salle de bains, ne m'entend pas du tout, c'est mon copain Mario !

Les images des dépouilles que l'on entasse dans une benne me coupent vite la parole.

Il y avait le bruit de la pompe à pression, voilà pourquoi les deux seules personnes présentes à proximité n'ont rien entendu du massacre.

— On aurait dit un gros chien, déclare Dédé au journaliste de France 3 régions.

— Comme un border colley, dit le fils Chaulhac, mais en plus gros.

— Ça ressemblait à un chien, note Mario Fereira, un garçon plein de bon sens que je rencontre souvent chez Albaret où il vient collecter. Mais, ajoute-t-il, ça courait pas comme un chien. Ça faisait des bonds.

La police, paraît-il, est toujours sur les lieux. On fait de nombreux prélèvements. Douze agneaux et sept veaux ont été massacrés. Dans toute la bouverie, n'ont survécu que deux ou trois bestiaux prostrés et sans voix.

Nous y voilà, me dis-je. Dix jours à peine après mon retour des Kouriles, l'animal errant s'officialise. Il s'installe dans la notoriété. Pour faire face à mon énervement dont je lui tais, bien sûr, la cause, Justine, fidèle à ses convictions, m'administre deux cachets « aubépine et passiflore ». Je dors à peine une heure. Au matin : gélules aux œufs de caille lyophilisés. C'est un remontant. J'avale même avec soumission l'horrible jus de pruneau qui lave l'intérieur.

Justine travaille aujourd'hui. Moi, non. Elle pense que je rentre chez moi, mais, à peine nous sommes nous quittés à l'entrée de la rue des Pénitents, que je me jette sur la route, direction Montpellier. Les laboratoires d'embryogénie médicale : c'est sur l'un de mes lieux de travail, que je suis allé stocker, il y a déjà un an, le cadavre du « chiot » obtenu par implantation. Montpellier n'est pas la porte à côté, mais l'autoroute défile sans m'arracher une seconde à mon idée obsessionnelle. Quelques automatismes me mènent.

J'ai tellement cogité en cours de nuit et en cours de route, je me suis tellement fait un film que c'est comme si ça y était. Comme si ce machin mort-né m'avait fait le coup du monstre de Frankenstein. Je malmène le trousseau de clés. J'entre comme un fou. Je bouscule le matériel. Avec une brutalité incontrôlée, j'ouvre le bac de cryogénisation au risque de tout foutre par terre. Eh bien non, ce n'est pas ma créature qui a pris le maquis en Gévaudan. Elle est toujours là dans son brouillard glacé. Plus morte que morte. Gros soulagement.

Revenant à une attitude plus maîtrisée, j'incinère aussitôt le petit cadavre congelé. Je veille à effacer toute trace de son stockage. Je commence à réfléchir à un « alibi ». Une justification vis-à-vis de quiconque pourrait s'étonner de ma présence ce matin dans le labo, alors que le personnel est en vacances et prépare les fêtes de Noël.

17

À la Besseyre

La neige n'arrive que fin décembre cette année. Aujourd'hui, c'est sa première apparition. La couche est mince, mais bien collée au paysage. Margeride et moi sommes assis dans la voiture arrêtée sous les branches d'un bois de résineux. Une unique double trace de pneus, la nôtre, marque le chemin. Des rochers aux allures d'énormes dés en équilibre instable nous entourent, crépis de blanc par le vent. Des lichens d'un jaune fluo rongent les fissures du granite.

Disons-le carrément, c'est pour raison sexuelle que nous avons fait cette halte. Tout en conduisant, Margeride m'a harcelé pendant au moins vingt minutes de caresses très poussées assorties de commentaires flatteurs. Il fallait bien trouver un stationnement. Maintenant, elle est penchée sur moi de toute la souplesse de sa nuque. Je me laisse faire. J'ai envie de la jouer passive quelquefois. Je crois qu'elle ne déteste pas me faire plaisir.

Mais, alors que mon regard cherche à se perdre dans le néant du paysage, il me semble voir passer une ombre dans les genêts. La vieille inquiétude est de retour. Je croyais avoir tout réglé. Je croyais m'être persuadé que la Bête ne revenait pas. Que l'actuel prédateur égorgeur de veaux n'était qu'un chien taré. Il n'empêche que l'œil couleur cinabre peut, à tout moment, se mettre à luire au coin d'un bois.

Je renverse la tête en arrière. Je tâche de concentrer mes sensations sur mon monstre personnel que Margeride effleure et frôle de sa langue. Suavement impondérable d'abord. Sans trop tarder et elle a raison, sa bouche m'engloutit. Sans tarder, elle se fait vigoureuse et rythmée. On sent qu'elle sait où elle va. Pas de canine qui accroche. Pas de frottement intempestif. Pour ça, Margeride a tout juste. Elle a le tempo. La bonne magnitude sur l'échelle de Richter. Le détachement monte en moi.

Le Gévaudan ambiant accueille dans son silence de mort le gémissement final. Margeride se redresse et me sourit. Je lui tends mon mouchoir. Calés dans nos sièges, l'un et l'autre vaguement essoufflés, nous contemplons la neige baignée de lumière pâle, sans en ressentir, pour l'instant, la tristesse.

— Ça va ? demande Margeride.

— Bien sûr que ça va.

— C'était bon ?

Je me tourne vers elle. Je la vois mâcher. J'éclate de rire. C'est aussi que ma tension s'est relâchée.

— Merveilleuse fellation, dis-je, mais tu aurais pu cracher ton chewing-gum. C'est à peine poli.

Elle rit aussi. Ses dents sont éblouissantes de régularité.

— Tu plaisantes, il est encore tout neuf.

— Mais, demandé-je, comment as-tu fait ? Tu l'as mis où ?

Pour toute réponse, Margeride gonfle sa joue et rattrape le malabar du bout de la langue. Elle souffle une grosse bulle rose qui finit par m'exploser au nez. Le sort des bulles est d'éclater. Margeride tourne la clé de contact.

— C'est pas tout ça, dit-elle, on se refroidit. Il est temps de repartir.

Avant de boucler ma ceinture, je reprends le livre jeté sur le siège arrière.

— Nous en étions au cas de Marie-Jeanne Rousset, de Mialanettes, paroisse du Malzieu, tuée le 9 février 1765 : « Rousset, propriétaire à Mialanettes, avait une fille âgée de 15 ans environ... La Bête la prit à l'endroit appelé Vallat-Chirac. Elle lui mangea l'estomac et lui coupa la tête qu'elle emporta de l'autre côté de la rivière, dans la paroisse de Saint-Alban. Elle la laissa sur la route près d'un rocher appelé Malapas. Cette fille avait une croix d'or et on la trouva avec la tête... »

— Quoi d'extraordinaire ? La croix, dit Margeride, est restée accrochée à la tête. Un point, c'est tout.

— Je ne sais pas bien ce que veut dire ce texte. Est-ce que ça signifierait que la croix a été déposée intentionnellement avec les morceaux du corps ? Certains commentateurs ont l'air de le penser.

Je feuillette. Il n'y a rien d'autre. La phrase gardera son secret. Il faut en prendre son parti. C'est ainsi qu'est écrite la chronique de la Bête. Une litanie de témoignages toujours trop courts, trop vagues, trop ambigus.

Parvenus à la route, nous prenons la direction de Saugues. Quelques flocons volètent. Extrêmement fins.

— Tu vois, dit Margeride, que je sais conduire sur la neige.

— Et ça, dis-je, écoute ! Cas de Gabrielle Pélicier, de la Clauze, paroisse de Grèzes, tuée le 7 avril 1765. « Une petite fille de la Clauze de Grèzes... après avoir fait sa première communion alla garder ses vaches à la Champ de la Dame... Lorsque la Bête l'eut mangée en partie, elle arrangea au milieu d'un bourbier si bien les os, sa tête coupée, qu'elle couvrit des habits et de son chapeau, que, quand on vint la chercher avant qu'il fût nuit, on la crut endormie... »

— Du pain bénit pour ceux qui pensent que la Bête était un mystificateur sadique.

Margeride actionne la ventilation. Le pare-brise se désembue lentement. Je hausse la voix pour couvrir le bruit.

— Cas de la fille Barlier, de Servilanges, paroisse de Venteuges, âgée d'environ 45 ans et tuée le 19 mai 1765. « Quand, le soir, la fille n'arriva pas, on fut la chercher, mais on ne la trouva pas dans la propriété avec ses agneaux. En la cherchant, on entendit des pleurs. Alors on se dirigea vers ces cris de douleur et on trouva le tronc du cadavre planté contre une muraille, couvert de son manteau... »

— OK, c'est super-gore, mais ça prouve quoi ? Que les gens de l'époque ont déliré. Rien d'étonnant, vu l'ambiance.

— La Bête, dis-je, a été cent fois vue de près, frappée, repoussée, poursuivie. Il est évident qu'un homme déguisé en aurait pris plein la gueule...

— Je suis comme toi, dit Margeride, je pense que la Bête était une bête.

La voiture glisse comme sur coussin d'air le long des prairies blanches jalonnées d'arbres brumeux. Au carrefour suivant, Margeride ralentit. Je commente les panneaux. Rien que des noms évocateurs des épisodes de l'année 67. 1767, la dernière des quatre années tragiques.

— On peut à la rigueur admettre, comme certains historiens, que des criminels aient profité des crimes de la Bête pour couvrir les leurs. Il devait bien arriver, à l'époque, qu'une pauvre bergère se fasse violer et tuer dans un coin sombre. Et quand le corps restait deux ou trois nuits, sinon plus, à la merci des loups et autres bestioles, bien malin qui pouvait dire par qui ou quoi elle avait été tuée... Mais cette explication ne peut concerner qu'un petit nombre de cas.

— Tu sais, dit Margeride, j'ai bien failli être cette bergère. J'avais un peu trop bu, je crois, le soir où je vous ai raconté ça. Qu'un type m'avait poursuivie dans les bois quand j'étais petite...

— Il en a peut-être violé plein d'autres depuis.

— J'aime pas vraiment que tu plaisantes avec ça... En tout cas, on n'a entendu parler de rien. Peut-être que ce type est en sommeil. Peut-être il se réserve pour une grande occasion.

La main de Margeride s'énerve sur le levier de vitesses. Dans une caresse qui se veut apaisante, je pose la mienne par-dessus.

— Encore un, dis-je, qui aura trop lu l'histoire de la Bête. C'est fou ce qu'il y a comme gens que ça travaille. L'histoire de la Bête est vraiment très sexuelle.

Environné de quelques bâtiments d'exploitation en fibrociment, un village paraît. Rien de particulièrement grandiose ni d'étrange. La plupart des toits ont été refaits en tuiles mécaniques. Le clocher ne doit guère avoir plus de cent ans d'âge. Des lignes électriques. Des tôles rouillées. Le tout à peine amélioré par le saupoudrage neigeux. Ce village, *a priori*, n'a rien de spécial. Sinon les grands bois très noirs qui le surplombent. Des grands bois d'où émane, mais c'est moi qui le dis, comme un muet hurlement.

— Il y a toujours eu, reprend Margeride avec rancœur, des tarés, des sadiques et des violeurs. On comprend pourquoi les gens ont cru au loup-garou.

— Certains y croient encore. Il y en a pour qui la Bête est un homme vivant qui se transforme. Ou un mort-vivant, autrement dit un vampire, qui pompe le sang. Le sang des vierges de préférence. Pour d'autres, il y aurait dans l'affaire un meneur de loups, disons plutôt un meneur de la Bête.

Cette tirade ne me vient pas par hasard. Ce village que nous sommes venus voir, c'est La Besseyre-Saint-Mary, le village des Chastel. Nous nous arrêtons aux premières maisons. Margeride ouvre le cendrier et y jette son chewing-gum. Nous mettons pied à terre dans le froid. Il y a là une stèle moderne portant cette inscription : « Jean Chastel (1708-1789) vainqueur de la Bête du Gévaudan le 19 juin 1767 ».

Coiffé d'un énorme tricorne enfoncé jusqu'aux sourcils, menton au garde-à-vous, silhouette terrienne, le Jean Chastel du bas-relief étreint avec une virile fureur son fameux fusil. Le fusil gravé de roses avec feuilles et des fruits de l'amandier. L'œil de Chastel semble clos. Juste avant d'en découdre avec les forces du mal, c'est la fulgurante dernière seconde de concentration. L'ultime invocation de la Vierge Marie.

— Le village des Chastel, commente Margeride. Et celui de la Masque. Deux raisons de venir ici.

— C'est notre projet depuis l'an dernier. Depuis que nous en avons parlé à la Saugne d'Auvers.

— Tu m'avais dit, je me souviens, que La Besseyre était le pays du diable.

— Ce n'est pas moi qui le dis. C'est la chronique. Tu reconnais les lieux ?

— Je ne suis jamais revenue depuis mes douze ans. Je n'ai jamais voulu revenir après l'agression. Mais ma famille a toujours une maison près d'ici.

— Celle de la sorcière ?

— Non, celle de la sorcière n'existe plus.

— La maison de Jean Chastel a disparu, elle aussi. Elle devait être par ici. À l'entrée du village. On voit des traces de ruines.

La fine couche de neige partout est vierge. Il n'y a pas un chat. Si, un chat blanc frileux paraît fugitivement au bas d'une porte de grange.

Je rouvre le bouquin. C'est tout près d'ici, tout près de La Besseyre, dans cette partie du Gévaudan qui touche à l'Auvergne que, le 19 juin 1767, on avait localisé la Bête. Elle rodait sur les pentes du mont Mouchet, son coin de prédilection. « Dans les appartenances de la paroisse de Nozeirolles d'Auvert », précise le texte. Le jeune marquis d'Apcher décide d'y pousser une battue. Jean Chastel figure parmi les hommes rameutés par lui.

Je connais tout ça par cœur, mais je lis pour recréer l'ambiance. Je lis d'une voix précipitée. Peut-être parce qu'il doit faire à peu près − 5°.

Parmi les chasseurs, était le nommé Jean Chastel, paysan marié au chef-lieu de la paroisse de la Beissière Sainte Marie (orthographe de l'époque), excellent chasseur encore, quoique âgé de soixante ans. Ce Chastel eut l'avantage de voir passer la Bête devant lui. Il la tomba d'un coup de fusil qui la blessa à l'épaule. Elle ne bougea guère, et d'ailleurs fut assaillie de suite d'une troupe de bons chiens de chasse de M. d'Apchier (aujourd'hui d'Apcher).

Monsieur d'Apchier, conducteur de la chasse, voulut s'en faire honneur. Il envoya chercher, à Saugues, Boulanger, un mauvais chirurgien apothicaire, et lui dit d'embaumer la Bête pour qu'elle pût se conserver saine jusqu'à Paris, où il voulait la faire présenter au roi. Ce chirurgien ignorant se contenta d'en sortir les entrailles et de les remplacer par de la paille. On la garda ainsi maladroitement au château de Besque une douzaine de jours pour contenter la curiosité d'une infinité de personnes du voisinage qui venaient la voir.

On ne peut douter que ce fût l'animal carnassier qui dévorait tant de monde, puisqu'en l'ouvrant on trouva dans son estomac l'os de l'épaule d'une jeune fille qu'il avait dévorée vingt-quatre ou trente heures avant sa mort... D'ailleurs, après sa mort, on n'entendit plus parler d'aucun désastre...

— Bref, dit Margeride, pragmatique, Chastel était un paysan d'ici. La Bête est venue vers lui. Il l'a tuée. Elle aurait aussi bien pu être tuée par Pierre, Paul ou Jacques...

— C'est le hasard, tu as raison sans doute, mais certains historiens de la Bête demeurent convaincus que la personnalité de Jean Chastel est une clé du mystère. Était-il bien paysan d'abord ? On le dit aussi aubergiste ou bien chasseur professionnel. Sorcier, accessoirement.

— On a brodé. Mais, bon...

— En août 1765, lui et deux de ses fils, Antoine et Pierre, avaient menacé deux gardes de l'envoyé du roi. Il a même été emprisonné quelque temps pour cette affaire. Ce n'était sans doute pas un enfant de chœur.

Nous nous avançons dans le village désert. Près de l'église se dresse une croix portant l'effigie de la Vierge Marie. Deux des branches de métal sont cassées.

— Mon ancêtre était peut-être la maîtresse de Chastel ! s'exclame tout à coup Margeride. Ça serait marrant...

Je tente d'imaginer en situation la houri en sabots et le farouche vieillard du bas-relief avec son tricorne. Cet accouplement de sorciers me paraît plus idiot qu'excitant.

— En tout cas, dis-je, s'il est vrai qu'ils ont vécu ici à la même époque, ils se connaissaient. Il aurait pu y avoir un accord entre eux, en ce qui concerne la peau de la Bête.

Le tour du village est vite fait. Il reste encore à La Besseyre quelques belles maisons en pierre de taille et aux linteaux très massifs, mais la chronique ne les relie à rien. À part ça, que faut-il regarder ? Il y a quelques chemins. Ils ne mènent à rien qui fait sens.

— Jean Chastel, dis-je, n'a pas touché beaucoup d'argent. Mais on était jaloux de sa gloire. Pourquoi la Bête s'était-elle laissée approcher par lui ? Certains affirment qu'elle se serait couchée devant lui comme devant son maître. La Bête = homme + animal. Ça nous amène à parler du fils.

— Celui à qui on aurait coupé les couilles ?

— Tu connais cette histoire ?

— J'ai oublié le reste.

— Cet Antoine Chastel, l'un des fils de Jean, serait parti pour voyager au loin. Des pirates l'auraient capturé. Ils en auraient fait un eunuque et un gardien de ménagerie en Afrique du Nord.

— Donc en contact avec toutes sortes d'animaux.

— Mais Antoine se serait débrouillé pour rentrer au pays, tout sauvage, balafré et tatoué comme un galérien. On avait peur de lui. Il est allé vivre dans les bois sur les flancs du mont Mouchet entouré de chiens de combat, croisés, dit-on, avec un étrange animal ramené d'Afrique...

— Et le père Chastel, demande Margeride, il était au courant ?

— On dit qu'il allait ravitailler son fils dans sa cabane.

— Nous y voilà.

— Le Père, le Fils et la Bête. Trinité infernale.

On est encore dans le début de l'après-midi, mais la lumière déjà décline. L'obscurité, là-haut, commence à recouvrir l'échine des monts, à envahir les bois de la Ténazeyre.

— Et dans cette version, demande Margeride, comment ça finit ?

— Un jour, une gamine de leur entourage a été dévorée et le père Chastel s'est dit que ça commençait à bien faire. La Bête connaissait Jean Chastel. Elle est venue à lui sans méfiance et il l'a flinguée. Après l'avoir enterrée, il a tué un gros loup et l'a présenté comme étant la Bête.

— Cette théorie a l'avantage d'être romanesque.

— Tu ne crois pas si bien dire. C'est un roman d'Abel Chevalley publié en 1936. Henri Pourrat s'en est ensuite inspiré. Si bien qu'il y a plein de gens aujourd'hui qui prennent tout ça pour argent comptant. D'accord, on a peu d'éléments pour réfuter, mais, d'après l'état civil, Antoine Chastel a eu par la suite six enfants. Comme quoi il n'était pas si eunuque que ça...

Nous rebroussons chemin en direction de la voiture. Décourageant, n'est-ce pas ? En repassant devant ces tas de pierres où sont censés avoir vécu nos personnages, je me dis que nous faisons sûrement fausse route en voulant retrouver dans la réalité d'aujourd'hui des traces du mythe d'autrefois. Nous sommes à la recherche d'un pays auquel le Gévaudan actuel ne se superpose pas.

18

La prêtresse

JUSTINE ÉVOLUE dans le milieu des thérapeutes parallèles. Elle y a pas mal de copines dont les spécialités se fondent sur des principes supérieurs et vénérables que personne ou presque n'oserait remettre en cause : nature, cosmos, bien-être primal, retour aux sources, sagesse orientale...

Aujourd'hui, en passant à la boutique, je la trouve en compagnie de la plus allumée de toutes : la redoutable Monica. Les deux filles sont en train de déguster des pâtisseries à la farine d'épeautre accompagnées d'un thé vert réputé diurétique, voire laxatif. Le lieu est aussi embaumé d'épices qu'un comptoir français de l'Inde du temps de Colbert. Des épices auxquelles se mêleraient quelques relents de jus de momie, de médecine paysanne, de vieille grange avariée.

Ladite Monica s'habille toujours de noir et s'affuble d'énormes bijoux artisanaux en terre cuite émaillée. Elle ne doit pas avoir plus de quarante ans, mais le contour de ses yeux fiévreux est marqué d'énormes cernes. Ses longs cheveux sont grisâtres et déprimants. Pour tout dire, elle fait un peu sorcière. Une grosse sorcière de quatre-vingt-dix kilos. À part ça, une vitalité terrifiante, ce qui n'est pas contradictoire.

Vu sa corpulence, on est surpris d'apprendre que Monica s'impose un régime draconien. Un régime alimentaire assorti à son signe astrologique et, de manière plus affinée, à son thème astral. Je n'ai pas tout compris, mais je sais qu'en tant que ressortissante du taureau, elle s'interdit la viande bovine. Elle se régale, par contre, de bourgeons de pissenlits assaisonnés de graminées crues. J'y ai goûté une fois chez elle. Ça colle à langue affreusement.

Non contente de pratiquer, Monica enseigne. Elle initie une clientèle, que j'imagine un peu « spéciale », à l'hygiène dictée par les astres. Un Verseau ne doit jamais boire froid. Un Gémeau proscrira de son alimentation les moules farcies. Les Scorpions feront des cures de radis noirs. Certains des « ateliers » de Monica ont lieu au clair de lune. Il y est question de la pénétration d'Uranus par le

Capricorne, de maîtrise psycho-émotionnelle, de solarisation du moi astral.

Justine – encore heureux pour moi ! – ne partage pas ce délire. Elle se pense plus rationnelle et garde une distance critique vis-à-vis des astres. À part ça, entre gourous et n'étant généralement pas en concurrence directe, Monica et elle s'entendent plutôt bien. Elles sont, de plus, toujours d'accord quand il s'agit de ricaner sur le dos d'une connaissance commune.

Mon arrivée interrompt le conciliabule. Je ne sais de quoi il retournait, mais, en ma présence, les deux filles évitent certains sujets. Elles me savent réfractaire à l'initiation. Monica n'a jamais tenté de me convertir ni moi de démonter ses principes, mais il y a entre nous une hostilité latente. Elle sait que j'allergise à ses horoscopes. Bien plus d'ailleurs qu'aux herbes de Justine qui ont l'avantage de sentir la campagne et d'avoir moins de velléités mystiques.

La conversation s'oriente vers l'actualité locale. Après avoir défrayé la chronique pendant quelques jours, l'affaire du massacre de l'abattoir commence à se tasser. Pour la plupart des journalistes, il ne s'agit, en fin de compte, que d'une banale attaque de chien(s) errant(s), comme on en voit partout. Les commentateurs concluent que si ce fait divers a pris de telles proportions, c'est qu'il a pour théâtre le Gévaudan. Un Gévaudan toujours plus ou moins obsédé par sa Bête.

Monica a, bien sûr, son point de vue. Un point de vue assorti à sa tournure d'esprit. Malgré les veaux et les agneaux réellement égorgés à l'abattoir, elle considère que, au sens où nous l'entendons, il n'existe pas de bête. Pas de bête extérieure à nous. Les maux dont nous souffrons, c'est nous-mêmes qui nous les infligeons. De là à dire que nous les méritons, il n'y a qu'un pas. La Bête est un phénomène induit. La Bête, en gros, est psychosomatique.

Monica, dans cette interprétation, laisse de côté, je le note, l'influence des planètes. C'est par stratégie. Provocation réussie. Sa grosse « psychologie » m'énerve tout autant que son fonds de commerce astral. J'en oublie déjà mes bonnes résolutions d'éviter les chicanes.

— Tout de même, il ne faut pas caricaturer. Le fait qu'un carnivore mange de la viande n'est pas psychologique.

— Rien à voir, soupire Monica. Tu crois avoir l'esprit scientifique. Mais il y a plusieurs sortes d'esprits scientifiques. Le tien est étroit. Ta vision du monde est simpliste.

— Oui, je connais la chanson... La science n'explique pas encore tout. Il y a des choses qu'on juge impossibles et qui deviendront vraies un jour. Tout sera vrai un jour. Tout et n'importe quoi.

— Tu refuses en bloc l'évidence et je sais pourquoi. Tu cherches à te protéger.

— Me protéger de quoi ?

— De ce que tu pourrais trouver si tu creuses... Tu avais peur du loup quand tu étais gamin ?

— Oui, dis-je, il me terrorisait. Mais il terrorise tous les enfants. Des loups, il y en a plein les livres de contes et ils ont vraiment de sales gueules.

— Toi, mon petit, tu as un problème avec l'image du père.

— Je n'en doute pas.

— Un jour tu y viendras. Une bonne psychanalyse...

Reposant sa tasse dans la soucoupe, Justine me fait un discret signe d'apaisement. Elle préférerait ne pas voir la conversation tourner au vinaigre, fût-il balsamique et issu de framboises récoltées à la pleine lune. Nous sommes chez elle, après tout.

Monica ne se sent pas concernée par cette muette recommandation. Ayant pioché une poignée de petits gâteaux plâtreux, elle se tourne vers moi en mastiquant du coin de la bouche.

— Tu refuses d'admettre que c'est l'homme qui crée la bête. C'est parce que ça t'inquiète.

— La Bête du Gévaudan est une réalité historique. Elle a beaucoup fait délirer, mais c'est une réalité tout de même. Je ne sais pas pourquoi tant de gens veulent l'assimiler à une vue de l'esprit.

— Ce n'est pas une vue de l'esprit. La Bête est en nous.

Ponctuant cette déclaration, Monica croise les bras sous ses seins dantesques. Le collier de terre cuite, posé presque à l'horizontale, tressaute doucement. Émaillé suivant une technique aussi archaïque que fuligineuse, il jette dans la pénombre de l'arrière-boutique un reflet bleuâtre. Un soupir animal s'exhale de sous la table. Il provient de Zodiac, jeune berger allemand couché aux pieds de l'astrodiététicienne et qui, jusqu'à présent, n'a pas bougé d'un poil.

— La Bête, reprend Monica, représente la sexualité.

— Et ça veut dire quoi ? Que la Bête n'en était pas une ? Que les gens qui l'ont vue n'ont vu qu'un gros sexe poilu qui n'existait que dans leur tête ?

— C'est toi qui le dis comme ça.

— Cette chose, donc, émane de leur imagination lubrique et surchauffée ?

— Replace-toi dans le contexte. La répression sexuelle de l'époque. Il fallait bien que ça sorte quelque part.

— Eh oui, c'est le principe de la cocotte-minute.

— Arrête ton humour à deux balles. Tu te fais plus idiot que tu n'es. Les délires collectifs, ça existe. Tu as lu des tas de livres sur la Bête, mais pas ceux qu'il fallait. Tu devrais étudier l'histoire des mentalités.

— Dès que j'aurai fini ma psychanalyse.

D'un geste sec, Monica balaie les miettes de biscuit sur sa tunique noire.

— L'animalité, dit-elle, représente les pulsions incontrôlées, le monde de la folie. C'est la nature secrète de l'homme.

— Tu fais allusion à Freud, sans doute. Il a écrit, je crois, sur le cas d'un type qui avait rêvé de loups perchés dans un arbre.

— Depuis Freud, d'autres gens ont fait des découvertes géniales.

— Il y a eu aussi pas mal d'arnaqueurs.

— Si tu penses comme ça, dit Monica, tu resteras toujours à la surface. Tu sais pourquoi l'homme a domestiqué les animaux ?

— Pour avoir du lait et de la viande sans courir derrière des gazelles dans le désert. C'est la bonne réponse ?

— Si l'homme a domestiqué les animaux, c'est pour apprivoiser sa peur. Mais certains ont échappé à la domestication. Ils ont continué à hanter les forêts, la nuit. Les forêts de l'inconscient.

Satisfaite de sa formule qu'elle considère comme victorieuse, Monica trempe sa cuillère dans la confiture de ginseng et la suçote d'un air pénétré. Lorsqu'elle évoque les pulsions incontrôlées, on la sent frémir. Une excitation pas seulement polémique.

— Mais, insisté-je, d'après toi, ils ont vu quoi les gens qui ont vu la Bête ?

— Quelle bête ?

— La Bête du Gévaudan, la vraie.

— On ne voit que ce qu'on est conditionné à voir.

— Les gens qui disent avoir rencontré la Bête n'étaient quand même pas tous des illuminés.

— J'ai dit « conditionnés ».

— Tu affirmes que la Bête représente le sexe. Mais, si tu vas par là, tout dans la nature est sexuel. Qu'est-ce qui n'est pas plus ou moins concave ou convexe ? Qu'est-ce qui n'a pas plus ou moins la forme d'un trou ou d'un phallus ou peut y être ramené par simple dérivation ?

— Je ne parle pas de ça. Je parle d'animalité.

— Moi, par exemple, dis-je par provocation, je pense beaucoup au sexe et pourtant je n'ai jamais eu de vision. Ni de monstre, ni de pénis ou de vagin, ni de cigare volant.

Monica prend acte. Rien de ce qui est fumeux ne lui étant étranger, elle attend assidûment l'arrivée des extraterrestres. Le coup du cigare volant n'est pas destiné à lui plaire. Justine m'adresse une grimace irritée. Non seulement je provoque sa copine, mais ma phrase l'agace pour raisons personnelles.

— Il pense beaucoup au sexe, dit-elle à Monica. Ça n'empêche pas une certaine lassitude. Une petite étudiante pourrait peut-être le ranimer. C'est ce qu'il s'imagine. Mais il va se planter comme il faut.

— Ça, dis-je, c'est un autre débat.

Justine se lève brutalement et se dirige vers les toilettes pour assumer les conséquences du thé vert. Monica décroise les bras. Sa poitrine descend puis remonte sous l'effet des puissants élastiques de son soutien-gorge. Elle pointe sur moi un index accusateur.

— Tu remarqueras, poursuit-elle, que la Bête est dévorante. Et la dévoration a un sens sexuel. « Voir le loup », tu sais ce que ça signifie ?

— Je suppose, dis-je avec un soupir, que le loup est, entre autres, symbole d'initiation sexuelle.

— Et le Petit Chaperon rouge, alors ? Elle se déshabille. Elle rejoint le loup dans le lit. Il a de grands bras pour mieux l'embrasser. C'est sans équivoque.

— Peut-être bien. Mais ça ne nous dit rien sur l'histoire et l'identité de la Bête.

Monica plonge sa cuillère dans les pépins de courges à la gelée royale. Elle se lèche les lèvres d'une petite langue pointue. J'avoue qu'elle m'excite. Je ressens une violente envie de lui faire payer lubriquement ses belles certitudes sur la bête qui est en nous. Sa lourde poitrine tressautante, ses fesses cyclopéennes moulées dans le pantalon noir, ses bourrelets lascivement étalés. L'appel monstrueux de la vénus préhistorique.

— Tu nies donc l'existence de l'inconscient ?

C'est comme un grand inquisiteur m'accusant de réfuter Dieu. Dernière question avant le bûcher.

— L'inconscient, dis-je, est une entité occulte. On peut lui faire dire à peu près tout ce qu'on veut. Les rêves et compagnie. Personne ne pourra vérifier.

Écartant ses grands cheveux de gorgone, Monica me fixe droit dans les yeux pendant quelques longues secondes. Comme réveillé par l'animosité ambiante, son chien Zodiac se lève, fait le tour de la table et se recouche. Au passage, je hume sa déplaisante odeur.

En revenant s'asseoir, Justine pose sur moi un regard lourd de comptes à régler. Mais que leur ai-je donc fait à toutes ces harpies ? Je cherche une transition humoristique. Rien ne vient. Cette conversation, pourtant presque anodine, semble avoir saturé l'atmosphère de rancunes et de tensions. Le sexe est sauvage. Il est comme la Bête. Qu'est-ce que nous avons tous ? La Bête nous « énerve » de plus en plus.

19

Bonne année, Monsieur le Préfet

Mende (Lozère), le 10 janvier. La cathédrale brille de mille feux sous les assauts des projecteurs. Nous laissons la voiture aux pieds et en la sainte garde du bienheureux Urbain V, pape de 1362 à 1370. À une centaine de mètres de ce sévère bienfaiteur du Gévaudan, se dressent, en bordure de la place, les grilles nocturnes de la préfecture. J'ignore toujours pourquoi je suis invité à cette cérémonie des vœux. Mes nom et adresse figurent, je suppose, dans un listing « culturel » relatif au colloque de Ribeyrevieille.

Justine et moi traversons le rigoureux et républicain petit jardin. Sur les dalles du perron, nous rejoignons des groupes emmitouflés et endimanchés qui piétinent dans le froid. En personne et en tenue, le préfet est là qui serre les mains des arrivants. Serais-je devenu une sorte de notable ? C'est avec un mélange de gêne et d'amusement que j'aborde ces mondanités, pour moi inhabituelles.

— Vous êtes bien installé, Monsieur le Préfet, dit au passage Justine, pince-sans-rire, en levant les yeux vers les lustres de cristal.

Le commissaire de la République, sans sourciller, lui adresse un sourire d'une impeccable courtoisie.

Nous longeons le vestiaire où s'alignent des képis de pompiers, de militaires, d'officiers de gendarmerie, des calottes ecclésiastiques. J'exagère à peine. Le parquet est odorant de cire et craquant. La salle de réception s'adorne de boiseries et de cheminées à trumeaux. Elle paraît immense. Pour la garnir, il a fallu ratisser large, faire appel au ban et à l'arrière-ban de l'intelligentsia locale. N'oublions pas que l'annuaire lozérien du téléphone est le moins épais de France.

Ce soir, Justine a fait taire sa prédilection pour les couleurs électriques. Je la trouve très en beauté dans son tailleur prune dont le col béant invite à une enivrante plongée. Un soutien-gorge à balconnet, de teinte assortie au tailleur, amplifie à ravir ses impeccables petits seins. Justine est de bonne humeur, ce qui, après tout, ne gâte rien. En attendant de prendre nos repères, ma « bonne amie » et moi picorons quelques petits fours. Souriant de droite et de gauche.

Je connais ici beaucoup de gens. Certains font partie de mon paysage depuis toujours. Plus vieux ou de ma génération. Certains étaient avec moi au catéchisme, à l'école primaire du Malzieu ou au lycée de Saint-Flour. Ceux que je revois dans cette salle sont plus ou moins devenus quelque chose socialement. Ils sont entrés dans des instances politiques, économiques, médicales, associatives, administratives, municipales, consulaires, culturelles... Des gens du Gévaudan qui sont restés en Gévaudan. À part ça, je n'ai pas forcément grand-chose à leur dire.

Dans cette réunion des « forces vives » du département, les spécialistes de la Bête, ceux que Mauriçou nomme les « bestieux » et dont certains s'intitulent « cryptozoologues », sont bien représentés et c'est normal. Ici, la Bête est un fonds de commerce. Elle est historique, ancestrale, touristique. Elle fait vendre des livres, des contrats, des paysages, des nuitées de camping, de la charcuterie, des circuits de randonnée. La Bête est un label. La Bête est cabalistique. Et parfois l'étendard d'une sorte de franc-maçonnerie.

Les invités vont et viennent avec hésitation ou s'agglomèrent. Quelques groupes, par affinités, sont déjà formés. Les « bestieux » font salon près d'une cheminée de marbre. Le docteur Védrine est là qui pérore.

— Et cette grotte de l'Aveyron, demande-t-il à Jacques Rimeize, conservateur de Ribeyrevieille, qu'en dites-vous ?

— On n'a pas fini de tout répertorier, je crois. Il y a des centaines de gravures et de peintures...

— Vous n'ignorez pas qu'on a trouvé, parmi elles, des représentations au mufle allongé, à la gueule ouverte, que l'on hésite à identifier...

— Je vous vois venir, dit Rimeize en riant.

Les deux spécialistes s'interrompent aimablement pour nous saluer. Je n'ai pas eu affaire à Védrine depuis bien longtemps, mais mon inquiétude revient au galop. L'homme à qui je n'aurais jamais dû montrer le contenu du bocal.

— Ce voyage ? me demande-t-il sur un ton précieux. On m'a dit que vous ne pouviez plus vous arracher à l'intimité des anciens mammifères.

— On se prend au jeu. Mais, dans ce domaine, je n'en saurai jamais autant que vous.

— Ne soyez pas modeste.

— Je vous avoue que j'ai quand même trouvé le temps long. J'ai, en Gévaudan, certaines attaches...

Justine est occupée à échanger des politesses avec le conservateur. Norbert Védrine hoche la tête tout en lorgnant son décolleté.

C'est donc très à propos que je vois arriver mon autre raison (et sans doute la principale) d'avoir trouvé le temps long dans l'île sibérienne. Elle est au bras de son père, directeur des services vétérinaires du département. Ayant déposé son manteau aux côtés des képis et des mitres (j'exagère à peine une fois de plus) et laissant son chaperon en conversation avec quelque éminent collègue, Margeride boitille vers nous dans une petite robe noire qui met en valeur ses épaules de nymphe. Tourneboulante.

Tout cliché mis à part, cette soirée est l'écrin des plus belles perles du Gévaudan. Mes maîtresses, autrement dit, devraient s'habiller plus souvent.

Avec grâce et l'esquisse d'une révérence, Margeride serre toutes les mains de la secte gévaudantesque. Outre les personnes déjà citées, notre groupe comprend quatre ou cinq auteurs, artistes et collectionneurs spécialisés dans les faits et gestes de la Bête. Maîtrisant mon émoi, j'embrasse sur les deux joues l'héritière de la Masque. Justine, d'un air compassé, fait claquer trois bises. Sèchement.

Je n'ignorais pas que Margeride serait de la fête. Ça me fait quand même un choc d'être confronté à elle dans un lieu si public, en présence de Justine et du « tout Gévaudan ». Le côté clandestin de notre relation me pèse par moments. Entre nous, pourtant, tout va pour le mieux. Nos retrouvailles post-arctiques n'ont à aucun moment été décevantes. Le test du brasier et de la chandelle (fine allusion à la maxime de La Rochefoucauld chère à Ulrich) a été passé avec succès. Sur tous les plans, nous avons encore beaucoup à nous dire.

— Ne seriez-vous pas intéressée, demande Jacques Rimeize à l'étudiante, par un sujet de mémoire sur l'iconographie de la Bête, mais sous un angle particulier dont je viens d'avoir l'idée ?

— Pourquoi pas ? dit évasivement Margeride.

— Quelle qu'ait pu être, pontifie Rimeize, la véritable identité de la Bête, il est évident que c'est l'imagination populaire qui a donné corps à son histoire ô combien maléfique. Et il y a des raisons à cela. La Bête est signifiante.

— Elle représente le diable ?

— Pas tout à fait, mais le mal sans aucun doute. C'est pour ça que la Bête touche tout le monde. C'est pour ça qu'elle fascine.

— Elle fascine, ricane Justine, comme les accidents de la route et les faits divers sordides. Pourvu qu'il y ait du sang...

— Pas tout à fait, dit Rimeize. La Bête représente aujourd'hui un danger mythique et non réel. Et les dangers mythiques nous permettent d'oublier ceux qui nous menacent vraiment. Les histoires qui font peur rassurent, c'est bien connu. Elles nous réconcilient avec notre quotidien douillet. L'évocation des fléaux d'autrefois nous fait goûter notre sécurité du moment.

— Autrement dit, résume Justine, on a bien fait de ne pas y être.

Un lustre à pampilles éclaire crûment notre groupe bizarre. La robe de Margeride est sans bretelles. Pleins feux sur la tache en forme de pied animal qui s'étale dans toute sa splendeur au-dessus du sein gauche. Je surprends le regard de Védrine. Un rictus plisse son front. Le derme de son crâne chauve semble parcouru de frémissements. A-t-il déchiffré le sceau de la légende ? Peut-être est-il juste troublé par la blanche carnation de Margeride comme il semble l'avoir été par le soutien-gorge de Justine.

— Ne nous étonnons pas, reprend Jacques Rimeize, que tant de chemins tortueux mènent au monstre du Gévaudan. Que tant de gens cherchent à l'interpréter.

— Il y a là tout un monde symbolique, mais aussi celui de la magie, intervient Védrine, s'arrachant à la contemplation du sein stigmatisé. La Bête, j'en suis convaincu, nous relie à la préhistoire. Elle est de celles que les chamans peignaient ou gravaient sur les parois des grottes.

— Pourtant, objecté-je, on nous a toujours dit que les animaux représentés dans les grottes étaient synonymes de gibier. Des proies potentielles...

Un brouhaha et un soudain mouvement de foule viennent interrompre le débat. Le discours des vœux va commencer. Nous nous avançons et faisons poliment silence. « Mes chers amis, dit le préfet, l'année qui s'ouvre... » Et j'en passe. Le préfet, comme il se doit, nous la souhaite bonne et heureuse. Socialement et mondialement pacifique.

Fructueuse et féconde. Il nous dit que l'État pense à nous. Il a un mot pour chacun ou presque. Pour tous nos projets individuels et collectifs. Justine se penche vers moi.

— Il n'a pas l'air net ce vieux chauve, souffle-t-elle.

— Védrine ? Tu trouves ?

— Il n'arrête pas de mater le décolleté de la gamine. En plus, je l'ai entendu... Tu sais quoi ?

— Qu'est-ce qu'il disait ?

— Il marmonnait le prénom de l'autre cruche. Margeride, Margeride...

— Ben oui, dis-je. C'est un nom de forêt. Ça lui fait comme une émotion poétique. Un vieil érudit comme lui...

— Émotion poétique, tu parles.

Je reste un bon moment songeur. Bien que la pièce, à l'exception du buffet, soit vide de mobilier, je pense à l'expression « le cul entre deux chaises ». Elle vaut ce qu'elle vaut, mais elle décrit assez bien mon dilemme où le mot « cul » a effectivement sa place.

Fin des discours. Un nouveau mouvement de foule m'ayant séparé de ma « bonne amie », je me mets à la recherche de Margeride. La frustration me taraude de n'avoir pu échanger avec elle que quelques frôlements complices. Cocktails aidant, l'assistance s'anime. Autour du buffet, on se bouscule. Il faut jouer des coudes. Une main presque caressante tout à coup me retient.

— Comme je suis content de vous revoir, susurre l'abbé Blanqui.

Le jeune prêtre a renoncé ce soir à la soutane du temps jadis. Rétro toujours, mais dans un autre style. Costume anthracite de bonne coupe, cheveux lustrés, raie impeccable, des airs de cinéma néoréaliste, l'abbé Blanqui est sur son trente-et-un. À part ça, égal à lui-même, c'est-à-dire gauche, emprunté, mais tenace. Très civilement, il me demande des nouvelles de la Sibérie insulaire.

— Si vous voulez, nous nous reverrons pour bavarder.

— Mais, demande Blanqui d'un air inquiet, vous n'avez pas laissé tomber la Bête ?

— Jamais. La Bête est une valeur sûre. Éternellement d'actualité.

— Eh bien, je crois avoir fait une découverte qui vous intéressera beaucoup.

— Margeride m'a dit que vous vouliez m'en parler.

— Cette piste viendrait étayer une théorie déjà formulée autrefois. Mais, en elle-même, elle est nouvelle.

— Vous avez trouvé ça dans des documents paroissiaux ?

— Dans des courriers d'époque, dit l'abbé, baissant la voix. Vous allez me donner votre avis. Personne, pour l'instant, n'est au courant.

— Vous m'intriguez. Et qu'est-ce qui me vaut cette confiance ? Pourquoi moi ?

— Je suis un homme réservé. Et puis un prêtre n'est pas censé se mettre en avant. S'il y avait une révélation un jour à publier, il vaudrait mieux que ce soit par quelqu'un comme vous.

— Vous n'avez pas songé à consulter votre oncle ?

— Mon oncle, dit Blanqui, a une certaine conception de la Bête qui n'est pas forcément la mienne... Venez avec moi, j'ai quelque chose à vous donner.

Évitant de justesse sur le seuil un officier de gendarmerie retardataire et essoufflé, nous sortons dans la nuit glaciale. Sur la place de la cathédrale où veille la statue du bienheureux pape Urbain, l'abbé me conduit jusqu'à une petite Citroën, typique voiture de prêtre. Il ouvre le coffre et me tend un sac en plastique contenant une liasse de photocopies dont l'épaisseur ne me dit rien qui vaille. J'ai autre chose à faire de mes soirées d'hiver.

— Vous m'intriguez de plus en plus, dis-je avec diplomatie. Mais j'ai peur de ne pas trouver. Donnez-moi des indices.

— Voyez par vous-même. Nous discuterons ensuite.

J'insiste, mais l'abbé ne veut rien entendre. Je transfère donc les papiers dans ma voiture et range la question dans un coin de ma tête. D'autant que la soirée prend bientôt une tournure nouvelle. À peine sommes-nous de retour dans la grande salle que nous y constatons une saisissante modification d'ambiance. Une sorte de gravité murmurante s'est installée. Des frissons de fièvre parcourent l'assistance. Le préfet et le directeur de cabinet sont en conciliabule avec le commandant que nous avons croisé tout à l'heure et qui n'a pas pris le temps de laisser son képi au vestiaire.

La rumeur bientôt m'apprend que l'animal qui hante les campagnes vient de frapper à nouveau. Il ne s'agit plus de veaux ni de moutons, cette fois. Cet animal vient d'emporter et sans doute de dévorer un enfant.

20

Le drame de Paulhac

L E DRAME SURVENU en fin d'après-midi s'est déroulé bien loin de Mende et de sa préfecture. Il a eu lieu tout au nord de la Lozère, au centre précisément du triangle délimité par le Montgrand, le Montchauvet et le mont Mouchet. Ce triangle qui, comme par hasard, correspond au terrain de chasse préféré de la Bête du Gévaudan durant l'année 1767.

Près de Paulhac-en-Margeride, au croisement d'une départementale et d'un chemin vicinal, trois jeunes garçons descendent du car scolaire. Ils ont sept, dix et onze ans. Deux d'entre eux sont frères. Le troisième est leur cousin. Par cette terne soirée de janvier, le lieu, assez boisé, est particulièrement sombre et désert. Tout en bavardant, les enfants se dirigent, sur le chemin non goudronné, vers le hameau familial distant de moins d'un kilomètre.

C'est alors qu'ils voient venir une sorte de gros chien qui trottine calmement vers eux. Arrivé à leur hauteur, il fait un écart comme pour les éviter. Les écoliers, cependant, se méfient et s'appliquent à ne pas lui tourner le dos. Ils cherchent à distancer l'animal, mais celui-ci décrit autour d'eux des cercles en grondant. On voit qu'il cherche à attaquer. Pour tenter de l'effrayer et faire venir de l'aide, les enfants se mettent à crier. Au loin ronfle une tronçonneuse. La personne qui travaille là-bas ne peut pas les entendre.

La bête ne semble intimidée ni par les cris ni par le bruit du moteur. Les cercles se resserrent. Les enfants se protègent de leurs cartables qu'elle mord rageusement. Concentrant ses efforts sur le plus petit, elle parvient bientôt à lui saisir le bras. Puis, se dressant contre lui, elle s'efforce de le renverser.

Les deux autres garçons, plutôt hardis en temps normal, sont habitués aux chiens teigneux. Mais ils n'ont pour moyen de défense que leurs sacs à dos. L'aspect et l'attitude de cet animal ne leur laissent guère d'espoir de le repousser. Le petit est en sang. Le fauve s'acharne. Malgré leur terreur grandissante, ils tentent de lui faire lâcher prise. Il se retourne contre eux, mais revient sans arrêt à celui qu'il a choisi pour proie et qui est, chaque fois, rattrapé après quelques pas.

L'aîné ayant subi une profonde morsure, les deux garçons finissent par s'enfuir en direction de la ferme. Au bout d'une centaine de mètres, en se retournant sans cesse de courir, ils voient que le petit est à terre. Le fauve le tient à la gorge.

Le bruit de la tronçonneuse s'éteint. Alerté par les cris, un habitant de Paulhac, qui passe en voiture sur la route toute proche, s'arrête peu après. Portant son regard dans toutes les directions, il aperçoit dans la côte une masse sombre qu'il prend pour un sanglier puis pour un chien traînant quelque chose parmi les broussailles givrées. L'animal s'éloigne en emportant sa proie.

Le père et l'oncle de la victime qui, à quelques centaines de mètres de là, coupaient du bois arrivent en courant. Il y a sur place beaucoup de sang, du sang encore dans le chemin de l'autre côté de la route. Tout en traînant l'enfant, la bête a traversé la départementale. Pendant que l'automobiliste appelle les secours depuis son portable, les deux hommes vont chercher des fusils et un chien de la ferme qui, aussitôt, prend la piste. Le chien les mène presque en ligne droite jusqu'au sommet de la côte boisée. De là, ils redescendent jusqu'à un ruisseau au bord duquel ils trouvent le bonnet de laine du petit. Là, plus rien. La bête, sans doute, a marché dans l'eau.

On lança une battue qui dura toute la nuit et la matinée suivante. Ce n'est qu'à treize heures, assez loin sur les pentes du Montgrand, qu'on retrouva le cadavre de l'enfant au milieu de morceaux de vêtements déchiquetés et éparpillés. Ayant eu du mal à arracher l'anorak, la bête avait surtout dévoré le cou et le bas du corps. La tête avait presque été séparée du tronc. Une jambe rongée gisait à cinq cents mètres de là.

On dit que, fou de douleur, voulant à tout prix flinguer cette engeance, le père avait continué d'arpenter les bois jusqu'à la limite de ses forces. Les pompiers du Malzieu l'avaient ramassé, effondré, près de la Croix-du-Fau.

D'autres battues encore furent organisées les jours suivants avec le concours de détachements militaires. On ne débusqua que quelques chevreuils, renards et sangliers.

Des policiers spécialisés vinrent sur place. On fit toutes sortes de relevés, de prélèvements et d'analyses. D'après les deux enfants rescapés, le fauve ressemblait à un gros chien-loup, mais avec une mâchoire plus allongée et une façon particulière de se mouvoir, différente de celle d'un chien, qu'ils ne savent trop comment qualifier. Depuis le drame, en tout cas, les deux pauvres petits faisaient cauchemar sur cauchemar.

Les enquêteurs réentendirent un agriculteur dont le troupeau avait été sauvagement décimé dans le même secteur quinze jours auparavant et dont certains moutons survivants étaient si affolés qu'il avait fallu les abattre. Plusieurs personnes ayant aperçu, en rase campagne, un animal bizarre se présentèrent aux autorités. Mise à part une description un peu exaltée d'après laquelle le monstre crachait du feu ou presque, tous les témoignages se recoupaient. Un chien qui ressemblait à un loup. Un loup qui ressemblait à un chien. Mais avec, en plus, quelque chose d'indéfinissable.

L'affaire dépasse désormais le cadre régional. Tous les journaux télévisés s'emparent de l'info. « L'ombre de la Bête plane à nouveau », annonce France 2 dans ses gros titres. La presse écrite fait assaut de dossiers, d'interviews de spécialistes et de doubles pages. Interprétations et supputations vont bon train. D'aucuns donnent déjà des conseils. Il aurait fallu se poster auprès du corps de la victime. La bête serait revenue pour « finir ». On l'aurait eue à coup sûr. D'autres affirment qu'on a affaire à un sadique déguisé, ce qui est très peu plausible. Les enfants ont bel et bien vu, et de tout près, un animal véritable.

Les empreintes, de plus, sont probantes. D'après tous les experts, l'animal est un canidé. Mais les traces des chiens et celles des loups sont, paraît-il, si semblables qu'il est impossible de trancher. Un louvetier, qui a examiné la piste, remarque qu'à en juger par l'empreinte du talon, l'animal pèserait de soixante-dix à soixante-quinze kilos. Le poids d'un saint-bernard. S'il s'agit d'un loup, il est d'une taille rarement répertoriée.

Bien que plutôt effrayant, le détail en question a tendance à me rassurer. Cet animal, me dis-je en entendant l'information, ne peut pas être un clone de la bête tuée en 1767 par Jean Chastel. Autrement dit pas une bête issue de mes expériences. D'après le rapport d'autopsie, la bête de Chastel ne pesait pas plus de cinquante kilos.

On n'est jamais trop circonspect cependant. Après l'affaire de l'abattoir, j'ai détruit le chiot congelé. Ulrich, à ma demande, s'est débarrassé des tissus embryonnaires qu'il détenait. Du moins, me l'a-t-il certifié et j'ai confiance en lui. Quant au fameux bocal, je l'ai vérifié cent fois. Il est intact, inviolé et en lieu sûr. Au lendemain de l'attaque de Paulhac, je contrôle, dans la foulée, un autre point qui commence à me tarauder. Mon ami éthologue à qui j'avais « légué » les chiennes ayant servi à l'expérience est formel : aucune n'a, depuis, accouché de quoi que ce soit. Pas plus que, chez moi, mes beagles. Ça se saurait. Je les ai sous les yeux.

Conclusion : il circule peut-être bien en Gévaudan une bête dévorante, mais ce n'est pas la mienne. Je n'ai rien à voir dans tout ça. Il n'y a là qu'une coïncidence.

21

Les trois chasseurs de la Bête

CONCENTRÉ SUR LES BORDS DE LA VITRE, le givre cerne, tel un cadre dépoli, un paysage de ciel pâle et de neige triste. Au-dehors s'étale le plateau bosselé surmonté du mont Mouchet et de ses bois noirs. De cette fenêtre, on aperçoit aussi La Chaleille et la roche Truyère. C'est une fenêtre de la ferme Albaret.

Une main tortueuse et couverte de taches brunes vient d'écarter péniblement le rideau. Une autre main frappe à la porte. Une main dure et calleuse.

— Entre Mauriçou ! crie la grand-mère.

Ce matin, Pierre et Maryse sont allés faire des courses à Langeac. C'est la vieille Élisa qui reçoit Mauriçou venu livrer du bois. Elle lui propose une petite eau-de-vie de poire. La bouteille est dans le placard du haut. De son fauteuil roulant, Élisa ne peut l'atteindre. Estelle est appelée à l'aide. Mauriçou s'assied à la grande table de la salle commune, épaisse comme une poutre. Le feu peine à démarrer et exhale une épaisse et odorante fumée de hêtre.

— Ça n'a pas l'air d'aller, Maumau, dit la grand-mère.

Mauriçou a toujours été introverti, mais la vieille Élisa a bien remarqué qu'il y avait quelque chose de plus.

— Boh, grommelle Mauriçou.

— Ça va ou ça va pas ?

— C'est rien qui va, ma pauvre.

D'un air accablé, Maumau renifle le petit verre épais et craquelé qu'Estelle vient de poser devant lui.

— Mais je vois bien, dit la centenaire, que quelque chose te tracasse.

— C'est rien qui va.

— Je sais bien, je sais bien.

— Et maintenant cette bête qui mange les gosses.

— Je sais bien, dit la grand-mère songeuse. Mais toi, quand même, ça va pas.

On entend siffler le vent qui, sur ces plateaux, a toujours du mal à se faire discret.

— Ils font des battues, reprend Mauriçou, mais ils trouveront rien.

— Oh que non, dit Élisa.

À l'aide d'un vieux soufflet noirci, la blonde Estelle s'active à stimuler le feu.

— Mais comment ils avaient fait ? intervient l'adolescente. À l'époque de la Bête d'autrefois. Il y avait bien eu des battues pour la tuer ?

— Pour la tuer ? Oh que oui.

— Mais alors, ils avaient fait quoi ? Tu connais toute l'histoire toi, grand-mère.

Oui, Élisa Albaret, grand-mère de Pierre, arrière-grand-mère d'Estelle, connaît l'histoire. Elle s'est toujours passionnée pour la vie d'ici, présent et passé. Le passé surtout. La vieille Élisa connaît tous les contes et toutes les légendes. À en juger par des détails et expressions qui, aux tournants du récit, se sont perpétués de bouche en bouche, certaines pièces de son répertoire sont vieilles de quatre siècles.

Plus inattendu pour une femme de son milieu, Élisa se passionne pour l'histoire historique. Les livres érudits, qu'elle se fait apporter par le bibliobus surprennent plus d'un abonné. Élisa Albaret n'a pas fait d'études, pourtant. Descendante d'une lignée immémoriale de paysans du haut Gévaudan, elle a arrêté l'école très jeune pour travailler à la ferme. Mais elle a beaucoup lu. Elle a toujours eu l'esprit vif et curieux. À quatre-vingt-dix-huit ans, Élisa ne tient plus sur ses jambes, mais la mémoire et la parole ne lui font pas défaut.

— Je peux raconter un peu, dit-elle, mais j'ai peur d'ennuyer Mauriçou.

— Ennuyer... Que non, dit Maumau. Si c'est des histoires de chasse...

Actionnant un bouton du fauteuil électrique, la grand-mère se rapproche de la cheminée sur le linteau de laquelle sont alignés de vieux pots à épices fendus et recollés. Son regard usé se perd dans le vague du feu.

— L'affaire de la Bête, dit-elle, a débuté en 1764...

— C'était sous quel roi ? interrompt déjà Estelle.

— Sous Louis XV, ma petite. Les attaques ont commencé en été. Il y en avait peut-être eu d'autres avant, en Ardèche, mais on n'est pas sûr... Assez vite, la rumeur d'une bête tueuse s'est propagée et le roi a voulu réagir. On a fait venir de Langogne un certain capitaine Duhamel. Il avait avec lui une quarantaine de chasseurs à pied et dix-sept à cheval.

— Le Gévaudan est grand, dit Estelle. Ça fait pas beaucoup.

— Il y avait aussi, en renfort, des hommes venus de Mende et de Marvejols. Mais la Bête se déplace sans arrêt. L'arrivée de Duhamel la fait fuir jusque vers Saint-Chély. À sa poursuite, il passe la Margeride. Il faut employer les grands moyens et on donne à Duhamel le pouvoir de mobiliser les paysans. C'est là qu'il y a eu les grandes battues.

Jusqu'à 20 000 personnes à la fois pendant l'hiver 64-65.

— 20 000 paysans ! s'exclame Mauriçou. Combien on en trouverait aujourd'hui ?

— Les marches étaient exténuantes et il faisait un temps de chien. Vraiment bien pire que maintenant. Ces pauvres paysans devaient laisser leur travail, se faire mener à la baguette par des militaires. Au fond de ces bois et de ces ravins, la Bête, par contre, était comme un poisson dans l'eau. Elle ne craignait pas l'hiver. Et ces foules de gens, elle les sentait venir de loin.

— Donc, bien sûr, conclut Estelle, ils ne l'ont pas eue.

— On a tué quelques petits loups insignifiants. Rien de plus. Duhamel a dû quitter le Gévaudan au printemps 65. On lui reproche de n'avoir pas réussi, mais aussi les dégâts faits par ses hommes. Ils avaient tendance à vivre sur l'habitant. Pour compliquer, il y avait déjà des haines. On peut pas imaginer, nous autres. Des rivalités d'orgueil, mais aussi à cause de la prime. La prime pour tuer la Bête.

— Combien d'argent ? demande Mauriçou.

— Beaucoup.

Mauriçou fait tourner l'eau-de-vie dans le fond de son verre. Une ombre massive passe devant la fenêtre. C'est le camion qui ramasse le lait. On ne voit ici que trois ou quatre véhicules par jour.

— Ensuite, dit la grand-mère, il y a eu les Denneval.

— Les Denneval, répète Estelle comme pour mémoriser.

— En février 1765, le roi décide d'envoyer en Gévaudan un louvetier normand très réputé. Il arrive sur place en mars avec son fils, capitaine au régiment d'Alençon, une demi-douzaine d'excellents chiens et des piqueurs. En fait, ce sont eux, les Denneval, qui ont fait renvoyer Duhamel, pour avoir les mains libres.

— Ils se sont crus plus malins.

— Eh oui, reprend la vieille Élisa. Ils se croient plus malins. Ils commencent par critiquer les grandes battues de Duhamel qui font fuir la Bête. Mais, après un mois de tergiversations, ils ne trouvent rien d'autre que d'organiser, à leur tour, des battues.

— Il fallait y aller seul, grogne Mauriçou, et la laisser venir.

— Mais la laisser venir où ? Tu aurais fait quoi toi, Maumau ?

— La laisser venir... là où elle venait.

Autre bruit de moteur. Un véhicule léger, cette fois. Dehors passe une forme jaune. Dix heures du matin, c'est l'heure de pointe à la ferme Albaret. Estelle sort chercher le courrier et échange quelques mots avec le facteur. Leurs silhouettes s'arrêtent devant la fenêtre. La haute horloge sarcophage égrène sa minute. Une portière claque. Élisa attend pour continuer que l'adolescente soit revenue s'asseoir sur le coffre à sel.

— Les Denneval, reprend alors la centenaire, ont même empoisonné des cadavres de victimes, espérant que la Bête reviendrait. Mais ça ne sert à rien. La Bête est toujours ailleurs. Là où on ne l'attend pas. D'autres enfants, d'autres femmes sont dévorés. Dans le pays, on juge les Denneval prétentieux, brutaux, inefficaces. Ils ne veulent pas collaborer avec leur successeur et quittent le Gévaudan en juillet 1765.

— Leur successeur ? Encore un autre ? s'étonne Estelle.

— Il fallait bien. Il fallait un résultat. La Bête faisait trop de bruit. Elle défiait l'autorité du roi, si l'on peut dire. Louis XV décide d'envoyer son propre lieutenant des chasses, un certain Antoine.

— Antoine comment ?

— C'était son nom. Monsieur Antoine a le titre de porte-arquebuse du roi. Il vient avec une quinzaine de gardes-chasse d'élite et des chiens de la louveterie royale.

— Et celui-là, demande Estelle, était meilleur que les autres ?

— À son arrivée, on le pensait. Les gens étaient enthousiastes. On voyait enfin arriver un vrai professionnel. Antoine a de bonnes idées, on ne peut pas dire. Pas de battues tonitruantes. Il préfère des affûts sur les chemins de la Bête. Il installe ses gardes, par petits groupes, dans des villages qu'elle fréquente. Il étudie de près les traces.

— C'était le patron des chasses du roi, intervient Mauriçou. Il devait quand même s'y connaître.

— D'après Antoine, ces traces sont celles de loups. Du moins, il n'y a aucune différence visible. L'un de ses gardes surprend d'ailleurs un grand loup en train d'épier des enfants qui gardent les vaches dans les bois de la Ténazeyre. Il le tue et on trouve que ce loup a des particularités troublantes. On pense d'abord que c'est la Bête.

— Et c'était pas ça ?

— Non parce que les meurtres continuent... Et puis, peu après, il y a la célèbre affaire du loup des Chazes.

— Célèbre... si on veut, proteste l'adolescente. Ça te dit quelque chose Mauriçou ?

— Pas bien. Ici, on connaît la Bête, mais pas trop ces histoires. C'était pas des affaires de paysans. C'était des affaires de ceux qui venaient chercher des récompenses.

La bouteille est restée sur la table et Mauriçou se ressert une goutte de blanche. La vieille Élisa, pense-t-il, est bien savante, mais elle parle trop comme un livre. Elle raconte l'histoire telle que l'ont écrite des notables qui n'avaient rien vu. Ceux qui ont vu, ceux aussi qui ont été dévorés ne savaient pas écrire. Mauriçou, plus ou moins, est parent de ceux qui étaient en première ligne. La vraie histoire de la Bête, il ne la connaît pas, mais il la sent. Il la reçoit de source directe.

Oui, l'Élisa parle un peu trop comme les « bestieux », tous ces ânes « spécialistes ». Mauriçou écoute cependant. Il ne se sent pas d'humeur à contester.

— Tu n'as pas tort, Maumau, reprend la grand-mère. Tous ces chasseurs officiels n'avaient qu'une hâte : se présenter en vainqueurs à la cour...

— Et le loup des Chazes ? demande Estelle.

— C'est un épisode qui a fait beaucoup parler et beaucoup écrire... Fin septembre, on entend dire qu'il y a des ravages dans les bois de l'abbaye des Chazes. Les gardes aperçoivent là-bas une famille de loups. Antoine s'y transporte avec quelques renforts. C'est lui-même qui voit venir un grand loup et l'abat à cinquante pas. Une bête de 130 livres. Elle mesure, queue comprise, 1 mètre 85.

— Oui, dit Estelle. Mais, il y a eu d'autres loups de tués. Pourquoi celui-là serait-il la Bête du Gévaudan ?

— Peut-être parce qu'il le fallait. On décide qu'il est extraordinaire. On vient de partout voir son cadavre. Antoine, dans un courrier, écrit n'en avoir jamais vu de comparable. Le loup est naturalisé à Clermont par un chirurgien qui relève sur son corps de nombreuses cicatrices. Sans doute des blessures reçues lors des attaques. Le chirurgien estime n'avoir jamais vu de loup, à tous égards, aussi « considérable ».

— Ça sent l'arnaque, interrompt Estelle en adolescente cinéphile rompue aux scénarios policiers, dans lesquels il est définitivement convenu que celui qui a l'air coupable ne l'est pas.

Le feu a pris son essor. Sous la grande poutre de pierre, trois mètres de portée, il crépite maintenant dans la pénombre. Non, ces chasses du passé, on ne peut pas en faire de film. Elles ont eu lieu pourtant. Elles se sont déroulées dans le monde du vrai. Mais celui qui voudrait montrer mentirait.

— Moi je crois, poursuit la grand-mère, qu'Antoine a fait de son mieux. Il a sillonné tant qu'il a pu ce pays sauvage et affreux. Je crois qu'il a fait son travail. Mais, aujourd'hui, il y a des gens qui pensent que le loup des Chazes est un coup monté. Ce grand loup aurait été tué avant. On aurait monté toute une histoire pour que l'envoyé du roi soit censé l'avoir héroïquement abattu. De ses propres mains, comme par hasard.

— Mais, demande encore Estelle, est-ce que les attaques ont cessé ? C'est ça qui fait la différence, non ?

— Eh bien oui. Plus rien. Le dernier meurtre répertorié date du 13 septembre. De tout octobre, il ne se passe rien. Les gens commencent à espérer. Antoine quitte le Gévaudan début novembre. Il s'est montré à la hauteur de sa charge royale.

De tout novembre, non plus, on n'entend plus parler de la Bête.

D'un petit quart de tour du fauteuil roulant, la grand-mère Albaret fait face à son auditoire. Mauriçou, résigné, triture sa vieille casquette posée devant lui. Estelle attend la suite. La grand-mère Albaret les laisse écouter le silence et l'horloge. Ceci n'est pas un conte, mais l'instinct de la conteuse a repris le dessus.

— Et voilà que le 2 décembre, poursuit-elle, deux enfants sont attaqués sur le versant sud du mont Mouchet. « Dans les bruyères de la Margeride », dit la chronique. Puis une fillette de 11 ans est dévorée le 21 près de Lorcières. Une jeune fille de Julianges est mise en pièces. Il restait d'elle si peu de choses que le prieur décida qu'il ne pouvait en dresser acte de sépulture. Bref, la Bête reprend le carnage.

— Elle est trop rusée, dit Estelle. Elle attendait que ça se calme... Et maintenant il n'y a plus personne pour la chasser !

— Antoine, officiellement, a tué la Bête. Le Gévaudan est délivré. Les gazettes l'ont claironné. On ne peut plus contredire cette version. Pour le roi, l'affaire est réglée. Les gens du pays se retrouvent seuls face à un fléau qu'ils n'ont plus le droit de nommer.

— Mais aujourd'hui, dit Estelle, ce serait facile de la repérer et de l'avoir ! On a des hélicoptères.

— Et tu vois quoi, toi, dans la Margeride, du haut d'un hélicoptère ? La cime des arbres.

— Aujourd'hui, on a des armes efficaces. Des fusils qui portent.

— C'est vrai, intervient Mauriçou, que ces fusils d'avant ils pétaient pas bien loin. Quand j'étais gosse, j'en avais retrouvé un dans le grenier. Il datait de je sais pas quand... On avait voulu le faire marcher.

— Et il a explosé ?

— Presque, dit Mauriçou avec rancune. J'ai bien failli y laisser l'œil.

Comme soudain en alerte, la vieille Élisa lève un index décharné. Un geste de mise en garde.

— Même ! dit-elle. Il faut pas croire. Même avec des fusils autrement, la bête, celle d'aujourd'hui, ça sera pas facile de l'avoir.

— Et pourquoi ils ne l'auraient pas ? demande Estelle. C'est pas quelque chose de surnaturel. C'est un animal.

— Un animal, un animal... grogne Mauriçou. Ça, c'est des bêtes qui sentent. Elles vont pas là où il faut pas. Il y a du souci à se faire, je te le dis.

Méditatif, il retourne à son verre de blanche. Boule de cristal d'un avenir très noir.

— La Bête d'autrefois, insiste l'adolescente, il y a bien quelqu'un qui l'a eue pourtant.

— Avec la Bête, dit Élisa, rien n'est simple. Ni sa vie ni sa mort. Regarde les journaux, ma pauvre petite. On dit qu'elle est encore là.

— Mais il y a bien quelqu'un qui l'a tuée. Les crimes ont cessé à un moment.

— Oui, dit Élisa, quelqu'un s'est trouvé face à elle. Il l'a eue par malice ou par hasard. C'était Chastel. Un paysan. À moins qu'il n'ait existé plusieurs bêtes et que la sienne n'ait simplement été la dernière.

— Un paysan. Et il a réussi là où les chasseurs du roi avaient échoué.

— Ma pauvre petite, on n'en est pas sûr du tout.

22

Sang donné, vie sauvée

J'IGNORE SI ÇA EXISTE dans toutes les régions, mais en Gévaudan un bus spécialement aménagé parcourt les communes et les chefs-lieux de canton. Ce bus est aujourd'hui garé sur une placette près d'une fontaine dont les canons crachent une glace très rigide. Des panneaux invitent le passant lozérien à venir accomplir le geste qui sauve. Perdu dans des pensées soucieuses, je ne réalise pas tout de suite. Puis le mot sang, tout à coup, me saute aux yeux.

Au Malzieu, en hiver, les rassemblements de plus de deux personnes sont rares. On peut même dire que, dans nos bourgs, en dehors des vacances, les concentrations de pompiers, de pêcheurs, de pétanqueurs et de donneurs de sang font figure d'animations phares. Sans compter, bien sûr, les choux farcis dansants *(sic)*, cassoulets costumés *(resic)*, et les soirées châtaignes des clubs du troisième âge. Bref, comme j'ai un peu de temps devant moi, je décide d'aller tendre, suivant les termes de la rituelle plaisanterie, un bras donneur.

Dans le réduit bien chauffé qui tient lieu de salle d'attente, sont sagement assis deux ou trois vieux à casquette. Tout au fond, une grosse épicière du coin, en blouse rose, recouvre deux sièges de ses fesses tentaculaires. Il y a aussi, fraîches de pommettes et, osons le dire, pour moi qui ai besoin de me réconcilier avec les promesses de la vie, assez appétissantes, Estelle Albaret et une autre fille d'âge lycéen.

Estelle m'adresse une grimace complice, un peu confuse d'être trouvée en pareil équipage. L'épicière me salue d'un air d'autant plus chafouin que je suis plutôt client de la supérette rivale. Les trois petits vieux se grattent le front avec perplexité. La communication s'organise peu à peu. Il est, bien sûr, question du présent hiver et des hivers passés, de la température présente et à venir. « Ils ont annoncé que ça allait pas s'arranger. »

Après ces préliminaires laborieux, on en vient au drame de Paulhac dont les médias continuent de retentir. « Vous avez vu ce qu'ils ont dit aux infos ? » Les trois vieillards du Gévaudan hochent la tête à n'en plus finir. On sent que ce sujet a longuement nourri leurs réflexions et que le processus se poursuit. L'épicière, très concentrée, enregistre les opinions pour les verser dans ses dossiers.

Je suis reçu par un médecin, puis assis, couché, tamponné. L'infirmière se saisit de mon bras avec dextérité. C'est le gauche que je fais en sorte d'offrir, car plus périphérique. Tout le temps de l'opération, j'évite de regarder le tuyau. Je n'aime pas voir le « précieux liquide » quitter mon corps. À part ça, ça va. À peine allégé de quelques décilitres, je me relève sans vaciller.

Ma « bonne amie » (comme dit Mauriçou) habite juste à côté. Je n'ai que quelques pas à faire pour sonner à l'interphone. Le porche de granite de cette belle maison est surmonté d'un fronton triangulaire, lui-même percé d'une ouverture ronde encadrée de deux volutes. Il y a une date qu'à chaque fois je déchiffre avec une sorte de déférence : 1665. Le Malzieu fut autrefois un bourg marchand prospère.

L'interphone grésille. J'entends une voix étouffée. Je grimpe l'escalier, lui aussi caractéristique de l'ancien âge d'or. Sur le palier, personne, mais la porte de l'appartement est grande ouverte. On voit tout en enfilade. Dans la clarté blanche des deux hautes fenêtres, un nuage délicat s'élève et se disperse. L'appartement est rénové avec goût. Fines poutres de bois clair, brutes de sablage. Beaucoup de plantes. M'ayant ouvert, Justine est retournée en hâte à son « électro-diffuseur ». Je la dérange en pleine inhalation.

Je jette sur la table basse mon blouson et mes gants et je me laisse tomber dans un fauteuil. Justine porte un peignoir à dragons chinois. La couleur violente de ses cheveux fait tache au milieu du nuage de vapeur parfumée. Le bas de son visage disparaît dans le masque. Consciencieusement, elle inspire, indifférente à mon air d'infinie patience désabusée.

— Tu devrais essayer, dit-elle enfin, c'est bon pour ce que tu as.

— Et j'ai quoi ?

— Tu es trop agité. Il faut te poser un peu... Ce soin reproduit les senteurs et l'atmosphère d'une forêt de pins après l'orage. Les conditions climatologiques idéales.

— Idéales pour quoi ?

— L'apaisement. Tu ne veux pas te nettoyer la tête ?

Le peignoir ouvert est savamment drapé et évasé. La lumière du jour révèle sur les épaules de Justine une superbe constellation de taches de rousseur. Sa froide élégance naturelle m'impressionne par moments. Moi qui ne suis jamais assez froid.

— Je prendrais bien un café.

— Si tu veux, dit Justine en se levant.

Petite parenthèse : je porte rarement des chemises. C'est pénible à boutonner, à repasser, à plier. Les manches trempent dans le lavabo quand on se lave les mains. Mais, ce jour-là, par exception, j'en porte une. Blanche, épaisse, en flanelle peut-être. Le moins qu'on puisse dire est que mon hémoglobine ressort bien. Du coude au poignet, ma manche gauche, je viens de m'en apercevoir, est tout imbibée de sang.

— Je suis allé sauver des vies humaines, dis-je avec un flegme un peu forcé. Mais je crois qu'ils ont mal collé leur pansement.

— C'est bien ce que je disais, note Justine en posant deux tasses sur la table, tu es incapable de te tenir tranquille. Tu n'aurais pas dû t'agiter tout de suite.

— Merci pour la compassion... Tu vois bien que je suis exsangue.

Le sang ne coule plus, je crois, mais je n'ose pas déplier le bras. Je n'ose plus bouger. On dirait une vraie blessure. Cette manche écarlate rappelle un film de cape et d'épée. Justine me tend une rondelle de coton et un vague morceau d'adhésif. Elle se rassied sur le canapé et me fixe longuement. Par la fenêtre, derrière elle, je vois les toits de la vieille, ronde, déserte et étrange petite ville.

— OK, dis-je. Je ne bouge plus.

— Il y a des plantes qui aident à coaguler, mais, de toute façon, tu n'y crois pas.

— Ça ira. C'est juste un peu... spectaculaire.

— Ne va pas me tacher mon fauteuil.

— Ce matin, dis-je, pour faire diversion, il y avait une lumière magnifique. J'ai pris une photo de la croix de Malessagne. Une croix du xvie siècle. Avec la neige. Il y avait un geai perché dessus...

— Quel poète ! Tu pourrais en faire une carte de vœux.

— Pour l'envoyer à qui ?

— À ton étudiante. Un beau paysage sous la neige, ça devrait lui faire mouiller sa petite culotte.

Phrase balancée avec une brusque violence. Sans sommation. Mais je connais Justine. Je laisse l'expression sur son visage se transformer. Bouche pincée de garce. Sa colère existe, mais elle en fait un usage surtout théâtral.

— Toi, tu aimes les grosses fesses, dit-elle finalement. Je l'ai toujours senti.

— Celles de Margeride ne sont pas si grosses. Enfin, c'est ce qu'il me semble...

— Tu n'y as jamais fait attention, sans doute ?

— Ni plus ni moins... Je te signale qu'il était question d'une photo. Je voulais juste parler émotion esthétique.

— Parlons plutôt de la Bête.

— Celle d'aujourd'hui ?

— Bien sûr. Je n'en ai rien à foutre de l'histoire ancienne.

— Tu vois la Bête sous un autre angle maintenant qu'elle est parmi nous ?

— Oui, dit Justine. Et ça me titille l'imagination.

D'un geste précieux, elle referme sur sa poitrine le peignoir. Exit les taches de rousseur. Sur ses cuisses nues, par contre, le susnommé vêtement baille de plus belle.

— Ce matin, reprends-je, ils en ont encore parlé à la radio. Mais rien de nouveau. Les recherches continuent autour de Paulhac. Ils ont interrogé une fois de plus tout un tas de gens compétents. Il y avait même un psy qui faisait un grand laïus. Ça les met en transe tous ces gourous. Le loup, ou assimilé, c'est du fantasme à l'état pur. Monica ne me contredirait pas.

— Laisse Monica en dehors. Et il racontait quoi ce type ?

— Ça partait un peu dans tous les sens. La bouche de l'enfer. L'apocalypse. Le chacal Anubis conducteur des âmes vers l'au-delà. Il disait aussi que le loup, c'est le prédateur par excellence. Il est à la terre ce que le requin est à la mer.

— Un requin, dit Justine, c'est plutôt moins bandant. Ça n'a pas de poils.

Justine contemple ma manche imbibée de sang. Drôle de regard. J'ai envie de me changer. Je vais finir par me faire peur.

— Il faudrait que je fasse tremper cette chemise. Sinon je pourrai jamais la nettoyer.

— Plus tard, dit Justine, d'un ton sans réplique.

— Le psy à la radio parlait des incubes. Tu sais ce que c'est un incube ?

— Qu'est-ce que tu vas encore me raconter ?

— C'est un démon de sexe mâle censé abuser d'une femme pendant son sommeil.

— Moi, je veux juste savoir si ça a plein de poils. Tu crois que la Bête est un incube ?

— La bête d'aujourd'hui n'a encore rien fait, dis-je, à aucune femme.

— Ça pourrait bien venir.

Le café fume tant qu'il peut. La main de Justine saisit la fine tasse de porcelaine anglaise décorée de fleurs de fraisier. Dans ce geste, le peignoir s'entrouvre découvrant le sein gauche. La fine pointe en est tout érigée.

— Tu sais, dis-je, la Bête ne me fait pas rire du tout.

— Décrispe-toi. Je croyais que tu aimais le mystère... Mais peut-être que tu l'aimes seulement dans les livres.

Justine, imperceptiblement, remonte sa jambe droite croisée sur sa jambe gauche. Il est clair qu'à dessein, elle me dévoile peu à peu son entrecuisse, attractif au demeurant. Ma vue, pour l'instant, ne plonge que sur quelques millimètres de pénombre.

— Et un succube, tu sais ce que c'est ?

— C'est moi, dit Justine.

Quelques millimètres de plus. Et, dans cette pénombre, on commence à deviner... Sauf erreur, elle s'est entièrement épilé le pubis.

— Tu ne crois pas que je suis un succube ?

— Tout est possible, dis-je. Le Gévaudan n'est-il pas le pays des mythes et des légendes ?

Les cuisses de Justine continuent de s'entrouvrir avec une lenteur contrôlée. Moins pulpeuses, d'accord, que celles de Margeride. Mais cette façon impassible, dédaigneuse, méprisante qu'elle a de s'offrir est un appel érotique irrésistible. Non que je me sente le moins du monde sado-maso, mais j'aime trop jouer.

— Tu penses quoi ? demande Justine.

— Qu'il se pourrait bien, en effet, que ce fameux « retour de la Bête » te porte sur la libido.

Oui, c'est un vrai pubis en 3D. Superbement renflé pour une fille aussi mince. Qu'une fille se dévoile à un mec avec des intentions provocatrices, rien sans doute de plus banal. Ce qui m'inquiète, dans la présente excitation de Justine, c'est le motif. Je soupçonne un facteur déclenchant. Une lueur s'est allumée dans ses yeux dès qu'elle les a posés sur ma chemise ensanglantée. Je l'ai bien senti.

La libido, je le sais, se nourrit de choses troubles, mais là je suis perplexe. Cette morbidité m'est incompréhensible, d'autant que je ne m'attendais pas à la trouver en Justine.

— Les succubes, dis-je, sont des démons sexuels de sexe féminin. Elles obligent les hommes...

— Arrête tes conneries. Toi aussi, tu es fasciné par des trucs pas nets.

Je fixe son sexe si joliment et nettement fendu. Les genoux de Justine sont agités d'un léger frisson. Cette exhibition un peu sadique me met déjà en transe. Dans la logique du jeu, je devrais tâcher de faire durer le suspense, mais je n'y tiens plus. Fébrile, je m'agenouille entre les cuisses pâles de Justine. Finissant d'écarter les pans du peignoir à dragons chinois, je me mets à laper la surface lisse-lisse du mont de Vénus, à peine rosie par le récent passage du rasoir.

Je pousse Justine doucement. Elle ne résiste pas. Je la fais basculer en arrière sur le canapé de cuir vert bronze. Je replie ses jambes. Les genoux presque aux épaules. Je la veux offerte dans son extension maximale. Dévorer de caresses buccales ce nid de contradictions. Je promène ma langue partout. De la périphérie vers le centre. Je la darde aussi loin que je peux. Je suçote avec fougue tout ce qui fait saillie. Je répands ma salive sans compter. Mon visage est déjà trempé. Cette adoration, je la réprouve et ça m'excite. J'y mets de la soumission et ça m'excite.

Mais, en même temps, et c'est détestable, mon cerveau continue à travailler de telle manière que mon désir ne cesse de vaciller. Je tâche de me reprendre, de considérer qu'un minimum d'indifférence aux horreurs du monde est nécessaire. Chacun pour soi. Simple instinct de conservation.

De tout temps, des gens se sont fait bouffer. Les survivants ont le droit et le devoir de jouir.

J'évite de porter les yeux sur ma manche sanglante. Ceci dit, je commence peut-être à m'habituer.

D'abord un peu déphasée vis-à-vis de ma trop rapide ardeur, Justine se met bientôt au diapason. Au bout de quelques minutes, elle commence à gémir sérieux. Dans une tonalité femelle, juvénile, dérangeante. Nos rapports se sont espacés ces temps derniers. C'est dommage, me dis-je en cet instant. Mais, dans un moment, je regretterai cette rechute. Ma langue redouble d'efforts. Mes doigts l'accompagnent partout à la fois. Je lape en continu.

Cette louve sans poil serait-elle plus maléfique qu'il n'y paraît ? Pour ce qui est de la Bête, en tout cas, ce n'est pas Justine qui m'a tenté. C'est Margeride qui m'a poussé à voler le feu des dieux. Je n'ai rien volé, Dieu merci. Je n'y suis pas parvenu.

23

Comme autrefois Jeanne Jouve

L E GÉVAUDAN s'installe dans l'événement. Il résonne. L'attaque de Paulhac n'est pas un fait divers qui s'oublie. À cause de la mort atroce du jeune garçon, mais aussi parce que la bête court toujours. On attend de ses nouvelles. On l'aperçoit ou on croit l'avoir aperçue. Certains, la nuit, entendent des bruits, des cris ou de lointains hurlements. Les gendarmes et des équipes spécialisées à chaque fois s'y transportent. Mais rien que de très flou ou de carrément douteux.

Dimanche, on aurait repéré l'animal au sud-ouest, sur les plateaux de l'Aubrac semés de pierres erratiques. C'est à des dizaines de kilomètres d'ici, à la frontière de l'Aveyron. On l'aurait poursuivi en vain autour de Nasbinals. Mauriçou me dit qu'il n'y croit pas. Trop lumineux pour elle. Il ne croit pas que ce pays là-bas soit le sien. Elle cherche les forêts profondes.

Et puis voilà. La nouvelle tombe. On attendait une manifestation. La Bête se manifeste. Elle vient de faire une deuxième victime humaine. Mauriçou avait raison, elle est restée chez nous. L'affaire a eu lieu près de Clavières sur le versant cantalien du mont Mouchet. Les médias font assaut de détails.

Accompagnée de ses trois enfants, une habitante de Ruynes s'était rendue dans une maison de famille inoccupée en bordure des bois de la Margeride. La jeune femme, âgée de trente-quatre ans, savait ce genre de sortie déconseillé. Mais un voisin lui avait signalé une fenêtre ouverte au premier et les intempéries risquaient de faire des dégâts. Elle s'était sentie obligée d'aller voir. Le danger avait migré, pensait-elle. Il était quelque part du côté de l'Aubrac.

Non, il n'y avait pas trace d'effraction ni de vol. Le vent, et rien d'autre, avait forcé cette fenêtre dont les battants gonflés d'humidité s'ajustaient plutôt mal. C'est en retraversant avec les enfants la cour herbeuse pour rejoindre la voiture garée en bordure du chemin, qu'elle avait entendu derrière eux comme un frôlement. Avant même d'avoir vu, elle s'était maudite pour son imprudence.

Cette bête dont on parle tant est là. Directement, elle se jette sur la fillette de quatre ans, la renverse, lui saisit la tête dans sa gueule et s'enfuit en direction de la haie de noisetiers et de houx qui sépare la maison d'une petite prairie.

La mère court aussitôt. Elle tient à la main un vieux tournevis avec lequel elle vient de batailler contre la fenêtre récalcitrante. Rejoignant le fauve qui, encombré par l'enfant, a du mal à passer la haie, elle l'attrape par la queue et, de manière désordonnée, tente de le blesser avec la pointe du tournevis. La bête lâche prise pour faire face. D'un coup de dent furieux, elle déchire le pantalon de la jeune femme. Puis, prenant du recul, elle se met à tourner autour du groupe.

La mère voudrait relever sa fille, mais elle est harcelée. Le visage dégoulinant de sang, la petite se remet péniblement debout. Elle reste muette. Hébétée. Les deux autres enfants, par contre, hurlent tant qu'ils peuvent. « Courez à la voiture ! » leur crie la mère. Mais comment l'atteindre sans abandonner personne ? Le fauve essaie maintenant de saisir le garçon de sept ans. La mère frappe comme une folle et l'oblige encore à reculer. Mais c'est vraiment une grosse bête et la lutte est inégale.

Bientôt, l'animal réussit à reprendre la petite et à franchir la haie. Sur quelques mètres, il traîne quasiment la mère qui, lacérée par les branches, s'accroche à son dos. Puis, lâchant à nouveau sa proie qui, de plus en plus sanglante, gémit à peine, il se retourne et mord la jeune femme aux jambes à plusieurs reprises. Le tournevis le pique et le repousse. La mère essaie d'atteindre les yeux. Le fauve esquive et bondit autour d'elle.

Emportant une troisième fois l'enfant, la bête est rejointe au milieu du pré. Mais la mère sent l'épuisement la gagner. Elle continue pourtant à hurler et à tenter de libérer sa fille des mâchoires qui la déchirent. Dans une brèche de la haie, un homme paraît alors. C'est un paysan d'une cinquantaine d'années, grand, massif et armé d'une dent de sous-soleuse d'un mètre de long. Il passait en tracteur sur le chemin lorsqu'il a entendu les cris.

L'homme s'avance résolument. Abandonnant sa proie, la bête recule de quelques pas et fait face en grondant. Elle amorce une manœuvre circulaire, hésite et finalement s'enfuit en direction des sous-bois. Le paysan la suit jusqu'à l'orée. Ça ne sert à rien. Si seulement il avait eu son fusil. Avec une bonne paire de chevrotines...

Exsangue, couverte de blessures, un œil crevé, la nuque écrasée, la peau du crâne à moitié arrachée, la petite fille est transportée à l'hôpital de Saint-Flour, mais elle y meurt dans la nuit. La presse et la vox populi, cependant, exaltent longuement l'héroïsme de la mère. Les spécialistes déterrent le cas de Jeanne Jouve, paysanne de la Veissière, qui, en mars 1765, avait défendu ses enfants contre la Bête du Gévaudan. Saisissante analogie qui ne manque pas de faire sensation.

24

Les papiers de l'abbé

CERTAINS RÊVES peuvent laisser un souvenir puissant. On les sent pleins de signification. Des maîtres-rêves. Le mot est joli, même si je ne suis pas bien sûr de sa définition.

J'étais avec Justine et Margeride dans une salle de cinéma. Justine ignorant, du fait de l'obscurité, que ma main droite caressait la cuisse de Margeride. Margeride ignorant, pour la même raison, que ma main gauche caressait la cuisse de Justine. J'éprouvais une vague culpabilité, mais secondaire, car je ne pouvais rien à tout ça.

Ce film dans le rêve (donc une fiction au deuxième degré) avait pour décor une salle de château. Sur les murs étaient accrochées, en quantité impressionnante, des armes et des panoplies. Ça ressemblait par moments au musée de Ribeyrevieille. Des notables du XVIIIe siècle festoyaient autour d'une grande table. Certains en perruques et habits de cour. Certains sans perruque et en vêtements de chasse. Les carafes de cristal contenaient un vin très rouge, lumineux comme une confiture de groseille.

Sans doute, y avait-il là le capitaine Duhamel, les Denneval père et fils, et Antoine, lieutenant des chasses royales. Historiquement, c'est impossible, mais tant pis. Sans doute y avait-il, tant qu'on y est, l'intendant d'Auvergne, le jeune marquis d'Apcher, le gouverneur du Languedoc et Monseigneur de Choiseul-Beaupré, évêque de Mende. Ces notables discutaient âprement. Ils faisaient des plans pour tuer la Bête.

À l'un des angles de la table était assis un petit abbé modeste. L'abbé Blanqui ne disait rien, mais la caméra s'attardait sur son visage et il avait l'air d'en savoir long. Quel était son rôle ? Quel jeu jouait-il donc ?

Ayant ruminé longuement, devant mon café qui fume, la tête dans les mains, ces images de la nuit, je décide qu'il convient de faire attention. La Bête attaque sur tous les fronts. Elle est une forme de folie. Ressaisissons-nous. J'ai besoin de parler avec une personne capable d'évaluer, en connaissance de cause, la situation. Ce matin, j'ai prévu d'appeler Ulrich. Il n'est pas encore au courant des attaques de Paulhac et de Clavières. À moins que la presse allemande n'ait repris l'information...

Ulrich est, en général, confiant et positif. En général, mais là, il a l'air préoccupé. Pour la énième fois, nous repassons en revue tout ce qui, dans notre entreprise, aurait pu donner lieu à une « fuite ». Non, on ne nous a volé aucun tissu animal. Non, aucun « prototype » n'a pu naître à notre insu. Mauvais bilan tout de même pour ce coup de fil. L'inquiétude d'Ulrich s'ajoute à la mienne.

L'air du dehors, heureusement, a mis, sur le visage de Margeride qui vient d'arriver, une fraîcheur de perce-neige et ça me fait du bien. Je l'embrasse toutefois avec retenue, car une séance de travail est une séance de travail. Elle a étudié les papiers de l'abbé. Cette piste nous ramène à la Bête ancienne. Une bête qui a au moins l'avantage de n'exister que dans les archives et de ne plus manger personne.

— J'ai lu toutes ces lettres, commence Margeride. Toutes ont un rapport avec la Bête du Gévaudan. Mais elles ne contiennent rien de nouveau par rapport à l'histoire officielle. Sauf une...

— Une qui dit quoi ?

— Suis-moi bien, surtout. C'est compliqué.

D'un geste compétent, elle extrait une feuille de la liasse.

— J'ai surligné le passage, poursuit-elle.

— Tu as tout gribouillé !

— Ne t'inquiète pas, c'est juste une photocopie. Tu vois cette lettre, elle a été adressée en 1762 au curé de Saint-Florent dans l'Ardèche.

— Oui, oui, oui...

— Et Saint-Florent est tout proche de Saint-Étienne-de-Lugdarès !

— C'est là, n'est-ce pas, qu'on situe les premières attaques officielles ?

— D'après la plupart des auteurs, la carrière de la Bête aurait commencé en Vivarais. L'Ardèche par conséquent.

Margeride étale le document sur la table de châtaignier marquée de mille balafres. Face à ce vieux courrier aux jambages grandiloquents et entortillés, je ne peux réprimer une grimace. Tant de gens, à propos de la Bête, ont tenté de faire dire à d'évasives archives ce qu'elles ne disaient pas... Blanqui a peut-être bien un côté atypique, mais c'est tout de même l'un de ces horribles enculeurs de mouches.

Ça me vient comme une bouffée. Une autre bouffée désagréable. Je me dis que nous perdons notre temps. Tout ça n'est qu'un tissu de contradictions. Et pas du tout d'actualité. Alors qu'un monstre réel rôde et tue aujourd'hui autour de nous, que nous importe l'improbable biographie d'une bête du XVIIIe siècle ?

— Beaucoup d'auteurs ont étudié cette piste de l'Ardèche, dis-je. Ils n'ont rien trouvé de bien concluant... Et que raconte cette lettre de l'évêque ?

— Des tas de choses chiantes. Mais il demande au curé de Saint-Florent des comptes à propos de l'enterrement d'un gentilhomme parisien, un certain « Monsieur d'Argentières ». Ce d'Argentières serait venu en Vivarais pour y « conduire une chasse ». Il serait mort dans les bois, déchiqueté par une bête sauvage. L'évêque reproche au curé de l'avoir enterré hâtivement.

— 1762, dis-tu ? C'est bien avant la Bête. En Ardèche ou ailleurs, ses exploits n'ont pas commencé avant 1764.

— La Bête, insiste Margeride, pourrait avoir sévi en 1762 et se calmer momentanément.

— C'est peu vraisemblable. À moins qu'elle ne soit allée bouffer des gens, entre-temps, dans une autre région.

— Ou alors, on a affaire à une autre bête de sa famille. Son père, sa mère, son ancêtre...

— Séduisant, dis-je, mais un peu gratuit.

Je soupire sans trop de discrétion. Allons, le studieux rendez-vous d'aujourd'hui a au moins pour avantage de justifier la présence chez moi de ma « collaboratrice ».

— Alors, tu n'y crois pas du tout ? C'est comme pour le dessin !

Margeride commence à se vexer et je suis en tort. C'est moi, après tout, qui lui ai demandé d'éplucher ces fastidieux papiers.

— Excuse-moi, dis-je, en lui prenant la main. Tu as fait un super boulot. Et qui recoupe notre « ferassimus S. ». Le dessin, lui aussi, provient de l'Ardèche. On sait quoi d'autre sur ce d'Argentières ?

— Rien, mais je connais ce nom. Je suis sûre de l'avoir lu quelque part en cherchant « ferassimus ». Peut-être dans un livre scientifique.

— Ça serait bien si tu le retrouvais.

— Tout ça, insiste Margeride, n'est pas catholique. On ne se fait pas bouffer comme ça au cours d'une chasse. Les gens sont armés. Ils sont en groupes. Avec des chiens. Quelle bête aurait pu faire ça ? D'après ce qu'on sait, la Bête du Gévaudan n'a jamais tué d'homme adulte.

Margeride s'obstine. Elle affiche même un petit air buté qui semble dire : tu vas voir. Un air qui m'interpelle de manière un peu trouble. Car, enfin, il n'y a pas que les paperasses dans la vie. Mon « étudiante », cependant, demeure concentrée sur son raisonnement.

— Mais cet abbé Blanqui, demande-t-elle en se dressant tout à coup, pourquoi il te donne ces tuyaux ? Les chercheurs sont plutôt jaloux de leurs secrets.

— Bonne question. Par moments, j'en viens presque à penser qu'il veut me mettre sur une fausse piste. Ou bien alors, c'est pour m'approcher. On dirait qu'il éprouve pour moi une sorte... d'amitié.

— Il est homo à 100 %, ça saute aux yeux.

— De sensibilité, sans doute. En tout cas, ça fait un moment qu'il cherche à m'appâter avec ses histoires de documents fabuleux.

— Sensibilité, tu parles ! dit Margeride d'un air entendu.

— Rien n'est très clair chez ce type.

— Il n'empêche que ces papiers existent. Il les aurait dénichés dans son presbytère ?

— C'est ce qu'il raconte. Ces lettres auraient appartenu à un prêtre ardéchois réfugié en Lozère pendant la Révolution.

— On avance tout de même, conclut Margeride. On avance, non ? Il y aurait eu, deux ans avant la Bête, une autre bête. Encore plus dangereuse sans doute, puisque capable de venir à bout d'un homme armé. Tu ne trouves pas ça intéressant ?

Je regarde l'heure. C'est l'heure de faire une pause. Tandis que Margeride consulte sa messagerie téléphonique, je m'isole dans l'ancienne « bassière » pour appeler Justine sur son portable. Je voulais surtout vérifier... Non, elle ne risque pas de débarquer. Elle est à 150 kilomètres d'ici. En séminaire macrobiotique.

25

Je ne suis pas (sexuellement) dans mon assiette

MALGRÉ LA LUMINOSITÉ EXTÉRIEURE et malgré la baie vitrée de la « petite écurie », la pièce commune reste sombre. Le rez-de-chaussée de ma maison est toujours sombre. C'est l'héritage de la vieille paysannerie. Je repose le téléphone sur sa base qui émet un petit jingle idiot. Margeride me couve d'un drôle de regard.

— Tu crois que je n'ai pas entendu ? Alors, tu voulais savoir si la voie était libre...

— C'est un peu ça, dis-je innocemment. Donc je peux te confirmer que la voie est libre.

Et voilà qu'elle m'enlace, m'attire à elle, me saisit aux fesses. Littéralement, elle se jette sur moi. Je crois d'abord que c'est par jeu revendicatif. Pour parodier les étreintes furtives auxquelles nous

sommes condamnés. Mais ce n'est pas pour rire.
Elle est prête. La culotte entre les dents. En peu de
secondes et sans trop savoir comment, nous nous
retrouvons vautrés sur la table en train de froisser
(voire d'humidifier) les paperasses de l'abbé.

Mais qu'est-ce qu'elles ont toutes ? Depuis qu'ont
commencé les méfaits de la bête, je sens Margeride
nettement plus sexuelle. Je sens en elle quelque
chose de sauvage qui n'y était pas auparavant.
Que se passe-t-il ? Faut-il remonter à l'instinct
de conservation de l'espèce ? Face à un danger
imminent, un fauve, un fléau, cet instinct dicterait à
l'individu de forniquer à outrance. Faut-il croire que
l'idée de survivre au milieu d'un carnage émous-
tille et qu'il y a à cela des raisons biologiques ?

En ce qui me concerne, hélas, la bête n'a pas cet
effet. Dans ma tête défilent de sombres nuages.
Faut-il croire que je suis moins instinctif que mes
maîtresses ? Plus cérébral ? Moins doué pour la
survie ? Je me sens coupable, mais ça n'explique pas
tout. Il y a peut-être là quelque chose d'organique.

Margeride m'entraîne dans l'escalier jusqu'à ma
chambre. Elle me cajole avec ténacité. Elle s'active
avec ardeur et sans marquer la moindre impa-
tience. Je dois dire qu'elle s'y prend bien. À force,
je finis par retrouver une certaine confiance et une
certaine conviction. La voilà qui m'assied sur le
« fauteuil zen ».

C'est de manière empirique que Margeride et moi avons découvert la position dite (par nous) du « fauteuil zen ». La recette est la suivante. Je prends place sur le fauteuil vaguement Louis-Philippe qui trône en temps normal face à mon ordinateur. Dossier calé au préalable contre le mur pour empêcher le recul. Je me laisse glisser de façon à être assis tout au bord, jambes arc-boutées contre le pied du lit. Notons que le dossier et le siège de ce fauteuil sont tapissés d'un motif représentant un manège de chevaux de bois. Ce n'est pas sans rapport avec ce qui suit.

Debout, cuisses écartées, Margeride me présente ses fesses pommelées et à fossettes que je considère avec l'intérêt que l'on devine. S'asseyant plus ou moins, elle vient alors s'empaler sur mon sexe (comme disent les poncifs de la littérature érotique dont je ne suis d'ailleurs pas lecteur, à se demander comment je les connais). Ainsi installée et les bras appuyés au montant du lit, elle s'affaire de haut en bas et de bas en haut.

Le « fauteuil zen » (ou, à défaut, la « chaise sexuelle » suivant les ressources du lieu) est une position dans laquelle Margeride et moi trouvons infailliblement notre compte. Mon orgasme est d'autant plus violent qu'il revient de loin. Presque douloureux. Quant à celui de Margeride, on dirait qu'avec le rodage de notre relation et l'influence des temps qui courent, il se fait de moins en moins feutré. Rude épreuve, en tout cas, pour le mobilier. Devrais-je songer à le boulonner au sol ?

Du fauteuil, il n'y a plus qu'à se laisser tomber sur le lit. À la volée, nous finissons de nous déshabiller pour mieux nous scotcher l'un à l'autre et mieux jouir du contact des draps frais. Allongée dans l'aura de son parfum citronné, sa tête reposant au creux de mon bras, Margeride s'endort. C'est juste pour quelques minutes, m'a-t-elle prévenu.

Le lit se trouve face à la fenêtre qui donne sur le vaste paysage du plateau (j'ai fait faire un beau chien assis dans le vieux toit de tuiles romaines). Le rideau est grand ouvert. Contrairement au rez-de-chaussée, on profite ici de la puissante lumière de janvier. Dehors, elle illumine les herbes jaunies, les arbres des ravins, les granites de la roche Truyère. Il fait jour aujourd'hui. Il fera jour demain. La situation n'est peut-être pas désespérée.

Margeride se tourne et se retourne. Il n'est pas vraiment question de dormir. Elle ouvre les yeux et m'adresse un sourire caressant. Elle s'étire, puis, prise d'une soudaine pulsion, la voilà qui se lève et traverse la pièce presque sans boitiller. Elle s'accoude à la fenêtre et se retourne à demi, exhibant de profil la petite marque cabalistique de son sein.

— On est bien ici, non ?

— Oui, dis-je. On n'a pas envie de s'éloigner. Dans des moments comme ça, il me semble que je pourrais retourner à la terre. Faire de l'élevage...

— Il faudra faire gaffe aux prédateurs.

— Oui, bon... C'est juste comme ça. C'est de l'ordre du fantasme. J'aime bien aider Mauriçou de temps en temps. On tond ses brebis. On taille les onglons. On traite contre les parasites... Ça me suffit, en fait.

— Moi aussi, dit Margeride, attendrie, j'ai envie de rester. Dans la région, je veux dire. Je vais essayer d'entrer au SREA.

— Le quoi ?

— Le Service régional des études archéologiques. Je ne serais pas trop loin de toi.

Je quitte à mon tour le lit. J'ouvre la fenêtre. C'est pour le plaisir de l'air glacé qui entre à flots. Ça sent la montagne, la terre humide, les lointaines étables. On entend japper les beagles. Ils sont de bonne humeur, ces temps-ci. Ils aiment l'hiver. Des amis de mon père viennent souvent les prendre pour la chasse. Au bout du pré, on aperçoit Mauriçou qui répare des piquets de clôture. Nous a-t-il repérés, mine de rien, à poil à notre fenêtre ?

— Au fait, annonce tout à coup Margeride, avec Julien... j'arrête. Si ça t'intéresse, je peux me consacrer un peu plus à toi.

— Vous avez rompu ?

— C'est à peu près fait. Tu n'as pas l'air ravi ?

— Si, dis-je. Mais tu es sûre que c'est sans regret ?

Margeride a raison, je ne suis pas ravi. Son choix est flatteur certes, mais le statu quo me conviendrait plutôt mieux. Jusqu'à présent, la « participation » de son petit ami avait donné à notre système de temps partiel une certaine stabilité. Il me permettait de continuer à voir Justine sans trop de mauvaise conscience. Pourquoi changer ? Ce garçon, je ne le connais pas, mais sa personnalité n'a pas l'air bien envahissante. Et puis, tant qu'elle est avec lui, Margeride n'est pas avec un autre...

— Je ne voudrais pas que tu bouleverses ta vie à cause de moi. Pas pour le moment.

— Je t'ai attendu quand tu étais chez les mammouths. Tu es là maintenant. Pourquoi ce ne serait pas le bon moment ?

— Tu es à un âge, dis-je, où on a tellement de choses à expérimenter...

— La différence d'âge ? Moi, je n'y pense pas. Je ne la sens même pas. Elle te dérange, toi ?

— Il me semble que oui. Je ne suis pas trop mal encore, admettons. Mais, dès que je commence à anticiper... Ça m'angoisse. La quarantaine, OK. Mais, après ?

— Tu as peur de quoi ?

— Ne pas être à la hauteur. Ne plus être à la hauteur.

— À la hauteur de quoi ?

— De tes attentes...

— N'importe qui peut dire ça à n'importe qui. On n'est jamais sûr de pouvoir durablement... L'avenir n'est jamais sûr.

— Disons à la hauteur... d'une image convenable de moi-même.

Nous sommes debout dans le courant froid, face à l'hiver du Gévaudan. Margeride est de la même taille que Justine à peu près. Je ne la dépasse que de deux ou trois centimètres et ça me gêne un peu. En principe, les grandes filles ne sont pas mon genre et, bien sûr, je ne tombe que sur des grandes. Margeride se plaque contre moi. Ses cheveux caressent mon épaule. Sa chaleur palpite comme un agneau de la crèche. Elle voudrait me rassurer.

— Tu veux faire quoi, alors, demande-t-elle. Rester avec Justine ?

— S'il fallait choisir, ce serait toi. Mais pourquoi choisir. Le couple... Au bout d'un certain temps... Enfin tu comprends ce que je veux dire. Tu nous vois dans vingt ans. Ne serait-ce que dix. L'âge que j'aurai...

— Allez, ne te prends pas la tête. Je te dorloterai. Je pousserai ta chaise roulante. Je te donnerai ta bouillie. Rien que l'idée de m'occuper de toi...

Avec toute la tendresse possible, je pose ma main sur la joue trop ferme de Margeride. Je lui sais gré de son humour. Simultanément je me tiens ce discours : ne t'inquiète pas mon pauvre vieux, dans dix ans, tout ça sera passé. Elle et beaucoup d'autres choses. Espère-le du moins. C'est ta seule chance de ne pas perdre la face.

— Et puis, dis-je sur un ton résolu, c'est difficile, en ce moment, de faire des projets. Il se passe trop de choses inquiétantes. L'avenir porte en ses entrailles de noirs événements, écrirait Shakespeare.

— Arrête, tu m'impressionnes !

— J'y vois pas beau, en langage Mauriçou.

— Tu cherches à gagner du temps.

— C'est bien possible.

Il me semble que le vent du plateau a tourné. Il souffle en plein vers nous. La peau de Margeride est toute hérissée de froid. La mienne aussi d'ailleurs. Je referme la fenêtre. Nous retournons nous blottir sous la couette, enroulant nos corps l'un à l'autre. Je suis encore souple, me dis-je avec tristesse. Souple pour le moment.

— Finalement, cette Justine, tu y tiens !

— Il y a, dis-je, deux catégories de femmes, celles qui m'ennuient et celles qui m'angoissent.

— Et moi, je fais partie de quelle catégorie ?

— De celles qui m'angoissent.

— Et je t'angoisse pourquoi ?

— Parce que je crains la chute...

— Rien de plus positif que ça ?

— Tu ne m'ennuies pas. Ça veut donc dire que tu me captives.

— Et Justine, elle t'ennuie ou elle t'angoisse ?

— Justine, elle m'ennuie en général, mais...

— Mais quoi, merde ?

— Ne t'énerve pas. Si tu savais... Je t'assure qu'il n'y a pas rivalité entre Justine et toi. Vous n'appartenez pas à la même catégorie.

— Parce que Justine n'est pas une femme peut-être ? Avec tout ce que ça suppose ?

C'est le genre de conversation qui pourrait mal tourner. Mais la chaleur de nos corps emmêlés rétablit l'équilibre. La main de Margeride erre sur ma cuisse. Ses fesses ne demandent qu'à être caressées. Je m'apprête à prendre à nouveau du recul. C'est reparti. À la fin, je retombe, pantelant, endolori. Je m'allonge à plat ventre pour me protéger. Mais Margeride reprend aussitôt le fil interrompu.

— Je n'ai pas eu de réponse. Justine est bien une femme ?

— Justine est une mauvaise fée, dis-je. Tandis que toi, tu es la reine des elfes.

— Ça ne tient pas debout. Tantôt tu détruis toute la magie. Tantôt tu en abuses. Et puis arrête de faire ton littéraire, ça m'énerve.

— La vérité, c'est que je me méfie.

— Tu te méfies de moi ?

— Je me méfie de certaines fatalités.

Rejetant la couette, Margeride se dresse sur son séant (charmante expression). Non, elle ne se fâche pas. Elle veut bien goûter le paradoxe. Elle veut bien voir le bon côté des choses si je le lui demande gentiment. Cette gamine a des qualités. C'est bien ce qui m'inquiète.

— Alors, comme ça, je suis un elfe... Est-ce que les elfes portent sur la peau des taches mystérieuses ?

— Il arrive que leur destin soit inscrit sur leur corps. Mais pas forcément.

— Marivaudage ! proteste Margeride, mais sans colère aucune.

26

L'aide-ménagère

QUATRE JOURS après le drame de Clavières, une
aide-ménagère de vingt ans est attaquée. Se
rendant dans une ferme isolée près de Grèzes du
côté de la Haute-Loire, le mauvais état du chemin
l'oblige à parcourir à pied la fin du trajet. Alors
qu'elle traverse un petit pont, elle entend rouler une
pierre et voit la bête dévaler vers elle. En désespoir de cause, la jeune femme brandit une bombe
d'autodéfense et arrose tant qu'elle peut. Cela peut
paraître surprenant, mais elle parvient à tenir la
bête à distance, le temps de se réfugier chez la
mamie, ainsi qu'elle appelle sa cliente.

La bête n'aime pas le gaz lacrymogène, mais elle
n'a pas renoncé. Elle rôde autour de la maison.
Décrochant, derrière la porte, un vieux fusil de

chasse ayant appartenu à feu le papy, la jeune aide-ménagère se poste à la fenêtre de la souillarde. Presque aussitôt, elle voit venir la bête au détour du four à pain. Elle fait feu des deux canons en même temps et le recul lui déboîte presque l'épaule. L'animal vacille, tombe, se relève en grondant et s'enfuit. Il dévale la pente du verger. Les deux femmes l'aperçoivent qui se roule deux ou trois fois dans le ruisseau avec fureur avant de disparaître.

À tous ceux qui connaissent l'histoire de la Bête du Gévaudan, cet épisode rappelle, bien sûr, celui de Marie-Jeanne Vallet. Cette domestique du curé de Paulhac, âgée de dix-neuf ans, avait été attaquée en août 1765 alors qu'elle se rendait en compagnie de sa sœur à la ferme de Broussous. Marie-Jeanne s'était défendue à coups de baïonnette et avait mis l'animal en fuite. L'arme était, dit-on, teintée de sang sur une longueur de trois pouces. Les chiens avaient poursuivi.

De même, blessée par l'aide-ménagère de Grèzes, la bête a perdu sur place beaucoup de sang et une battue s'organise. On espère la rejoindre. On la pense bien diminuée par ses blessures. Les deux cartouches choisies au hasard par la jeune femme étaient de petit calibre, mais on se dit que la bête « y a pris » presque à bout portant. On se dit qu'on a des chiens à sanglier très efficaces. Les traces de sang cependant ne persistent que sur cinq cents mètres et les chiens perdent la piste. Est-elle tout de même allée crever dans quelque coin ?

C'est d'autant plus douteux que, quelques heures après, est signalée dans le même secteur la disparition d'une adolescente de quinze ans. Sur la D 335, dans une zone dégagée et *a priori* peu risquée, elle se rendait à vélo chez une copine habitant un hameau voisin. On retrouve le vélo dans le fossé. Le cadavre gît non loin de là derrière un taillis, à moitié enterré. La tête, toute défigurée, n'est découverte que le lendemain au sommet d'un rocher dit « le calvaire » où sont plantées trois croix.

Puis la bête se remet à faire des victimes animales. Non plus chez les moutons, cette fois. Au contraire, si l'on peut dire. Elle réussit à s'introduire dans l'enclos des loups de la Margeride autour duquel elle avait déjà rôdé au début de l'hiver. Un mâle est retrouvé égorgé, un autre en piteux état. Pour ajouter à la confusion, une demi-douzaine de loups manquent à l'appel. Ils ont profité du trou sous le grillage. Des chasses s'organisent dans toutes les directions. Il ne manquerait plus que la bête ait couvert une ou plusieurs femelles.

C'est dans la foulée de ces événements que je reçois un soir un coup de fil du docteur Védrine. Un coup de fil « d'amitié ». Il prétend prendre de mes nouvelles. Je n'ai pourtant pas été malade. Après tant de mois, Védrine a toujours en tête ma visite chez lui. Il me demande où en est l'identification du morceau de peau. Les analyses, dis-je, n'ont rien donné de probant. Nous n'avons pas pu conclure. Sans doute une vieille peau de chien conservée pour des raisons obscures par un obscur apothicaire.

27

L'anniversaire

L'ANNIVERSAIRE de Justine tombe un dimanche. Le premier dimanche de février. Ce matin, je lui ai offert la robe chinoise qu'elle convoitait. Elle la porte présentement. Cette robe bouton-d'or et ses cheveux rouges la font ressembler à une héroïne de jeu de combat pour console vidéo. Je ne sais si je cherche à me mettre en règle ou à faire diversion. Toujours est-il que j'ai aussi organisé ce petit repas.

En cette saison, beaucoup de fermes-auberges sont fermées. Heureusement, il y a l'Auberge des Brandes. Le menu de midi ne change jamais, mais j'ai toujours raffolé de leur terrine maison accompagnée d'une petite salade à l'huile de noisette. Cette sauce contient de la levure, je crois, du vinaigre balsamique... Quoi d'autre ? Le ferme-aubergiste refuse d'en dire plus. Jaloux de son secret.

Autour de la table ronde, outre Justine et moi, il y a Ulrich, venu passer à la Chaleille un week-end prolongé. Il y a aussi Monica. En tant qu'amie de Justine et la plus disponible, je me suis senti obligé de l'inviter. Son chien, Dieu merci, est resté dans la voiture.

Le cinquième convive n'est pas un familier. C'est l'invité-surprise. J'ai pris prétexte de son vague cousinage avec Justine pour convier le conservateur de Ribeyrevieille. En réalité, pour assouvir une curiosité personnelle. Il m'intrigue. Jacques Rimeize, de plus, est un personnage clé dans le panorama des « bestieux ». Un homme rigoureux qui ne prend pas parti. Dans la querelle qui sévit à l'échelle locale autour du vieux mystère, il fait fonction d'arbitre.

Justine et son cousin, sans être en froid, n'ont jamais été proches. Il faut dire que Rimeize, hors de son travail, semble mener une vie des plus austères. On ne lui connaît ni femme, ni maîtresse, ni dérivatif extra-professionnel. Un homme apparemment 100 % studieux. Un moine universitaire. Réservé à l'extrême. Je suis vraiment surpris qu'il ne se soit pas défilé.

Pour le mettre en train et en valeur, je branche aussitôt Rimeize sur des questions de sa compétence. Par exemple, le « mandement de

Monseigneur de Choiseul-Beaupré ». Surtout qu'il ne se sente pas exclu.

Dès le hors-d'œuvre, Jacques Rimeize est lancé. Ce fameux texte adressé le 31 décembre 1764 par l'évêque de Mende aux paroisses et communautés du diocèse est un discours sur la nature du fléau qui frappait alors le Gévaudan. Le sujet m'intéresse, mais quel ton France Culture ! Inquiet, tout de même, je scrute les visages des non-spécialistes. Je traduis à l'intention d'Ulrich quelques mots anciens ou inusités, mais Uli a l'air de suivre parfaitement.

— D'après l'évêque, dit Rimeize, la justice de Dieu ne peut permettre que l'innocence soit malheureuse. La peine qu'Il inflige suppose toujours la faute qui l'a attirée.

— C'est donc, intervient Justine, à cause des péchés de ces pauvres bougres que la Bête les dévore. Ça veut dire qu'ils l'ont bien cherché ! Ils ne manquent pas d'air, ces curés.

— La théorie de Monica, noté-je, est identique. À part que, pour elle, le péché s'appelle refoulement...

— Je te réexpliquerai, marmonne Monica avec une haine contenue.

Pour ponctuer, Justine m'administre un léger coup de pied sous la table.

— C'est vieux comme le monde, dit Ulrich. La religion tire la couverture à elle. Avec leur logique, ils peuvent justifier n'importe quoi.

— Et son contraire, ajouté-je.

— « Vos malheurs, poursuit Rimeize, ne peuvent venir que de vos péchés. »

— C'est toujours l'évêque de Mende qui dit ça ?

— Il cite saint Augustin.

Outre la nôtre, seules deux tables sont occupées. Quatre retraités d'une part. Deux couples avec enfants, d'autre part. Il est treize heures. Une faible lumière entre par les infimes ouvertures. Les appliques et autres éclairages indirects dissipent mal les ténèbres de nos assiettes.

À part ça, l'auberge est aménagée dans le style terroir, bien sûr, mais sans les roues de charrettes vernies, jougs de bœufs transformés et râteaux de bois pendus au mur qui accompagnent trop souvent ce genre d'option. Parmi le mobilier d'un beau rustique ancien, trône un coffre de portage du temps des diligences. L'Auberge des Brandes était au XVIIIe siècle un relais de poste. La grand-route y passait. Elle n'y passe plus, mais l'étang est toujours là.

— Vous comprendrez, reprend le conservateur avec un léger sourire, que ce « mandement » n'a pas vraiment rassuré les braves gens de la région.

— Heureusement, dit Justine, qu'on n'est plus aussi crédule aujourd'hui...

— Pour l'évêque de Mende, la Bête est l'instrument de la « colère de Dieu contre ce pays ». Le meurtre des enfants fait expier les fautes des parents. Ce texte a dû faire des ravages auprès des esprits simples. La Bête est donc invulnérable. La Bête est partout. Comment vaincre un fléau envoyé par Dieu ? Il n'y a plus que le fatalisme, la prière...

— Et la magie, dit Monica. C'était une époque de pensée magique.

Ayant vidé d'un trait son verre de vin, elle repose sur la table son énorme, choquante et troublante poitrine, aujourd'hui chamarrée d'un invraisemblable collier de coquillages. Très sorcière des mers aux cheveux de varech.

— Des pratiques de sorcellerie, oui, on peut l'imaginer, confirme Rimeize. Il y a dans les textes certaines allusions...

Le ferme-aubergiste apporte une deuxième bouteille et une carafe d'eau de source locale. C'est un boute-en-train qui ne manque jamais de demander à ses hôtes s'ils veulent de l'eau d'Évian ou de l'eau d'évier. Il s'attarde à nous faire ses politesses. Je le sens amusé et intrigué par les personnages aux looks très divers que je lui amène aujourd'hui.

Le deuxième plat est un tendre chevreau élevé sur place. La conversation s'anime lentement. Elle reste convenue. Connaissances communes, livres, musée, monde des « bestieux » et ses individualités. J'aimerais bien recueillir certaines indiscrétions, mais le conservateur du château-musée de Ribeyrevieille n'est pas du genre indiscret.

— L'abbé Blanqui ? Un chercheur sérieux et tenace, dit Rimeize. En même temps, il vit dans un monde à part. Sans aucun doute très secret. Il paraît qu'il a passé plusieurs années chez les bénédictins...

Justine saisit la balle au bond.

— D'après les œillades qu'il te jette, me dit-elle, tu as l'air d'avoir une super-cote avec ce petit abbé. Ça ne te plairait pas d'essayer ? Toi qui aimes bien les expériences...

— Oh oui, renchérit Monica. Une expérience anticonformiste. Tu pourrais t'ouvrir une nouvelle voie.

— Je n'imagine pas vraiment ça, intervient Jacques Rimeize, souriant, mais un peu gêné. L'abbé Blanqui est un personnage foncièrement... cérébral.

— Et son oncle, demande Justine, le paléo... machin ? Ça a l'air aussi d'un drôle de coco.

— À mon plus grand regret, répond Rimeize, j'ignore tout de sa vie sexuelle. Dans son domaine particulier, en tout cas, c'est une sommité. On dit que ses connaissances sont très avancées...

— Ses connaissances sexuelles ? demande Ulrich, jouant sur l'ambiguïté.

— Je ne vous suivrai pas, proteste Rimeize, sur ce terrain glissant... Tout ce que je sais c'est qu'à une certaine époque, Norbert Védrine aurait tenté des expériences sur des chimères. Des hybrides à partir de greffes. Il y avait eu une cabale contre lui... Il y croyait, en tout cas. Védrine est comme son neveu, il vit sur un nuage.

— Je me méfie de ce genre de nuage, dit Justine à mon intention.

À l'Auberge des Brandes, les toilettes sont à l'extérieur, dans une petite extension appuyée à l'ancien bâtiment. J'y accompagne Ulrich qui ne connaît pas le lieu. Qu'on n'imagine pas, cependant, une planche percée dans une cabane de bois. Ces toilettes sont modernes. Et avec vue, ce qui est plus rare.

Je précède Ulrich dans le réduit carrelé qui sent quand même le froid et l'humidité. Puis, tout en me lavant les mains, je regarde par la fenêtre. Entouré de petits sapins, de saules et de buissons, l'étang du Vergne Noir est en grande partie recouvert d'une glace grise. Sur la rive, les deux enfants de nos voisins de table sont occupés à jouer. Sous la surveillance de l'un des pères, ils traînent des branches mortes et les entassent.

Uli me rejoint devant le lavabo pour refaire le nœud de son catogan.

— Heureusement, dit-il, que ton « conservateur » est là pour relever le niveau. On ne parlerait que de cul, sinon.

— Comment tu trouves Monica ?

— Une vraie tête à claques.

— En tout cas, je sens que tu ferais bien son affaire. Réfléchis. Ça doit être un sacré tempérament... Ça pourrait être une expérience.

— Il est trop question d'expériences, ces temps-ci. Moi, d'ailleurs, tu sais comment je les aime...

— Certes, dis-je, Monica ne ressemble pas à un mannequin de Jean-Paul Gaultier. N'empêche. Il y a plusieurs façons pour une femme d'être bandante.

En regagnant la salle du restaurant, nous croisons le deuxième père qui sort relayer le premier. Par les temps qui courent, mieux vaut ne pas perdre les enfants de vue. À notre table, nous sommes accueillis par des gloussements.

— Vous être mignons tous les deux, dit Justine.

Face à une assistance un peu trop grivoise à son goût, Jacques Rimeize s'installe dans un humour défensif et ambigu. Il joue à se faire l'avocat du Dieu de l'ancien régime. Il endosse le rôle de l'évêque de Mende, gardien des valeurs morales. Un rôle qui sied à sa personnalité somme toute bien-pensante.

— Faites, dit-il, votre examen de conscience. C'est peut-être à cause des turpitudes et des dépravations de certains d'entre nous que le fléau est de retour.

Sur ces bonnes paroles arrive le dessert. Une charlotte aux fraises. Avant le repas, j'ai remis en douce au restaurateur les trente-sept bougies de Justine.

— Mais il y a quelque chose, dis-je, que je ne comprends pas. Admettons que, dans une certaine logique, nous soyons dépravés. En quoi le serions-nous plus qu'on ne l'était, il y a dix ou vingt ans ou sous Napoléon ou sous le maréchal Pétain ? Pourquoi une justice immanente frapperait-elle ici et maintenant ?

— Les voies du Seigneur, dit Jacques Rimeize, sont impénétrables.

Justine, sous nos applaudissements et ceux du reste de la salle, souffle avec succès ses bougies. Je lui adresse, par-dessus la table, un baiser qui me semble s'imposer. Mais le gâteau est à peine servi que l'on entend, venant de l'extérieur, des éclats de voix affolés. Quelqu'un appelle Cyril. L'un des deux enfants sans aucun doute. Les trois adultes demeurés à la table d'à côté se précipitent dehors. L'une des deux femmes, une blonde toute menue, revient, échevelée. Ce ne doit pas être la mère. Elle se contrôle.

— Aidez-nous ! crie-t-elle. Il est allé ramasser des branches et il a disparu.

Bientôt, sur les rives de l'étang, tout le monde court dans tous les sens. Quelle méthode adopter ? Les buissons, même sans feuilles, sont inextricables. Il n'y a rien d'efficace à entreprendre. On ne peut que suivre le chemin jusqu'à ce qu'il s'interrompe. La berge devient trop marécageuse. Les pieds passent à travers la glace. Il y a des barbelés jusque dans l'eau.

De partout, on crie le prénom de l'enfant. Les deux pères contournent l'étang par la gauche. Ulrich et moi le contournons par la droite. Trempés jusqu'aux cuisses et armés de bâtons dérisoires, nous rejoignons les deux hommes sur la rive opposée. Ils ont l'air hébétés. L'enfant n'a été perdu de vue que quelques secondes. Il ne peut être qu'à portée de voix et il ne répond pas. L'étang ? De toute façon, on aurait capté le bruit d'un corps tombant dans l'eau.

De l'autre côté, devant l'auberge, on aperçoit les retraités de la deuxième table qui se dévissent la tête dans toutes les directions. Les trois femmes en mises en plis argentées. Le vieil homme en casquette. Le restaurateur au loin patrouille, armé d'un fusil de chasse. Monica se hâte lourdement sur le chemin de la berge. Elle a libéré son chien de la voiture, mais Zodiac n'a pas l'air de vouloir faire usage de son flair. Il reste collé à elle. En revenant vers eux, nous entendons tout à coup des hurlements hystériques.

A priori, c'est dans la direction opposée à nos recherches qu'il se passe quelque chose. Je ne vois nulle part Justine. Et s'il lui était arrivé malheur ? Nous nous mettons à courir. Les cris viennent de là-bas. Derrière l'auberge des Brandes, commence un bois de hêtres et de pins qui s'élargit à l'orée de la Margeride.

C'est à cinq cents mètres à peu près de l'auberge que, dans un bouquet de noisetiers, nous découvrons une boucherie effroyable. Ce qui reste d'un enfant de sept ou huit ans. Tout s'est fait en silence, on ne sait comment. Le corps a été déshabillé. Les intestins et autres viscères sont répandus sur plusieurs mètres carrés. Le foie à moitié mangé. La tête presque détachée du corps. Le jet des artères a éclaboussé de sang les branches basses. Sur les lieux du carnage flotte une odeur douceâtre.

La bête a emporté la jambe droite. La gauche conserve sa chaussure, une sorte de petit bottillon bleu et jaune. Je ne sais pourquoi, c'est ce détail que je ressens comme le plus intolérable. Par la suite, il me reviendra sans cesse. Sur la route de Saugues retentit la sirène des pompiers, appelés dès la disparition.

La mère gémit dans une tonalité affreuse. Un tremblement convulsif l'agite. Son amie l'étreint dans ses bras sans lâcher le deuxième enfant, un garçon plus petit que, dans l'affolement, personne n'a pensé à éloigner. Il se tapit contre les deux femmes. Sa main est exsangue, tant elle est tenue serrée.

Le restaurateur pose son fusil. Essoufflé, il s'appuie contre un arbre et se détourne. La robe chinoise bouton-d'or fait une deuxième tache dans le sous-bois. Justine, pâle comme la mort, grelottant dans sa veste légère, est la seule qui ose contempler les restes humains répandus. C'est elle, apprendrai-je plus tard, qui les a retrouvés à l'odeur. Eh, oui, quand la Bête mange, ce n'est pas avec une cuillère à moka.

Les deux pères, qui avaient fait un détour par la rive escarpée, sont en train d'arriver. Ulrich amorce le geste de les arrêter. Jacques Rimeize, son beau manteau en loden tout boueux, reste planté, muet, à une vingtaine de mètres. Il esquisse un signe de croix. Tout le monde a la nausée, mais c'est Monica qui donne le signal. Brusquement, elle vomit en plein sur son chien qui refuse toujours de s'éloigner d'un pouce. On voit qu'elle avait commencé à manger sa charlotte aux fraises.

28

La jouvencelle et le légume

QUARTIER DE LA CATHÉDRALE. Le vieux Clermont est bâti de noir et la pierre de Volvic de la rue Pascal rivalise d'obscurité avec le ciel plombé. Surtout ne pas compter sur le changement de décor pour me mettre du baume à l'âme. Le studio est sombre, lui aussi. La fenêtre donne sur un mur, un beau mur en pierres de taille, mais un mur. Ce studio est prévu pour des semaines courtes. Pour une étudiante qui passe à la campagne, chez ses parents, des week-ends prolongés.

Nous nous asseyons sur le lit à une place, étroit comme un brodequin de torture. Impression de mortel inconfort. Le ton est donné. On comprend que ça ne va pas du tout.

Je m'avise que je sens la sueur. La mauvaise sueur du stress. Pas comme Margeride. Margeride sent bon. Elle a un visage d'ange. Elle m'embrasse avec une compassion touchante. Théoriquement, elle a tout ce qui peut ranimer un homme et le mener vers la rédemption. Rien d'autre à faire que de tout lui dire et redire de mon cauchemar. Margeride peut entendre ça. Elle est dans le secret depuis le début.

Je raconte à nouveau les organes répandus. La chaussure jaune et bleu de l'enfant. Le pied de la jambe restante. Le drame désormais n'est plus seulement dans les journaux et la télé... J'ai vu, j'étais là. Quand ces images vont-elles s'estomper ?

Margeride m'emmène dans la salle de bains. Elle me lave et je me laisse faire. Vais-je sortir de la douche comme d'un baptême antique, purifié et sauvé ? Peut-être, ensuite, aurai-je du désir ? Non, je n'y crois pas trop. L'affaire de l'auberge des Brandes a achevé de me mettre les glandes à l'envers. Ces hormones qui, dit-on, mènent le monde ne me mènent plus guère. Elles déclarent forfait.

Margeride s'affaire avec les serviettes, bienveillante sans aucun doute, mais, tout à coup, malgré l'aveuglement égocentrisme où me plonge mon malaise, je m'avise qu'elle me cache quelque chose.

— Tu es tracassée, toi aussi, dis-je. Explique-moi.

Elle ne répond rien. Elle hésite. Donc c'est bien ça et je m'attends au pire. Je suis prêt à accueillir le pire. C'est comme si je ressentais le besoin d'être châtié.

— Tu veux arrêter ? Tu en as marre de moi et de toutes ces conneries.

Je fixe Margeride d'un regard sans lueur. Ses yeux protestent. Elle cherche à adoucir. À adoucir, mais quoi ?

— Je te comprends, ajouté-je. Je ne suis plus marrant du tout. Je ne suis plus supportable. Moi-même, je ne me supporte plus.

— Tu n'as rien fait de mal. Au pire, ce serait un accident.

— Je suis dans une sacrée merde, c'est un fait. Mais toi, tu n'es pas obligée... Tout ça, c'est ma faute à 100 %.

— Ne sois pas idiot. Je ne voulais pas te donner de souci en plus. Mais je crois qu'il vaut mieux que tu saches. Sinon tu vas imaginer je ne sais quoi. Il ne faut pas de malentendu entre nous. Surtout pas maintenant. Je suis avec toi.

— Qu'est-ce que tu m'annonces ? Encore une catastrophe ?

Ma voix sonne mal. Je la trouve répugnante. Elle pue l'angoisse accumulée. Autrefois j'avais de l'humour. Avant. Mais plus la moindre particule.

— Je vais te faire voir, dit Margeride.

Au-dessus du lit, il y a une étagère avec des livres pour la fac. Des livres lourds qui la font plier. Un jour, lui avais-je dit (c'était avant les alarmes de la bête), on va les recevoir sur la tête en plein acte sexuel. Sur l'étagère, Margeride a toute une collection sur l'art roman dans les régions de France. Elle soulève le livre sur l'Auvergne avec, en couverture, l'église d'Orcival. Une enveloppe est cachée entre les pages. Elle me la tend. Une lettre évidemment suspecte.

Cette lettre a été envoyée à l'adresse clermontoise de Margeride. Le timbre, ordinaire, a été oblitéré hier. De l'enveloppe, j'extrais une feuille blanche pliée en quatre. Le texte est écrit à la main dans le même caractère bâton que l'adresse :

« LA BÊTE T'ÉGORGERA. C'EST TON DESTIN ».

Ces mots sinistres ont été tracés en imitant au plus près des capitales standard. L'auteur a dû prendre modèle sur un texte imprimé pour ne rien trahir de personnel. Cette lettre a été postée de Langeac, mais il n'y a rien à en déduire. N'importe qui de notre entourage a pu aller la poster là-bas, vite fait, d'un coup de voiture.

— C'est Justine, non ? demande Margeride.

J'essaie de ne pas réagir trop vite. Telle qu'elle est rédigée, cette menace grandiloquente n'est pas vraiment du style de ma « bonne amie ». Mais mettons-nous à la place de l'auteur. Dans un courrier anonyme, on a intérêt à se travestir. Moi aussi, j'ai tout de suite pensé à Justine. Elle est sans doute capable de ce genre de chose.

— Comment aurait-elle eu mon adresse ?

— N'importe qui, dis-je, peut l'avoir sans se trahir. Il y a des tas de façons.

La lettre est posée sur le lit entre nous deux. Je tiens dans la mienne la main douce et chaude de Margeride. Je constate que je ne me sens pas plus mal. Au moins, cette lettre représente une adversité concrète. Quelque chose qu'il est possible de déjouer.

— Justine ou pas Justine, dis-je, ne dramatisons pas. La bête ne sait pas écrire. Ce n'est pas elle qui a écrit. Personne, directement, ne te menace. C'est juste quelqu'un qui veut t'emmerder.

— Ça m'inquiète, quand même, cette haine. Elle espère quoi ? Justine ou autre. Que je vais rester à Clermont jusqu'à ce que la bête soit tuée ? Elle espère peut-être nous faire paniquer...

— Je veux que tu sois très prudente, en tout cas. Ne reste jamais seule en rase campagne... Enfin, tu sais ce qu'il ne faut pas faire.

— Tu tiens à moi ?

— Il n'y a jamais eu de doute. Même si, pour l'instant, tout est empoisonné.

— Je crois aussi qu'on va s'en sortir.

Et voilà donc qu'à l'issue de ces épanchements, nous en venons à envisager des lendemains meilleurs. En ce qui me concerne, il n'y a pas de quoi pavoiser, mais je sens que Margeride va déjà mieux. Je sens qu'elle passe à autre chose. Son expression a changé. Comment la définir ? Concentrée sur une idée audacieuse. Elle rougit. Je l'ai déjà dit, c'est une nature rougissante. Elle se lève tout à coup et revient à moi. Elle tient en main deux écharpes, une verte et une noire.

— J'aimerais qu'on fasse un jeu, dit-elle.

— Colin-maillard ?

— Je voudrais que tu m'attaches aux barreaux du lit.

— Et je ferai quoi ?

— Par définition ce que tu voudras. Puisque je serai à ta merci.

— Je vois, je vois...

En fait, non. Cette idée, en d'autres temps, m'aurait mis en effervescence. Mais, là je ne le sens pas... Faisons-lui plaisir, pensé-je. Cette mise en scène masquera peut-être un peu mon manque d'entrain.

Aussitôt, mais lentement, tout en réfléchissant à mon rôle, j'attache les deux poignets de ma victime aux barreaux du petit lit de métal. Je veille à ne pas trop serrer. De toute évidence, elle peut se libérer quand elle veut, mais elle aura le bon goût, j'espère, de rester tranquille. Brutalement, mais sans doute pas assez, je lui arrache ses chaussures, son jean, sa culotte (pas string du tout, aujourd'hui innocente et rose). Puis j'abandonne Margeride cul nu sur le lit et je vais farfouiller dans la minuscule cuisine attenante.

Je tarde à revenir. Je la laisse mariner jusqu'à ce qu'elle m'appelle. Plus éteint cependant que machiavélique. « Est-ce que ça t'excite ? » Je demande ça avec un mépris un peu caricatural. Elle hoche la tête. Muette de soumission. Sa belle chair blanche et duveteuse bien mise en valeur par le T-shirt noir qu'elle a conservé. Je lui écarte sans ménagement les cuisses. C'est pas possible ! Déjà toute mouillée. J'ai bel et bien sur les bras un fantasme caractérisé d'agression. Non, Margeride n'était pas comme ça, il y a seulement un mois.

Continuons d'assumer. J'exhibe alors ma botte secrète, une courgette de bonne taille que je tenais cachée sous mes vêtements. Elle provient du frigo, mais j'ai eu le soin et l'abnégation de la réchauffer contre mon corps. Margeride prend un air ingénument effrayé, mais ne proteste pas. Je complète sa lubrification à grand renfort de salive. J'empoigne la cucurbitacée (mot de consonance appropriée) que je me suis attardé à éplucher au préalable. Non que la peau n'en soit douce, mais pour en réduire le diamètre.

J'avoue que c'est avec les plus grands ménagements que je viole la jouvencelle à l'aide du légume. Si appliqué que j'en oublie de l'abreuver de propos obscènes et impérieux. J'opère avec minutie. Sans à-coups. Non, je n'ai pas surestimé ses capacités d'accueil. L'objet est juste ce qu'il faut excessif. Ça entre bien. Ça glisse maintenant sans problème. Je vais et je viens comme il se doit, avec éveil concomitant du clitoris. Ce sketch ne m'excite pas outre mesure, mais il me dépayse.

Ce cul douillet, charnu, en pleine action de surcroît et dégoulinant de désir, en troublerait plus d'un tout de même. De fil en aiguille, les débats évoluent vers une pénétration plus classique. Je lutte pour ne pas penser à l'horreur du monde. Pour écarter les visions sanglantes. Éros et Thanatos se télescopent. Éros, à ma grande surprise, finit par prendre le dessus.

Révélation de ressources cachées. Pulsion de vie. Bouffée d'énergie positive. Quelque chose en moi se libère momentanément. Tant bien que mal, une ébauche de complicité avec ma partenaire, mais surtout avec moi-même, est retrouvée.

La soirée se poursuit presque gaiement. Margeride a prévu une ratatouille de légumes. Elle insiste pour re-éplucher la courgette pénétrante avant de l'incorporer, mais je fais valoir qu'au point d'intimité où nous en sommes, ça n'aurait pas de sens. Rires. C'est comme un rite tribal où l'on consomme la force d'un rival mort. Bref, je retrouve, pour dîner, un peu d'humeur facétieuse, en même temps qu'un certain appétit.

Tôt le lendemain, Margeride me raccompagne à ma voiture garée dans le parking de la Poterne. Il fait un froid glacial. Nos souffles font des nuages blancs. Place de la Victoire, du haut de son socle, Urbain II, pape prêcheur de croisade, nous contemple. Nous marchons serrés l'un contre l'autre. Nos reflets frissonnent dans le miroir d'une vitrine. Le boitillement de Margeride est très net. Baromètre d'intempéries.

En route vers le plateau des Cézeaux où je dois tout de même travailler un peu, je rumine le courrier anonyme. Bête. Égorger. Destin. Parmi ces trois mots, « destin » n'est pas le plus menaçant, mais le plus trouble. Le rédacteur de ce courrier, croit-il, comme l'Église d'autrefois, en une logique punitive de la bête ? Croit-il, ainsi qu'une cohorte d'esprits irrationnels et torves, à la prédestination des êtres ? Ou bien alors le mot « destin » ne sert-il qu'à brouiller la piste de la banale rancœur et de la frustration ?

Le Minotaure ne se nourrissait pas de vieux tromblons, mais de créatures du genre de Margeride. Margeride n'est pas vierge, mais elle est virginale. Elle a ce côté sainte Blandine, ce côté rosissant qui excite tant les monstres. Malgré la magie protectrice qu'elle dégage, elle ferait une proie idéale. Sauf que la bête, qui est une vraie bête, se fout des symboles.

Conservons, me dis-je, notre bon sens légendaire. C'est seulement dans les fictions que le fléau rampe jusqu'au héros et prend pour victimes des êtres aimés de lui. C'est dans les fictions que le protagoniste (en l'occurrence moi) doit être meurtri dans sa chair. Juste un artifice pour alimenter l'empathie. Pour armer la vengeance.

29

La lignée des prêtres

IL PARAÎT qu'à la longue, tout s'use, même les catastrophes. Rien ne m'oblige à m'agiter, j'en ai conscience. Je devrais laisser venir. Personne, pour l'instant, ne m'accuse. Les choses peuvent se dénouer et se tasser d'elles-mêmes. Mais le sang-froid n'a jamais été mon fort. À l'attente, je préfère n'importe quelle diversion. Dans mon esprit surchauffé, l'identification de la Bête et son éradication se confondent dans la même urgence. À peine revenu de Clermont, je me jette à nouveau sur la route glacée.

Le parcours est jalonné de croix de fer et de croix de pierre. Quelques éclaircies trouent le ciel. Je traverse des hameaux où personne n'est venu depuis deux siècles. C'est du moins l'impression.

Ma destination est un plateau oublié qui domine les gorges du Malvezet, affluent non moins oublié de la Truyère. Le Gévaudan du Gévaudan. Cinq ou six maisons de granite subsistent là autour d'une petite église romane. Tout en pierres de taille arrondies par les intempéries, le clocher peigne évoque le créneau d'une barbacane.

— Vous regardez l'église, dit l'abbé en m'accueillant. Encore une qui ne s'ouvre qu'une fois par an. C'est bien triste. Chez nous, maintenant, il n'y a qu'un prêtre pour dix lieux de culte...

— Mais, pour dire la messe, vous allez où ?

— Je vais au diable Vauvert.

L'abbé Blanqui, tout en parlant, conserve ma main dans la sienne. À cette étreinte froide et moite, il rajoute sa main gauche tout aussi reptilienne.

Face à des avances homosexuelles (sans me vanter, ça m'arrive), je me sens, en général, embarrassé, mais non pas irrité. Je tâche de faire comme si de rien n'était. J'ai le souci de ne pas vexer. J'attends que la situation, d'elle-même, s'éclaircisse. Avec Blanqui, cependant, je ressens quelque chose d'incurablement trouble. C'est presque de force que je dégage ma main.

Mon hôte me guide le long d'une allée caillouteuse. Corniche sculptée, vestiges d'un cadran solaire, puits à margelle de pierre : le presbytère garde les traces d'un raffinement plutôt rare en ces régions sauvages et souvent démunies de tout sauf d'orgueil. C'est loin, très loin. Ici le temps a usé, mais la modernité n'a pas trouvé de motivations suffisantes pour venir tout casser. Beau lieu de méditation pour qui voudrait fuir les tentations et les illusions du monde.

La grille de fer rouillé grince, comme on peut s'y attendre. L'authentique jardin de curé distille une désuétude poignante. De deux énormes buis encadrant le portail se dégage une odeur mélancolique de pisse de chat anémié. Sur le seuil, l'abbé s'efface. Le plancher de la maison a l'aspect de la pierre. Minéralisé par le temps. Blanqui me guide jusqu'à un fauteuil Voltaire aux couleurs éteintes qui trône devant la cheminée.

— Votre visite, dit-il, me fait grand plaisir...

Sous la grande arche en plein cintre, berceau propice aux secrets anciens, une bûche se consume. Attentif, l'abbé approche du mien un autre fauteuil. Mon plan ? Biaiser. D'abord mettre en confiance. Cet homme est un chercheur. Obsédé forcément par son sujet. Et ce sujet a un nom.

— Parlez-moi de l'abbé Pourcher, dis-je. J'ai besoin de retourner aux sources.

— Pourcher ? C'est un thème bien périphérique... L'histoire de l'histoire.

— Je sais.

— Ce sujet intéresse-t-il vraiment un homme d'action tel que vous ?

Mon hôte semble dérouté, mais il y a aussi, dans sa voix, comme un soupçon d'ironie. Je me sens un homme d'action bien piteux.

— Pourquoi pas, dis-je. Pourcher, c'est du solide. Au moins, nous savons qu'il a existé. Et je suis sûr que vous en parlez merveilleusement.

— Vous me flattez.

— Et même temps, son aura est telle qu'il est entré dans la légende. Il en fait partie n'est-ce pas ?

— Vous ne croyez pas si bien dire. Pierre Pourcher est à la Bête ce qu'Homère est à l'Iliade.

L'abbé Blanqui croise ses blanches mains. Ni grasses ni moites vues d'ici. Il semble satisfait que nos esprits se rencontrent.

— Vous-même, demande-t-il, que savez-vous de Pourcher ?

— J'ai su. Mais j'ai oublié. J'ai vraiment envie d'entendre un spécialiste. Le point de vue du biographe.

— Regardez donc par la fenêtre. Pour l'ambiance et les ruines. Le hameau natal de Pourcher ressemble beaucoup à mon village. Pierre Pourcher est né au Mazet, commune de Julianges. C'est pour moi un fréquent lieu de pèlerinage. Il était fils de paysans aisés qui employaient bouvier et servante. Des gens très croyants.

— Julianges, dis-je, c'est tout près d'ici... Il paraît que son propre grand-père avait vu, de ses yeux, la Bête. Ça crée des liens.

— Son grand-père, pas tout à fait. Il s'agit du « père de son aïeul ». Mais, effectivement, ça crée des liens. Ce genre de rencontre marque une famille pour des générations.

Entre les deux fenêtres, la reproduction d'une très ancienne photo est accrochée en bonne place. « L'abbé Pourcher 1831-1915 ». Mon regard, sans cesse, y retourne. L'homme est déjà âgé. Chapeau de curé, lunettes, grandes dents mal rangées, soutane protégée par un tablier de travail. Pourcher à ses œuvres d'imprimerie, sans doute. De profondes rides d'expression marquent ses tempes. Intenses. Un homme de passion.

Tandis que l'abbé Blanqui me lit le passage, c'est la vieille voix, à la fois latiniste et rocailleuse, de Pourcher que je crois entendre. Tout une superposition. Blanqui me raconte Pourcher racontant son ancêtre.

« Un jour du mois d'octobre (1764), Pourcher Jean-Pierre, le père de mon aïeul, marié à Julianges, avait fait battre des gerbes toute la journée pour mêler la paille avec du regain, dans la grange au-delà du village. Pendant qu'après la journée les ouvriers se rendaient à la maison pour souper, Jean-Pierre arrangeait sa paille au fond de la grange. Il n'était pas encore nuit et la neige couvrait tout. Il aborde à la petite fenêtre et il voit quelque chose qui suit le chemin de la fontaine. Une espèce de frayeur le saisit. Il descend vite, prend son fusil et va se mettre à la fenêtre de son écurie qui était en face de la fontaine. »

Ici, Blanqui marque un temps d'arrêt expressif. Il se rehausse sur son siège. Je remarque incidemment un détail du fauteuil en tapisserie. Une sorte de blason avec deux loups affrontés.

— Dire qu'il y a des gens, soupiré-je, qui l'ont vue. Vraiment vue. C'est trop frustrant. Mais qu'ont-ils vu enfin ?

« Presque aussitôt, poursuit Blanqui, il lui arrive une bête qu'il ne connaît pas. C'est la Bête, c'est la Bête, se dit-il. Quoique très fort et très laborieux, la peur l'avait saisi au point qu'à peine il pouvait tenir son fusil. Il fait le signe de la Croix et lui lance un coup de fusil. La Bête tombe, se relève, se secoue et, sans bouger de place, elle regarde furieuse autour d'elle. Le père de mon grand-père lui lance un second coup de fusil. Cette fois-ci, elle tombe et jette un cri sauvage, se relève, se secoue et part, faisant un bruit semblable à celui d'une personne qui se sépare d'une autre après une dispute. »

Et voilà, pensé-je. L'élément fantastique. Ils ne peuvent pas s'en empêcher. La superstition n'est jamais loin.

— Ce grand-père disait par la suite : « Si on ne prend pas le moyen d'obtenir de Dieu et de la Sainte Vierge notre délivrance, elle nous dévorera tous. Et tout ce qu'on fera sera inutile. »

— Dieu et la Sainte Vierge !

— Je vous rappelle, précise Blanqui, que ce n'est pas moi qui parle. C'est le livre de Pourcher. Vous en connaissez le titre : *Histoire de la Bête du Gévaudan, véritable fléau de Dieu.*

Entre ses deux chenets de fonte, le feu luit sournoisement. Évoquer la Bête y ramène toujours. L'œil couleur cinabre. C'est l'enfer qui rougeoie.

— Revenons-en, dit Blanqui, à la biographie. Le jeune Pourcher apprend le latin avec le curé de Julianges. Il entre au petit séminaire de Saint-Flour. Puis au grand. À trente-trois ans, il est ordonné prêtre.

— Trente-trois ans ! C'est tard, non ?

— Il lui a fallu, auparavant, faire marcher la ferme familiale. Pierre Pourcher a été paysan avant d'être prêtre... Il devient aussi archiviste diocésain. Il court les paroisses, mairies, châteaux, archives, bibliothèques. Il traite d'abord de sujets religieux, mais presque à la va-vite. Sa grande recherche, dix ans de sa vie et sûrement plus, c'est la Bête.

— Et pourquoi, d'après vous ?

— Pour dénoncer le mal, sans doute. « Tout en elle, écrit Pourcher, annonçait la sévère vengeance divine qui punit l'orgueil de l'homme. Si, par la toute-puissante bonté divine, l'homme a été fait le roi de la nature, il en devient le vil esclave s'il abandonne les voies de son Dieu. »

— Ce livre sur la Bête lui a donné bien du mal, je crois.

— Les éditeurs l'ont jugé trop érudit. Alors Pourcher l'a imprimé lui-même avec une presse construite de ses mains...

— Comme tous ceux qui ont étudié la Bête, j'ai lu ce livre, dis-je. Je me souviens d'avoir été frappé par le passage à propos du fusil. C'est dans les dernières pages...

Se détournant du feu, l'abbé Blanqui me jette pour la première fois un regard direct. Aurais-je prononcé un mot-clé ?

— Le fusil de Jean Chastel ! Vous vous souvenez de ce passage ?

— Pourcher, dis-je, l'a bien possédé n'est-ce pas ? Le fusil qui a tué la Bête. Il l'aurait acheté à quelqu'un qui, par sa famille, le tenait du marquis d'Apcher.

— Le marquis l'avait acheté à Chastel comme relique. Puis, à la Révolution, à la « déchéance » du marquis d'Apcher, le fusil est passé dans les mains d'un certain Pierre Duffaud. C'est le petit-fils de ce Duffaud, un homme de Saint-Julien-des-Chazes, qui l'a vendu à Pourcher en 1888.

— Vous êtes sûr que c'est vrai ?

— Pourcher gardait tous les papiers, les reçus, les billets de train. On connaît le prix du fusil. On connaît son poids, le prix du transport...

L'abbé Blanqui hoche lentement la tête. Ces papiers sont plus que des papiers, on le sent. Ils proviennent de l'homme qui a tenu dans sa main le mythe.

« Les deux canons, récite Blanqui, sont en trois pièces d'inégales longueurs avec deux soudures bien apparentes par-dessous. Légère fracture vers la pointe et à côté du canon de droite. Sur la platine de droite, on lit avec peine : Bymanet Louis. Sur celle de gauche, on lit bien : à Saugues. Le pontet et les platines portent des roses avec feuilles. La poignée, brisée, est reliée par deux anneaux de cuivre jaune. La crosse et la poignée sont marquetées du fruit de l'amandier à la mode des sabots des environs de Saugues. La plaque d'argent sur la poignée porte les deux mots : Jean Chastel. »

— Vous savez tout ça par cœur !

Méditatif, je détourne les yeux vers la fenêtre. Sur les vitres du presbytère, le givre a gravé des fleurs. Comme ont été gravées, sur le fusil de Chastel, des roses avec feuilles.

— C'est presque incroyable, dis-je finalement. Ce fusil ne prouve rien en fait, mais Jean Chastel l'a tenu dans ses mains. Il a vécu avec. Son nom est écrit dessus. Et on réalise que ces gens ont existé. Tout ça a existé.

— Je comprends ce que vous voulez dire. Alors que l'histoire de la Bête est si inconnaissable, si mythique, se peut-il qu'un objet réel ait traversé le temps ? C'est ça, n'est-ce pas ?

— Je ne suis pas fétichiste, mais je donnerais cher pour le voir et le toucher.

— Ce fusil existe, soupire Blanqui en désignant au mur la photo du vieux prêtre. Pourcher l'a gardé chez lui jusqu'à sa mort.

— Et maintenant ? Vous savez où il est ?

— C'est une grande question. Ce fusil fait aujourd'hui... fantasmer beaucoup de gens. Après la mort de Pourcher, vous en avez sans doute entendu parler, ce fusil a plus ou moins disparu.

« Fantasmer ». Le mot est érotique. L'abbé Blanqui a frémi en le prononçant. Comme il y a, me dis-je, une lignée des sorcières, il y a, depuis le XVIIIe siècle, une lignée des prêtres. Une chaîne ininterrompue de prêtres fascinés par l'animalité interdite.

— Il n'a pas été détruit ?

— Sans doute que non, dit Blanqui. L'entourage de Pierre Pourcher en connaissait la valeur. Ce fusil doit être aujourd'hui entre les mains d'un passionné de la Bête ou d'un collectionneur... Quelqu'un, en tout cas, de discret.

— L'abbé Pourcher n'avait pas des goûts de luxe, mais ce fusil, il s'était décarcassé pour l'avoir. À ses yeux, Jean Chastel était un saint. Un objet lui appartenant devient une relique. Je me trompe ?

— Une relique. Encore plus que ça. Suivez-moi bien. La Bête, dans la logique de Pourcher, est le fléau de Dieu. Elle ne doit mourir qu'au moment choisi par Lui. Chastel est donc le bras armé de l'intervention divine. Son fusil est l'instrument de Dieu.

La vieille maison se met à craquer doucement. La lumière du dehors se fait cadavérique. On sent que la nuit n'est pas loin. L'abbé Blanqui se lève et va chercher une casserole. Il verse dans les bols une tisane d'herbes qui répand une odeur poussiéreuse de Fête des rameaux.

30

Le réfugié

D'ÉNORMES CHEVILLES hérissent les poutres de la belle charpente de châtaignier. Le lieu est sec et aéré, propice à la conservation. Encore un grenier. Je repense à celui de Saint-Flour. Celui du bocal. Mais le grenier d'aujourd'hui n'est pas un grenier de sorcière. Ici n'ont vécu que des hommes de Dieu.

— Depuis trois cents ans, peut-être plus, dit l'abbé Blanqui, cette maison n'est occupée que par des prêtres successifs. Il n'y a jamais eu de complet déménagement.

Une ampoule centrale pendue à son fil éclaire faiblement les pannes et la volige. L'abbé s'est muni d'une lampe-torche. Il dirige le faisceau lumineux vers l'un des murs pignons. Occupant la totalité de

277

ce mur, sur de grands rayonnages, sont serrés des livres aux reliures brunes, des registres aux angles renforcés de métal, des manuels religieux, des liasses de papiers jaunis. À croire qu'on a entassé là le contenu d'un ancien séminaire, aujourd'hui devenu parking ou supermarché.

— *A priori*, mes prédécesseurs, dit l'abbé, ne se sont pas intéressés à ces paperasses. Un beau jour, j'ai voulu inventorier tout ça. C'est en y travaillant que j'ai senti sur ma jambe comme un courant d'air.

— Le pignon de la maison n'est tout de même pas percé...

— Il y avait bien pourtant un trou au ras du sol. Un trou dans une cloison faite de bois et de torchis. Le courant d'air en provenance du toit passait par là. Voyez, j'ai démonté quelques planches pour pouvoir passer.

Nous nous agenouillons. L'abbé a ouvert là une chatière. Nous entrons à quatre pattes. Quelle posture ! Un homme en soutane qui rampe, c'est étrange et comique. En même temps, j'appréhende de me retrouver avec ce genre de personne dans un lieu confiné. Si Justine me voyait.

Le grenier possède donc une sorte de double fond. Il y a là, le long du pignon, un réduit en forme de couloir. Un couloir qui aurait un mètre vingt de large. Cette cachette, tout en hauteur, s'élève jusqu'à la toiture. Elle est vide et poussiéreuse.

— Je crois pouvoir dire, reprend Blanqui, que cette pièce a abrité un prêtre durant la Révolution. Il a meublé son temps comme il a pu. Comme un prisonnier.

Pour plus de dignité, nous nous remettons debout. La torche de l'abbé passe en revue de nombreux graffitis sur les murs et les poutres. Des formules pieuses surtout. Je remarque des cœurs surmontés de croix rappelant l'emblème des royalistes de Vendée. Blanqui me montre aussi des taches informes sur le plancher.

— Il reste même des traces de cire des bougies qu'il a utilisées.

— Qui était-ce ?

— Je pense que c'était un prêtre réfractaire ardéchois, réfugié ici pendant la Terreur. Peut-être chez un curé de sa connaissance. Il y a des indices dans ce sens.

— Quelle sorte d'indices ?

— Les courriers, dit Blanqui.

De minuscules points brillants clignotent là-haut à la jonction du mur et de la charpente. Une lumière du jour homéopathique.

— Ces courriers que vous m'avez fait lire, ils étaient cachés ici ?

— Je les ai trouvés dans un sac en cuir accroché à une poutre. Des courriers expédiés et reçus, pour la plupart, dans l'Ardèche... Je vous ai tout photocopié. Sans faire de tri intempestif.

— C'était pour me faire chercher ?

— Un trésor se doit d'être enfoui. C'était aussi pour voir si vous en arriveriez aux mêmes conclusions que moi. Je n'ai pas voulu vous influencer.

— Quelque chose de déterminant se serait passé dans l'Ardèche juste avant l'arrivée de la Bête, c'est bien ça ?

— Ces lettres, dit Blanqui, émanent de rédacteurs divers. Vous avez noté que toutes font allusion à l'affaire de la Bête du Gévaudan. Indirectement et vaguement pour la plupart. Une seule nous apporte des éléments nouveaux. Sommes-nous d'accord ?

— La lettre reçue en 1762 par le curé de Saint-Florent ?

— Je l'ai tout de suite repérée, moi aussi.

La lampe de l'abbé, pendant ce temps, s'attarde sur le gros clou forgé, rongé de rouille, où était accroché le sac.

— Attendez, dis-je. D'abord, expliquez-moi. Les paperasses, c'est lourd et encombrant. Et de peu de secours contre la guillotine. Pourquoi ce prêtre aurait-il, mettons en 1793, emporté dans sa fuite cette vieille lettre écrite sous Louis XV ?

— Bonne question, dit Blanqui, satisfait, une fois encore, de la convergence de nos raisonnements. Pourquoi ces lettres avaient-elles tant de valeur pour lui ? Pourquoi les avaient-ils collectionnées ? Peut-être parce qu'il menait la même enquête que nous ? « La Bête est un maléfice qui a toujours passionné les prêtres. » Je vous cite.

— Trente ans à peine après la Bête, si je vous suis bien, ce religieux aurait découvert et étudié cette lettre de Saint-Florent. Tant qu'on y est, il aurait pu venir en Gévaudan pour ses recherches, puis être amené à se cacher.

— Rien n'est sûr, je vous le concède. Mais j'ai encore un autre indice. Regardez ce dessin à la plume, ici sur cette panne...

La poutre, à cet endroit, est très lisse. L'emplacement idéal pour un dessin plus grand. On voit qu'il a été tracé par quelqu'un qui a lu ou entendu des témoignages (à l'époque, il y avait encore des témoins directs). Ce quelqu'un a voulu faire un portrait-robot de la Bête. Les détails de diverses descriptions connues sont scrupuleusement compilés. Les longues pattes arrière. Les courtes oreilles. Les griffes...

L'abbé Blanqui recule d'un pas. Le bras qui tient la lampe me frôle. Je sens qu'il tente de s'appuyer à moi. De la soutane s'exhale une odeur de fleur fanée et de sueur secrète. Il s'appuie délibérément, j'en suis sûr. Il cherche le contact. Le rythme de sa respiration s'en ressent. J'aurais aimé examiner encore les graffitis, mais cette ambiance me pèse et finit par m'oppresser.

Je déclare que tout cela est passionnant et je repasse la chatière. Nous regagnons le rez-de-chaussée. L'abbé s'apprête à me raccompagner. Du seuil de la grande pièce, on entend palpiter l'horloge.

— Tout de même, dis-je, je trouve un peu trop romanesque l'idée de toutes ces quêtes superposées. Et d'abord pourquoi ce prêtre proscrit aurait-il abandonné ces lettres s'il y tenait tant ?

— Il faut croire qu'il a été arrêté, peut-être au cours d'une sortie, et qu'il n'est jamais revenu. Il serait mort guillotiné ou en prison.

— Et, par la suite, personne n'a pris ces documents ?

— On a dû murer aussitôt le passage. Dans le contexte de la Révolution, la personne qui a hébergé ce « réfugié » était en danger. Elle avait intérêt à effacer les traces. Le secret, par la suite, n'a pas été transmis. On a oublié cette cachette.

— Quoi qu'il en soit, dis-je, cette lettre de Saint-Florent existe. En concluez-vous qu'il y a eu une bête avant la Bête ?

L'abbé Blanqui écarte ses doigts efféminés comme pour calmer les élans de mon imagination. D'un geste très peu naturel, il pose sa main sur mon épaule. Je ne peux savoir, à travers mes vêtements, si cette main est toujours aussi froide, mais je ressens une irradiation vaguement toxique.

— Les vieux documents, dit Blanqui, sont comme des tessons de poterie. Dans certains cas, une reconstitution sérieuse des événements peut s'avérer possible. Mais, en étudiant la Bête, j'ai appris l'humilité. La Bête a su brouiller les pistes.

— L'humilité a bon dos. Vous êtes un chercheur brillant. Beaucoup plus compétent que tous ceux qu'on voit parader... Et je suis sûr que vous avez une théorie. Dites-moi le fond de votre pensée.

Pourquoi ce compliment qui dépasse de beaucoup mon ressenti ? Peut-être par perversité. Comme si je voulais gratuitement exciter cet homme. Le pousser dans ses derniers retranchements. Pour voir.

— Cette opinion me va droit au cœur, dit Blanqui avec un geste en direction des minuscules boutons de sa soutane, mais ça ne change rien. À moins de ressusciter la Bête, on ne fera jamais que supposer.

— Alors, dis-je, je ne compte pas sur vous. Il me semble que la religion chrétienne ne ressuscite pas les animaux.

L'abbé prend acte de la plaisanterie. Faible sourire. L'ombre envahit la pièce et fait s'épanouir le bruit du balancier. Une présence immatérielle et angoissante surgit du coffre de l'horloge. Ressusciter. Ressusciter. Ressusciter. Le mot résonne. Ce mot que j'ai trop hâtivement répété m'écorche maintenant.

31

Dans l'enceinte magique

MALGRÉ SON ENGOUEMENT pour les plantes sauvages, Justine est peu tournée vers leurs milieux d'origine. C'est une de ses intéressantes contradictions. La campagne, ses paysages, les marches bucoliques, randonnées ou promenades, très peu pour elle. Qu'est-ce qui lui prend donc aujourd'hui de vouloir à tout prix « faire un tour » pour « prendre l'air » ? Justine a même une idée précise de notre destination. Le bois des Fades.

Que je sois obligé d'objecter, c'est le monde à l'envers. J'invoque le bon sens et les autorités. Tout le monde sait qu'il n'est pas recommandé, par les temps qui courent, de se promener dans les bois.

— Tu es un grand garçon, dit Justine, et je suis une grande fille. La bête ne mange que des enfants.

— Pas tout à fait. Souviens-toi qu'il y a eu des jeunes femmes.

— Pour une fois que j'ai envie !

— Et tu as envie, bien entendu, juste quand il ne faut pas.

— Tu n'auras qu'à prendre le fusil de ton père. Tu rencontres la Bête et tu la tues... Imagine la gloire.

Cette dernière phrase étant prononcée sur ce ton inimitable d'ironie vicieuse qui force parfois mon admiration.

Nous sommes dimanche. La journée est limpide et froide. Laissant la voiture en bord de route, nous nous engageons dans le chemin creux. Une croix de pierre à peine visible, tant elle est dévorée par un buisson de houx, en marque l'entrée. Des plaques de neige parsèment les sous-bois. C'est par moi que Justine connaît les Fades. Le site n'est balisé ni en rouge ni en jaune. Pas de chemin de randonnée, pas de panneau. Nous ne sommes que quelques initiés à connaître la mystérieuse ruine.

L'après-midi est déjà avancé. L'obscurité risque de bientôt écourter cette sortie. Justine a été très longue à se préparer. Avec elle, c'est toujours comme ça. En débarquant dans le bois, elle consulte sa montre. Serait-elle pressée tout à coup ? Ça n'a pas de sens. Je tâche de contenir mon agacement.

— Juste l'aller-retour. On n'a pas vraiment le temps de s'attarder.

— Emmène-moi, dit Justine, au mirador des chasseurs.

— Tu y tiens vraiment ?

— Oui, ça serait marrant.

— Je veux bien essayer de retrouver. Mais je ne promets rien.

Dans cette direction, il n'y a plus de véritable sentier. Nos pas s'enfoncent dans un tapis brun de débris végétaux. Les « fades », dans le patois d'ici, ça veut dire « les fées ». Ce bois est peuplé de beaux arbres : hêtres, chênes et bouleaux. L'hiver, ces arbres sont nus. Le mirador, de ce fait, n'est pas si difficile à retrouver. En haut d'un talus envahi de ronces, j'aperçois les grossiers échelons.

Justine grimpe avec agilité. Je la suis de près, sans me donner le temps de réfléchir à l'état de ces vieux bouts de bois. Évitant surtout de regarder sous moi. J'ai horreur du vide.

Le jour va bientôt décliner, mais là-haut c'est encore très lumineux. Nous émergeons au-dessus des arbres. L'anorak vert pomme de Justine et son écharpe framboise resplendissent sur fond de forêt morte. Ses paroles quittent sa bouche sous forme de nuages opalescents. C'est photogénique.

— On voit super-bien, dit-elle d'un air que je trouve un peu anxieux.

Ce poste d'observation est-il vraiment à l'usage des chasseurs ? Il existe, en tout cas, et offre une plongeante vue d'ensemble sur le bois des Fades et ces étranges murs qui m'ont toujours intrigué.

— Les arbres sont presque transparents. Sans leurs feuillages, je veux dire. Je n'avais jamais vu cette enceinte aussi nettement. On se rend compte qu'elle n'est pas tout à fait ronde. Je dirais qu'elle est elliptique.

— Il faut toujours que tu pontifies, mon pauvre garçon. Laisse-toi aller à la poésie.

— C'est complet, dis-je comme en aparté. La voilà qui me donne des leçons de poésie.

— Tu parles à qui là ?

— À mon for intérieur.

— Eh bien ton for intérieur, je l'emmerde.

Justine me tourne le dos. Elle boude plus ou moins. Affectant de contempler le paysage, elle se penche sur le vide. Elle s'affale sur cette rambarde de rondins cloués qui me paraît plus que branlante. C'est exprès, bien sûr. Moi qui suis très sujet au vertige, ça me met dans les transes. Cette fille, je n'aurais jamais dû l'emmener ici. Elle me casse l'ambiance. Elle me gâche mon bois des Fades.

Un léger vent d'ouest fait vibrer les branches des hêtres. Dans un angle de la rambarde est appuyé le fusil de chasse de mon père. Oui, j'ai pris ma « bonne amie » au pied de la lettre. Conformément à sa suggestion pourtant perfide, j'ai emmené ce vieux flingue des années soixante-dix, au demeurant en parfait état de nuire. Un espoir inavouable se serait-il éveillé en moi ?

Du haut d'un grand arbre, un geai caréné de bleu se précipite. Il survole en silence les ruines mégalithiques et moussues. Ce site, à ma connaissance, ne porte pas de nom. C'est une double enceinte en pierres sèches. J'avais mesuré tout ça autrefois, un jour que j'étais venu avec mon père. Haut de deux mètres cinquante en moyenne et épais d'un mètre, le mur intérieur enferme un espace d'une trentaine de mètres de diamètre. L'enceinte extérieure est constituée d'un mur moins haut, disons un mètre cinquante. Il définit autour du grand mur une sorte de couloir.

Le petit mur est moins régulièrement conservé, mais l'enceinte, dans son ensemble, est en très bon état. À l'intérieur, par contre, ne subsistent que des tas de cailloux et quelques dalles qui ressemblent à des pierres tombales. Le tout si vague qu'on peut imaginer n'importe quelle histoire. Sur l'identité de cet endroit, la mémoire locale est évasive. Citadelle celtique, puis léproserie, puis cimetière d'une famille de châtelains des environs. Mais rien que des hypothèses.

— Regarde, dit tout à coup Justine.

— Tu ne boudes plus ?

— Regarde, je te dis.

Les ronces et les noisetiers occupent une bonne partie de l'enceinte, mais le secteur des pierres tombales est à peu près dégagé. Ces tombes sont orientées vers l'est. C'est là-bas qu'on voit bouger. Il y a quelqu'un. Une femme qui s'avance d'un pas rapide. Elle tourne la tête en tous sens comme si elle cherchait. Presque aussitôt, elle se dirige vers une dalle et s'agenouille. On entend une voix. Sa voix qui appelle.

La voilà maintenant à quatre pattes sur cette pierre tombale. C'est une grosse qui porte un long anorak bleu et des bottes de neige. On entend à nouveau le même léger cri. À qui s'adresse-t-elle ? Un bouquet de noisetiers frémit. L'enceinte n'a qu'une seule entrée : une sorte de porche encadré d'énormes blocs d'aspect préhistorique et précédé de marches érodées. C'est par là que vient d'arriver un animal trottinant et furtif.

La scène est éloignée de nous, mais la lumière est encore favorable. Sans quitter sa posture sur les coudes et les genoux, la femme remonte d'une seule main son anorak dévoilant directement des fesses d'une blancheur éblouissante. Des fesses extrêmement épanouies, d'un volume renversant, divisées par une raie terriblement profonde. Elle appelle à nouveau et l'animal vient droit vers elle. Il semble savoir ce qu'on attend de lui, car le voilà qui aussitôt chevauche la croupe offerte. D'une main, la femme guide la pénétration.

— Il se passe quoi là ? demandé-je, d'une voix enrouée. Est-ce que je rêve ?

— Tu le vois bien, dit Justine. Il faut te faire un dessin ?

— D'accord, mais cet animal...

L'animal en question spasmodiquement s'agite. Le sombre pelage trempé par les sous-bois colle à la peau blanche de la créature. L'échine est vibrante et tendue. L'arrière-train étroit épouse sans le recouvrir ce cul de jument poulinière.

— Et cette bonne femme, il me semble... J'y crois pas.

— Mais non, dit Justine, c'est pas une folle. C'est une chaude.

Une chaude, me répété-je en moi-même. Je pense à ces rendez-vous des temps obscurs. Ces rencontres initiatiques avec le monstre dévorant dont fait état la rumeur de jadis. Il y a eu autour de la Bête tant de magie blanche et de magie noire...

J'empoigne le bras de Justine. Voit-elle vraiment ce que je vois ? Mais Justine ne m'adresse qu'un rapide clin d'œil et se replonge dans la contemplation de la scène. Pas du tout perturbée.

— Regarde comme c'est sauvage. Tu ne verras pas ça tous les jours.

— Arrête ! Tu crois que c'est la bête ?

— Celle-là, objecte Justine, a l'air bien apprivoisée.

— La Bête du Gévaudan se laissait approcher. Certains se sont vantés... Enfin, il y a des témoignages.

Sur la pierre froide, le coït étrange suit son cours. Le tressautement est continu. Les bourrelets de la créature tremblent doucement. Le vent qui vient vers nous apporte un son réitéré. Le murmure émane de cette femme offerte au maléfice. J'ai empoigné le fusil. Je vérifie que le magasin est garni. Gros calibre. J'ai déjà vérifié cent fois. Mais il faut que je sois plus que sûr...

— Tu vas faire quoi ? dit Justine en posant la main sur la culasse. Tu ne vas pas tirer quand même !

— Pas comme ça. Je ne suis pas fou. Mais je vais m'approcher. Il faut que je sache.

— Arrête de te monter le bourrichon, je te dis. C'est pas la bête. C'est Zodiac.

— Le chien, merde, tu es sûre ?

— Et cette fille, tu vois bien que c'est Monica.

— Oui, il m'avait semblé...

— Tout va bien. Ne t'inquiète pas. Elle se fait sa petite messe noire.

— Mais, alors, c'est un coup monté... Tu savais que Monica viendrait. Et elle, elle sait qu'on est en train de mater ?

— Pas vraiment. Mais, bon, elle m'a tout raconté, c'est donc qu'elle ne craint pas...

Je repose le fusil. Là-bas, dans le cimetière gothique, la vibration s'arrête. J'ai entendu dire qu'avec un chien on pouvait rester coincé. Non, c'est bon, ils se décollent. Monica se relève, se rajuste, caresse la tête de la brave bête. Incroyablement vite, ils disparaissent. Justine me jette un œil interrogateur, mais aucun commentaire ne me vient. Avec précautions, nous redescendons du mirador. Je sens, au passage, vaciller certains échelons.

— Tu m'as amené ici pourquoi ? demandé-je. Ça t'excite ce truc ?

— Ça n'est pas vraiment mon fantasme, mais je ne crains pas. Touche ici pour voir ce que ça donne.

Justine porte un pantalon à taille élastique. Distendant la ceinture, elle s'empare de ma main et la plonge autoritairement en direction de son sexe. Presque malgré moi, je palpe son doux entre-cuisse. On dirait bien, en effet, que c'est mouillé. Je juge ma main trop froide. Je la retire aussitôt. Moi aussi, je suis froid. Pas dans l'état d'esprit. Je saisis Justine par le poignet. Je l'entraîne vers la voiture.

— C'est incroyable. La bête nous dérègle.

— Pas tant que ça, ricane Justine. Monica est tout à fait cohérente. Elle qui affirme que la bête est en nous...

— Non, dis-je, la bête est en elle.

Brillante remarque.

Nous atteignons le sentier. La nuit arrive. Le fusil sous le bras, j'accélère le pas, pataugeant dans l'épais et déliquescent tapis de feuilles. J'oblige Justine à se hâter. Dire que, l'espace d'un instant, j'ai cru dur comme fer que Zodiac était la bête. Voilà qui prouve que la bête, ça peut être n'importe quoi. N'importe quel chien à la con fait l'affaire.

32

Le réseau des vieux

C E MATIN, le facteur m'amène une enveloppe en papier kraft où mes nom et adresse sont tracés d'une écriture à la fois ornée et vacillante. C'est encore la feuille de la grand-mère Albaret. Depuis le début de l'affaire qui ensanglante aujourd'hui le Gévaudan, Élisa Albaret (98 ans toujours, mais bientôt 99), se démène au service de la vérité. Sa vérité, dirons-nous.

Dans nos vieilles campagnes, nous avons des vieillards vivaces et bien trempés. L'infirmité d'Élisa ne l'empêche pas de passer chaque jour des heures au téléphone. Elle interroge ses amis de toujours, pour ne pas dire de cent ans. Mais il y a aussi des jeunes. Élisa connaît des tas de gens. Elle s'est toujours intéressée aux personnes.

Chaque informateur a ses informateurs et le réseau s'étend aux hameaux et aux fermes les plus reculés. Même Mauriçou, qui n'a pas l'esprit associatif et qui est un peu sauvage, ne refuse pas de collaborer. Sans doute récuse-t-il le côté livresque d'Élisa, mais il apprécie en elle la conteuse. Il aime l'entendre et parler avec elle. Il admet qu'à sa façon elle connaît en profondeur la vraie vie d'ici.

Le résultat des investigations d'Élisa est un feuillet quasi hebdomadaire. Une sorte de journal de la Bête. Faire un journal peut paraître dérisoire au moment où se déroulent des événements si atroces, mais cette aïeule semble penser qu'il faut, avant toute chose, interpréter, saisir la Bête dans son histoire. Quoi qu'il en soit, on ne peut demander à cette bonne centenaire de se ruer dans les bois sur la piste matérielle du monstre.

Chaque semaine, donc, Élisa expédie sa lettre. D'autorité, elle m'a inscrit sur la liste de ses abonnés. Je suis du pays, n'est-ce pas, et aussi une sorte de savant spécialiste. Cette vénérable femme espère-t-elle que je vais tirer des conclusions à partir des tuyaux qu'elle me fournit ? C'est touchant, en tout cas.

La feuille d'Élisa Albaret ne se complaît pas dans l'horreur. Ses visées sont autres. Certaines rubriques rappellent ces conversations paysannes émaillées de proverbes patois et français où il est question du temps qu'il fait, de l'épandage hivernal du fumier, des filiations des uns et des autres et de leurs rhumatismes. Mais il y a aussi des envolées épiques et lyriques qui ne reculent pas devant l'alexandrin. À d'autres moments, l'Élisa fait plus sobrement œuvre de journalisme.

Ce bulletin se donne pour mission de répertorier les faits et gestes réels et supposés de la bête. Les faits et gestes au sens large. La grand-mère Albaret a le sens du subliminal. Non sans quelques dérapages fantasmagoriques, sa chronique consigne la rumeur et les on-dit. On y voit courir la bête dans l'imaginaire du Gévaudan. Cette chronique de la nouvelle bête fait écho aux chroniques de l'ancienne que rédigeaient avec conviction les prêtres des villages.

Sur l'exemplaire qui m'est aujourd'hui destiné, la grand-mère Albaret a rajouté dans la marge, au crayon à papier, quelques commentaires. « Dédé Miassou dit qu'il a vu la bête jeudi à midi au pont de Pépinet (mais à cette heure, il est déjà fin saoul, le pauvre) ». « La Geneviève Tirade a croisé la bête en voiture *(sic)* aux quatre routes de Venteuges (tu peux lui demander, c'est une fille Bresson du Martouret) ».

Le papier principal du bulletin est un long laïus où il est question de la lune, de ses cycles, de son influence sur les êtres vivants et les événements terrestres. Je n'ai pas le cœur à m'intéresser à ces aimables fantaisies. Par politesse, je jette au texte un regard diagonal. Ils en ont de bonnes, ces anciens. On a quand même trouvé mieux aujourd'hui pour faire pousser les choux et pour déchiffrer le monde que ces propos d'almanach et d'astrologie paysanne.

Il y a beaucoup plus urgent que de produire de la littérature et je ne doute pas une seconde que, pour venir à bout de l'actuel fléau, la voie la plus directe soit la meilleure. Sans que j'en aie eu conscience sur le moment, quelque chose dans le texte d'Élisa cependant m'a frappé. La nuit suivante, des mots entraperçus me reviennent à l'esprit de manière répétitive. « Tous les animaux obéissent aux lois de la lune. » « Elle est l'instrument de mesure universel. » « Sa mort n'est jamais définitive. »

33

Où cette bête devient la Bête

DANS LES PREMIERS JOURS DE FÉVRIER, les attaques et les alertes se sont multipliées. On intensifie les battues. Les secteurs de Paulhac, Clavières, Grèzes et Saugues sont passés au peigne fin. Par la suite, les recherches sont étendues à toute la région des Trois Monts avec des effectifs de plus en plus nombreux. La gendarmerie a reçu des renforts. Armée, protection civile, pompiers, chasseurs, associations et toutes sortes de bénévoles sont à divers titres mobilisés. On n'a rien vu de tel depuis le Téléthon.

Les loups du parc de la Margeride ont tous été retrouvés. En lisière de la forêt, l'un a été abattu par les gendarmes, un autre par des habitants. Vu les circonstances, personne n'a songé à protester contre ces méthodes. Les autres fugitifs sont revenus rôder autour de leur enclos et leur propriétaire les a récupérés.

Plusieurs hélicoptères ont survolé le secteur. Mais il y a par ici beaucoup plus de bois que de pâturages et la tâche n'est pas aisée. La bête ne s'attarde pas sur les lieux de ses crimes et évite d'y revenir. Étant à chaque fois pourchassée, il est logique qu'elle prenne le large, mais la rumeur lui prête déjà une ruse et un machiavélisme invraisemblables.

Un employé de la Poste dit l'avoir vue très nettement. Les journaux, avec quelque retard, se sont emparés de son témoignage. C'était juste avant la deuxième attaque de Grèzes. Il passait en voiture sur la D 335 pour aller distribuer le courrier quand il avait remarqué un animal au pelage d'un gris rougeâtre tapi derrière un muret proche de la route. Le facteur avait ralenti pour mieux l'observer. C'est seulement quand il fit mine de s'arrêter que l'animal se leva et s'éloigna. Peu après, la jeune cycliste allait être tuée et dépecée.

De nouvelles consignes de prudence sont données à la population. On s'organise pour accompagner les enfants lors des trajets scolaires et autres déplacements obligatoires. Personne ne doit s'aventurer seul à pied. En rase campagne, la bête ne peut plus rencontrer que des gens armés. Qu'à cela ne tienne. Au début des vacances de février, c'est aux portes d'une agglomération qu'elle s'aventure. Une famille lilloise qui occupe un gîte rural à la sortie du Malzieu reçoit sa visite.

Un mur assez haut entoure le gîte en question, classé trois épis. Tout le monde est parti visiter la ville du Puy, sauf la grand-mère qui se sent un peu fatiguée. Il fait soleil. La température est presque douce et cette femme de soixante-huit ans est occupée à faire des mots croisés, assise sur un banc dans la cour. Un chemin désaffecté et broussailleux longe l'arrière du bâtiment. C'est par là que la bête arrive. La pente du terrain lui permet de franchir d'un seul bond le mur. Elle se jette sur la vieille femme qui lui tourne le dos.

Aucun cri n'est entendu. La bête est en train de s'acharner à décapiter le cadavre dûment déchiqueté lorsque survient le propriétaire du gîte. Celui-ci, qui apporte une bouteille de gaz, comprend à quoi il a affaire. Il se garde d'ouvrir le portail et, pour ameuter le voisinage, actionne l'avertisseur de sa voiture. C'est un mauvais réflexe. La bête aussitôt bondit par-dessus le mur. L'homme voit qu'elle emporte la tête de la vieille femme.

Dans la région, l'émotion s'intensifie encore. Cet animal vient dans les jardins. Bientôt, il entrera dans les maisons. Chacun se calfeutre. L'explication quasi officielle est qu'il rôde un loup d'une espèce nouvelle. Mais, comme pour la « première » bête du Gévaudan, le champ des interprétations ne connaît pas de bornes. C'est un fauve échappé.

C'est un dérapage de la science. C'est un coup des extraterrestres. C'est une sorte de chien d'attaque très vicieux. Ou bien (toujours lui) un fou sadique vêtu de peaux de bêtes.

Bref, on ne parle plus que de ça. On ne se salue plus que par des allusions à cette actualité-là. Justine me rapporte les propos entendus dans son magasin de la rue des Pénitents. Certains presque comiques quand on imagine, dans les foyers barricadés, des familles armées jusqu'aux dents guettant, entre le journal de vingt heures et le feuilleton, le halètement du fauve. Qui se risquerait à aller pisser au fond du jardin ? Dans les chemins creux, les tracteurs agricoles ressemblent à des tourelles de chars, tout hérissés qu'ils sont de fusils bourrés de chevrotines.

C'est pourtant bien un simple détail de cette rumeur gévaudanesque qui, tout à coup, va modifier ma perception des choses. « Ces bêtes, il y en a plusieurs. Toute une famille » aurait affirmé l'un des clients de Justine, un retraité des douanes accro à la tisane de pensée sauvage, mais pas complètement timbré. Cette théorie n'est pas nouvelle. Mais là où je me sens frappé de plein fouet et plongé dans les transes, c'est quand « le douanier », comme on l'appelle ici, raconte avoir vu l'année dernière une vieille grosse chienne qui traînait sur la décharge en compagnie d'un chiot bizarre.

Le soir même, je vais voir Mauriçou. Il me fait asseoir sur un banc dans la pièce noircie qu'il nomme son « cafournou ». Sans même lui avoir laissé le temps de servir le verre de vin chaud qu'il me destine, je lui demande ce qu'il a fait de la chienne cancéreuse. Celle qu'il s'était chargé d'abattre.

Sa casserole bosselée à la main, Mauriçou s'immobilise. Sa vieille face burinée esquisse une grimace douloureuse.

— Je savais bien qu'il faudrait que je t'en parle. J'ai fait une connerie.

— Comment ça une connerie ?

— Elle s'est échappée.

— La connerie, dis-je, c'est moi qui l'ai faite... Et elle s'est échappée comment ?

Maumau s'assied face à moi et remplit nos verres. Des vieux verres dépolis, épais et crasseux. À l'idée de vider son sac, il semble se dénouer un peu.

— Je l'avais emmenée au-dessous de la roche, en bordure du bois, pour lui tirer un coup de pistolet. Je lui avais mis un vieux collier et je l'ai attachée à un arbre avec de la ficelle de lieuse.

— Cette chienne, dis-je, n'avait pas l'air en état de s'échapper.

— Tu parles, elle se traînait. Mais, par contre, ça lui a pas plu d'être attachée là. Elle s'est mise à s'énerver et à mordre la ficelle. Je me suis dit qu'il fallait lui tirer tout de suite un coup de pétard.

— Et tu l'as ratée.

— Eh béh oui. Elle gigotait dans tous les sens. Ça lui a frôlé la tête et ça a fini de l'affoler. C'est le collier qui a cassé. Il était pourri. Elle s'est barrée dans le bois...

— Tu aurais dû me le dire. On l'aurait cherchée.

— Je l'ai cherchée jusqu'à la nuit. Mais je t'ai rien raconté parce que je voulais pas passer pour un charlot.

J'avale une solide rasade. Cet odorant vin chaud, qui provoque des bouffées intérieures de chaleur sucrée, me rappelle d'ordinaire des souvenirs d'enfance. Des visites chez des paysans au cours desquelles ma grand-mère, prise de court, me laissait accepter ce verre de pinard hivernal censé me réchauffer et qui me défonçait allègrement. Mais, aujourd'hui, l'humeur n'est pas à la nostalgie. J'ingurgite ce vin chaud comme s'alcoolise un homme aux abois.

Mauriçou (c'était il y a plus d'un an) ne m'avait pas rendu compte de l'exécution de cette pauvre chienne. Et j'étais trop obnubilé par les « expériences » pour demander des détails. Il ne m'avait donc même pas menti.

— Alors, la bête qui bouffe les gens, c'est le petit de cette chienne ?

— Peut-être, dis-je. Je ne sais pas... En tout cas, il faut que tu gardes le secret, Maumau. Je compte sur toi.

Plantant là le pauvre vieux tout mortifié, je cours à la maison et j'appelle Ulrich. J'ai besoin d'explications, mais aussi de m'épancher. Uli est déjà en ligne et je tourne en rond comme un fou. Enfin, j'entends sa voix.

— Oui, dit-il gravement, c'est possible.

— Mais enfin, cette chienne était vide ! Le test était tout ce qu'il y a de plus négatif. Et je l'ai fait plusieurs fois.

— Les tests de gravidité sont sensibles et fiables en général. Mais un état pathologique, un cancer par exemple, peut modifier la lecture.

— Alors on est vraiment dans la merde. Tu pourrais venir quelques jours ? Ça me ferait du bien et puis il faut qu'on discute.

— Sans doute, dit Uli. Je vais regarder mon planning.

— Mais, enfin, pourquoi elle aurait survécu, cette putain de chienne, avec son cancer de la mamelle ?

— Sur un certain nombre de cas désespérés, par exemple des gens condamnés par la médecine, il y en a toujours un ou deux qui s'en sortent. C'est une réalité statistique.

« Désespéré », pensé-je, c'est le mot qui convient. Cette fois, je ne peux plus m'autoriser à croire à une coïncidence. On y a mis le temps, mais j'ai enfin compris. La créature qui rôde dans nos campagnes est bien la Bête copie conforme. La Bête avec un grand B. La Bête du Gévaudan 2, le retour.

IL EST TOMBÉ sur le Gévaudan une neige abondante
et tenace. La neige facilite toujours la poursuite
du gibier. On espère qu'elle va permettre de débus-
quer le monstre. Récemment, un randonneur pense
l'avoir photographié et la photo est parue dans
La Montagne et dans *Le Midi libre*. Mais l'animal,
si animal il y a, se trouvait si loin qu'on ne distingue
qu'une chiure de mouche sur fond blanc.

La neige a aussi pour effet de favoriser certaines
imprudences. Au village de Servières, près de
Montchauvet, un garçon de sept ans et une fille de
onze ans n'ont pu résister à la tentation de faire un
bonhomme de neige. Occupés à leurs jeux, ils ne
voient pas la Bête qui s'approche en silence le long
d'un muret de pierre. Comme pour leur couper la

retraite, elle les contourne et se jette sur le petit garçon. On est en terrain découvert et à trois cents mètres à peine des maisons. Personne, cependant, n'a rien vu.

Peu après, un skieur rencontre dans un chemin un animal qui traîne le corps d'un enfant. Vu les temps qui courent, le jeune fondeur porte à la bretelle une carabine 22 Long Rifle. Mais, avant qu'il ait pu épauler, la Bête lâche sa proie et se rue sur lui. Empêtré dans ses skis, déséquilibré, affolé, il réussit tout juste à repousser l'assaut avec ses bâtons. La Bête le mord et le harcèle. Il doit renoncer à ramasser la carabine et bat en retraite.

« Plus grosse qu'un chien-loup, avec des petites oreilles droites et une gueule énorme. » Ainsi la décrira-t-il. Le jeune homme dit avoir éprouvé la plus belle peur de sa vie. Une forte fièvre due au choc nerveux le contraint à s'aliter plusieurs jours. Quant à la Bête, elle avait su faire perdre sa piste en se jetant dans des fourrés de sapins très épais où la neige est clairsemée. Le corps de l'enfant fut retrouvé là dans un état effroyable. Les intestins complètement déroulés, dit la rumeur, et le foie dévoré.

La Bête, on la voit partout. Même là où elle ne peut pas être. Des témoignages douteux, délirants, des canulars quelquefois, jettent l'alarme dans toute la région et provoquent des branle-bas. Dans la nuit du 18 février, cependant, c'est elle sans aucun doute qui frappe à un kilomètre de chez moi. Vers 22 heures, la fille de mes voisins, Estelle Albaret, était sortie pour aller au garage relancer la chaudière. À peine eut-elle le temps de percevoir, dans l'obscurité, un halètement qu'une masse velue s'abattait sur elle.

Les chiens de la ferme, restés à l'intérieur, n'avaient rien senti ni entendu venir. Heureusement, aux cris d'Estelle, son père se précipitait à son secours. Dans la faible lumière du perron, Pierre Albaret distingua une forme animale et tira deux coups de feu. Sans rien atteindre semble-t-il. L'un des chiens tenta de poursuivre l'ombre en fuite. Il revint peu après avec une oreille à moitié arrachée.

Estelle a été hospitalisée à Saint-Chély. Margeride et moi lui rendons visite. Cet épisode l'a secouée. Elle le revit sans cesse avec horreur, mais elle n'est pas trop amochée. Juste une bonne morsure au bras. L'adolescente nous confie que, dans la journée précédant cette attaque, son arrière-grand-mère aurait repéré de sa fenêtre un inconnu qui surveillait le secteur. Un homme emmitouflé comme s'il voulait se dissimuler plutôt que pour se préserver du froid. La sensibilité d'Élisa est peut-être un peu romanesque, mais sa vue passe pour bonne,

À part ça, je ne pense rien. Je laisse Margeride faire tous les frais de la conversation et réconforter Estelle. Depuis l'aveu de Mauriçou, je me bourre d'anxiolytiques. J'ai le regard fixe. Je marche comme un zombie. En sortant de la chambre d'hôpital, je m'ouvre à Margeride de mon intention d'aller voir la police et de tout raconter. Elle s'arrête au milieu du couloir. Elle prend ma main avec autorité.

— Tu peux bien aller chez les flics, ça n'arrêtera pas la Bête. Il faut trouver autre chose. Agir par nous-mêmes...

— Tu vois bien, dis-je, que tous ces gosses sont morts à cause de moi !

— Et à cause de moi, avec ce bocal que je t'ai mis entre les mains. Et à cause de Mauriçou qui a fait l'idiot. Et à cause d'Ulrich. Et à cause de la poisse. C'est un concours de circonstances. Imagine que tu aies écrasé quelqu'un en voiture sans le faire exprès... Ça arrive tous les jours. C'est très moche, mais il faut vivre avec.

— Tu as de la chance d'être aussi fataliste.

— Au fait, tu sais ce que m'a raconté Estelle pendant que tu déprimais à la fenêtre ? Quand la Bête l'a attaquée, quand elle était tout contre, tu sais ce qu'elle a senti ?

— Non, dis-je d'une voix atone. Je ne sais pas.

— La Bête était en érection.

La nuit qui suit est encore une nuit atroce. Les images de nos « manipulations » défilent. Je donnerais cher pour revenir en arrière, pour annuler tout ça. Le comble, c'est que ma bête est bien la

Bête, mais en pire. Certainement plus grosse et dangereuse que celle de Chastel. Pourquoi ? Parce que « vitaminée ». Ulrich et moi avons, pour le clonage, utilisé la chaîne destinée aux mammouths. Ce protocole implique non seulement des hormones de gestation, mais aussi des hormones de croissance.

Toute la nuit, les arbres craquent. Malgré les « stilnox », je ne dors que deux ou trois heures. J'écoute le glacial vent de nord-ouest. Lancinant. Obsessionnel. Au matin, sa violence s'est encore accrue et je vois, par la fenêtre, tourbillonner la poudre neigeuse. J'allume la radio. Je capte que, d'après la météo, ce vent devrait se maintenir au moins trois jours. Mauriçou est déjà dehors, la casquette rabattue sur les oreilles. Il dégage sa porte devant laquelle une congère s'est formée.

— Ça va faire ça toute la semaine, me crie-t-il. J'y vois pas beau.

Je vais à lui d'un pas que je voudrais ferme et décidé.

— Mauriçou, où est la Bête ?

— Mais, pauvre, j'en sais rien. Pourquoi je saurais ?

— Mardi, elle était chez Albaret. Et maintenant elle est là-haut. Tu m'as bien dit que tu avais vu quelque chose hier sur Malessagne ?

— Tu parles, à deux kilomètres. Je sais pas ce que c'était.

— Mauriçou, le vent va continuer. Si tu étais une bête, tu irais où te mettre à l'abri ?

— Peut-être elle serait dans le Creux des Morts. Entre les deux monts. Mais on peut pas savoir...

Je rentre m'équiper. Vêtements chauds. Fusil. Je n'ai jamais chassé, mais j'ai déjà tiré. Du temps de mon père, j'avais convenablement pulvérisé avec cette arme quelques pigeons d'argile. Je vais chercher dans la remise les raquettes. Elles ne servent pas souvent, mais avec l'épaisseur de neige qu'il y a là-haut... Quant aux chiens, si je renonce à les emmener, c'est pour éviter de me faire repérer. Mauriçou voudrait m'empêcher. Ou bien m'accompagner. Et il ne marche pas bien vite.

Non, je ne cherche pas à expier ni à m'offrir en holocauste. Je ressens juste un besoin furieux de me jeter en avant, de résorber mon angoisse dans la dépense physique. C'est ça ou devenir timbré. Je vais marcher de toutes mes forces et on verra bien.

35

Dans le Creux des Morts

FUSIL ET CARTOUCHES en bandoulière, muni de quelques gâteaux secs bio made in Justine et d'une bouteille d'eau, je m'éloigne discrètement de la Chaleille, prenant soin d'interposer entre l'œil vigilant de Mauriçou et moi les bâtiments de la ferme. Je longe d'abord la route sur quelques centaines de mètres. J'attends d'être sous le couvert du bois pour m'engager dans un chemin qui monte vers Malessagne.

Les hauts sapins gémissent autour de moi. Sur la neige, les traces d'animaux sont nombreuses. Petites empreintes fourchues de chevreuils, pattes d'oiseaux, glissades de lièvres. Comment pister la Bête ? Comment la coincer ? Où la guetter ? J'avais l'intention de réfléchir en route, mais, dans mon esprit fébrile, les idées se contredisent à l'infini. De toute façon, il n'y a pas de recette. Ça se saurait. Je dois compter sur un coup de chance. Comme celui de Jean Chastel qui, le 19 juin 1767, vit venir à lui, trottinant et presque candide, le fauve que le royaume tout entier poursuivait depuis trois ans.

Elle est quelque part, alors pourquoi pas là-haut ? Mauriçou m'a jeté le Creux des Morts en pâture. Et Mauriçou a l'instinct des vieux de la vieille. Le plateau désert de Malessagne s'incurve entre les deux monts. Je connais l'endroit. L'érosion y a creusé dans le granite des bassins en forme de bénitiers. Certains si réguliers qu'ils semblent œuvre humaine. Enfin, on ne sait pas. Du temps de la nuit des temps, ce lieu était, dit la légende, un lieu de sacrifices.

À l'issue d'un ultime lacet, la pénombre glauque des grands résineux fait place à la haute prairie. Le contraste est violent. Le chemin s'ouvre. Étincelant comme un vrai hiver. Heureusement, je n'ai pas les yeux fragiles. La neige trop blanche crisse sous mes raquettes avec un bruit de biscotte écrasée. Le vent chasse devant moi le nuage de ma respiration.

Je marche très vite et avec fureur. Mes nerfs si tendus que la fatigue me reste étrangère. Je ne ressens même pas la morsure du froid, sauf peut-être une vague sensation au visage. À peine si quelques appréhensions m'atteignent au milieu de cette frénésie. Cette Bête, nul ne connaît ses exacts contours et ses limites. Bien que trafiquée, elle appartient cependant au règne animal. Elle n'est donc pas invulnérable.

Près de la source aujourd'hui enfouie, des traces croisent le sentier. Récentes ? Je n'y connais pas grand-chose. Et puis la neige est si profonde qu'on ne voit que des trous informes. Au-delà d'une courte pente se dessinent deux ou trois empreintes plus nettes. Petites, tout compte fait. Ce n'est qu'un renard. Sa piste se perd sur une roche dénudée.

S'ensuit un long passage raviné. Le sentier disparaît. Je foule des congères aux formes douces et profilées comme des dunes de sable. Le vent a accumulé. Il a transformé le relief. Tout est recouvert. Tout est fantomatique. À force de monter, j'arrive en un lieu où le ravin s'évase comme un coquillage. C'est la dernière pente. Je débouche dans le Creux des Morts.

Mauriçou sait ce qu'il dit. Le Creux des Morts est abrité. Ici, les vents s'envolent comme sur un toboggan. On entend souffler, mais on ne ressent aucun souffle. Les hauts genêts noirs et les noisetiers givrés sont immobiles.

Je balaie la neige d'un rocher à hauteur d'homme. Il y a là un bénitier de forme parfaite. La glace en est dure comme du métal. Un lieu sans merci. Je repars en crispant mes mains sur le fusil de mon père. À l'origine, cette arme pouvait tirait cinq coups. Une législation en a fait réduire le magasin à trois cartouches.

À travers les broussailles, je m'achemine vers le centre de la dépression. Le Creux des Morts est fréquenté. Les animaux savent qu'ici le vent les épargne. Toutes sortes de pistes se croisent et s'entrecroisent. Aucune ne me paraît décisive. Je scrute les pentes environnantes, l'orée des bois, les entassements et les affleurements rocheux, les broussailles. Malgré toutes ces traces de vie, rien, nulle part, ne bouge. La haute prairie du Gévaudan est sinistre comme jamais. Je vais continuer jusqu'à la croix de Malessagne. De là-haut, je verrai partout.

Il faut retourner au vent. La pente sera sévère, mais, plus que jamais, l'effort physique me semble indispensable. Je remonte sur l'autre versant de la dépression, presque un cratère en fait. Je parviens sur la lèvre. Le Creux des Morts est sous moi. Il me vient l'impulsion de m'asseoir un moment à l'abri d'un entassement de blocs. Je me tapis, le fusil armé à la main, le regard balayant en permanence les environs. Peut-être qu'en faisant le mort... Mais je me refroidis beaucoup plus vite que prévu. Au bout de quelques minutes, transi, je dois me relever.

C'est alors que je perçois sur ma droite un mouvement. À une cinquantaine de mètres, entre deux rochers, je vois s'éloigner sans précipitation une silhouette rousse et grise.

L'animal qui m'épiait est en train de disparaître dans les genêts. J'épaule et tire aussitôt les trois cartouches. Trois coups de feu très rapprochés. Je donne tout ce que j'ai, car l'occasion est décisive. Le premier tir semble faire osciller l'animal. Les deux autres, au juger, se perdent dans les buissons. Il est déjà hors de vue. Il faut le poursuivre. Vite recharger. Alors, je réalise que je n'ai plus la cartouchière. Elle était mal bouclée probablement. Dans mon énervement, je l'ai perdue en route.

Les trois douilles sont éjectées, vides. Vide le fusil et c'est le fusil qui définit les rôles. Sans lui, ils s'inversent.

Il faut quitter la zone. La retraite s'impose. Presque en courant, autant du moins que me le permettent les raquettes, faisant voler la neige qui recouvre les arbustes torturés, je dévale en direction de la roche. J'ai choisi le chemin le plus court. Mais, dès le début de la descente, une impression affreuse hérisse les poils de ma nuque. Quelque chose me suit. Je le sens. Quelque chose me suit de près, ralentit et accélère en fonction de mon allure. Mes raquettes claquent, mais je suis bientôt persuadé d'entendre, dans les intervalles de ce bruit, un halètement derrière moi.

Dans ma situation, il est naturel de se faire des frayeurs. N'importe qui s'imaginerait... Tandis qu'une part de moi s'affaire à rassurer l'autre, je me retourne et me retourne encore. Le chemin encaissé

sinue entre des fourrés de ronces. Elle pourrait être
là. Sur mes talons. Mais, soyons rationnels, une
bête ne se précipite pas sur un homme qui vient
de lui infliger une telle pétarade...

À force de me retourner, je finis pourtant par
entrevoir une forme, assez loin encore. C'était
l'espace d'une seconde, mais il n'y a pas de doute.
Au tournant suivant du sentier, je reconnais la
tache blanche en forme de cœur. C'est le poitrail de
la Bête et je retrouve l'essence de cette terreur tapie
depuis deux siècles et demi dans la pénombre des
chemins creux. Cette terreur ressuscitée et révélée
aux enfants de Paulhac, aux victimes de Servières,
de Clavières, de Grèzes, du Malzieu et d'ailleurs.

La Bête n'attaque pas d'homme adulte, tenté-je
de me dire, mais ce n'est pas exact. Je sais que la
Bête, comme toutes les bêtes, s'en prend à ce qui
lui semble une proie facile. Dans l'état actuel des
choses, titubant et terrifié, rien ne prouve que je
n'en sois pas une.

Plus rien derrière depuis un moment. Elle a dû
quitter le sentier. La poitrine en feu, j'atteins la
roche Truyère. Les ruines de la chapelle, sous la
neige, sont invisibles. Bruit feutré. C'est juste un
paquet de neige qui tombe d'un sapin. Si je suis
attaqué, j'en ai conscience, les raquettes vont me
gêner, me déséquilibrer. Il faut les ôter coûte que
coûte. Avec un immense effort sur ma panique, je
me baisse pour défaire les attaches. Je n'avais pas

saisi que la Bête était si proche. Juste au-dessus. Me voyant penché, elle dévale le talus. Je me redresse en brandissant le fusil déchargé. Ses mâchoires claquent dans le vide.

Comme le skieur de Servières, je suis empêtré. Mes raquettes se chevauchent et s'entrechoquent. J'ai du mal à faire face. La Bête tourne autour de moi, enregistrant la lenteur de mes réactions.

Je la vois enfin de près et je ne la vois que trop. « La couleur du chevreuil », comme il est dit dans le vieux texte. Je n'ai jamais douté que c'était un animal et c'en est un. Plus gros que la bête de Chastel, mais sa taille n'est pas monstrueuse. *Canis lupus*. Un grand mâle. Mais il y a autre chose. Est-ce ma médecine qui l'a mis en elle ? Pupilles fendues. Museau long. Nez de vipère. Effrayante plasticité du corps.

Avec une adresse diabolique, la Bête esquive les coups que j'essaie de lui porter. Son échine est si souple qu'on croirait voir un chat. Un chat de soixante-dix kilos avec une mâchoire de piège à loups. Dans le cas du skieur de Servières, il y avait, dans les parages, une proie plus avantageuse pour faire diversion. Je n'ai pas cette chance. Elle ne me lâchera pas.

Je voudrais frapper avec la crosse. Retourner l'arme suppose un geste qui me découvre. La Bête en profite pour me saisir la cuisse entre ses crocs. Quelques coups désordonnés me dégagent péniblement, mais, me contournant aussitôt, elle s'abat sur moi par-derrière. Cette bête n'est pas plus lourde qu'un homme, mais sa détente est inouïe. C'est dans le fossé que je suis tombé. Elle est sur moi. Elle me maintient sous sa masse furieuse. Je tente de reprendre appui, mais il n'y a pas d'appui. La neige profonde m'immobilise comme une gangue. Mon dos est inondé d'un froid macabre. Le sang coule de ma cuisse.

Je sens l'haleine putride de l'animal et les répugnantes palpitations de son corps. Je sens ses crocs tâtonner. À défaut de ma gorge que je protège tant bien que mal, il cherche à saisir ma tête entre ses mâchoires. J'essaie le doigt dans l'œil. J'essaie de lui empoigner l'oreille. J'arrache une touffe de poils. Le sang ruisselle de mon cuir chevelu. Mes perceptions se brouillent et s'anesthésient. Je crois entendre des bruits qui approchent. Mais, sans doute, ça vient de mon corps. Comme des résistances qui cèdent.

La Bête insiste avec une rage suffocante. Mordant à la tête encore et encore. Horrible sensation de ses crocs sur l'os. J'avale mon sang. J'en ai plein les yeux. Je crois que je vais tomber dans les pommes. À partir de là, je suis foutu.

Un voile noir s'abaisse comme un rideau de théâtre. Il remonte, il redescend, il remonte encore. J'enregistre un choc mou et la masse animale qui pèse sur moi s'accroît brusquement. Puis un autre choc, puis un fardeau supplémentaire. Ça bouge.

Ça grouille. Cette sensation de poids accru, c'est parce que, vautrés sur mon ventre, il y a non plus un animal, mais deux ou trois. Ils roulent sur moi avec fureur. Ça grogne frénétiquement. Ce serait donc toute une famille de bêtes venant à la curée...

Je ne comprends rien du tout. Ces choses se passent dans une dimension où il fait inconcevablement chaud et froid. Soudain, je sens à nouveau le souffle du vent. La mort est-elle un pays peuplé de chiens blancs ? J'en vois deux puis trois, quatre, cinq et un autre en train d'arriver. Serrés les uns contre les autres, ils harcèlent un grand animal sombre qui fait mine de battre en retraite. Un peu plus loin, cependant, le combat reprend et l'un des chiens vole sur la neige. Ces chiens, ce sont mes chiens. Les beagles de mon père.

Je vois maintenant un fourré de jeunes mélèzes agité par la fuite de la Bête. Les chiens, eux aussi, ont disparu. Je réussis à m'asseoir. J'essaie de me lever. La tête me tourne. Il y a de vastes taches de sang sur la neige. Humain et animal. Le mien se répand encore parmi les gâteaux secs tout écrasés qui sont tombés de ma poche. Des minutes s'écoulent. Puis la neige crisse dans le sentier. Je distingue une forme. La Bête revient achever le carnage. Non, c'est un homme. Sa voix est essoufflée. Je vois son vieux fusil à deux canons. Mauriçou se penche sur moi. Je ne comprends pas ce qu'il dit.

La suite est vécue en pointillés. Je reprends connaissance puis je sombre à nouveau. Visions intermittentes. Violente nausée. Les chiens qui me lèchent sont sanglants. L'un d'eux mange des gâteaux imbibés. Mauriçou est tout souillé de mon sang. Il applique sur mes plaies je ne sais quel chiffon. J'ai vaguement conscience qu'il me soutient et tente de me faire faire quelques pas. Plus tard, je l'entends crier d'assez loin. Il a dû se percher sur la roche Truyère. J'ai très froid. Je vomis. Le visage de Pierre Albaret, notre voisin, se dessine dans une sorte de brume. C'est lui qui, de son portable, appelle les secours.

Je vomis encore. Je n'ai pourtant plus rien à vomir. Un moteur d'hélicoptère gronde dans ma tête. Je ne sais où ils ont atterri. Ces gens se concertent. Vont-ils me transporter à Clermont-Ferrand ? Ça dépend de mon état. On me pose des questions sur ce que je ressens ou ne ressens pas. On se penche sur moi. On essuie mon visage dégoulinant.

36

Par les dents et par les griffes

UNE PORTE S'OUVRE et se referme. Une personne en rejoint une autre à mon chevet.

— C'est un coup de Buffon ! chuchote la voix.

— Le naturaliste ? s'étonne une autre voix.

— En annexe d'un bouquin sur lui, très rare d'ailleurs, j'ai trouvé des fac-similés de comptes et de lettres. Des sommes d'argent sont régulièrement versées par Buffon à un certain d'Argentières...

— Et ce d'Argentières, c'est qui ?

— Le type qui s'est fait déchiqueter dans l'Ardèche juste avant l'affaire de la Bête.

Je n'entends que cette bribe. Rien de plus. Je retombe dans le sommeil des calmants.

— Il a dormi vingt heures, dit une voix familière.

Il y avait d'autres mots avant, mais je n'ai pas compris... Je sens, dans ma main, une main douce et tiède. La deuxième personne est assise contre le mur. Elle se lève et vient me tapoter l'épaule.

— Tu es à l'hôpital de Saint-Flour, dit Ulrich.

— Tu n'as rien de grave, s'empresse d'ajouter Margeride.

— On m'a opéré ?

— On t'a fait quelques points. Rien de plus.

Je frissonne. Par bouffées, des visions me reviennent. Mâchoires révulsées et bavantes. Crocs égorgeurs. Je serre la main de Margeride qui tient la mienne. Ulrich traîne sa chaise jusqu'à moi. À cause des bandages qui emmaillotent ma tête, je suis obligé de me contorsionner pour voir. Je me tâte avec anxiété. Ma cuisse aussi est bandée. À part ça, je peux bouger. Tout fonctionne, il me semble.

— Et elle ? demandé-je. Les chiens ne l'ont pas eue ?

— Non, dit Margeride. Ils sont tous blessés, je crois. Les gendarmes du peloton de montagne ont suivi la piste, mais ça n'a rien donné. Elle est passée de l'autre côté. Elle a pris les bois.

— On ne m'a pas transporté à Clermont. C'est donc que ça va, non ?

— Tous ceux qui t'ont examiné, dit Ulrich, trouvent que tu as eu de la chance. Tu en seras quitte pour deux ou trois cicatrices.

— Je serai défiguré ?

— Ton œil l'a échappé belle, poursuit Ulrich. Elle t'a juste mâchonné l'arcade sourcilière et un morceau de joue. Il te faudra un peu de chirurgie esthétique.

— De la chirurgie ?

— Et encore, ce n'est pas sûr... Le cuir chevelu a dégusté plus sérieusement. Ne t'étonne pas. On t'a rasé le crâne.

— Une ou deux petites balafres, ajoute Margeride, compatissante, ça vous virilise un homme.

— Vous ne me cachez rien ?

La chambre est d'un bleu apaisant. Margeride et Ulrich me dévisagent sans trop d'horreur et ça finit par me rassurer. J'ai vu de près le monstre et la mort. J'en reviens. C'est un gros cadeau. Ça veut peut-être dire que la vie n'est pas faite pour se consumer dans une vaine angoisse.

— Justine n'est pas prévenue ? demandé-je.

— Je ne sais pas, dit Margeride. Moi, c'est Mauriçou qui m'a appelée.

— C'est vrai, elle est en stage à Mende... Si personne ne l'a prévenue, elle va être furieuse.

Margeride et Ulrich évitent de me questionner sur les événements. Ils se retiennent. C'est pour me ménager. Mais je devine ce qui leur brûle les lèvres.

— Cette Bête, dis-je en soupirant, je ne sais toujours pas ce que c'est.

— Mais elle ressemble à quoi ?

— Jeune et en bonne santé. Son poil est très luisant...

— On est content pour elle.

— Elle ressemble à un grand loup mâle.

— Et qu'est-ce qui te fait dire, demande Ulrich, que ce n'en est pas un ?

— Sa démarche, sa souplesse... On l'imagine capable de monter aux arbres.

— Ce n'est tout de même pas un félin !

— Justement, dis-je, elle a des yeux de chat. Des pupilles fendues.

Je me dresse sur le lit et remonte mon oreiller. De la perche qui me surplombe, s'écoule le goutte-à-goutte. Aucune explication ne rendra la vie aux victimes, mais j'ai envie de comprendre tout de même. Quand nous connaîtrons mieux cet animal, peut-être nous deviendra-t-il assez prévisible pour le dépister.

— Vous parliez, dis-je, de Buffon. J'ai entendu quelques mots dans mon sommeil.

— Le type, dit Margeride, qui s'est fait bouffer dans l'Ardèche, est un ancien louvetier devenu trafiquant d'animaux exotiques. Il travaillait pour le compte de Buffon. Et, dans les années 1760, Buffon se passionnait pour Madagascar.

— Madagascar, intervient Uli. Le pays des lémuriens et consorts, des animaux rares... Certains ont disparu il n'y a pas si longtemps. Au XVIIIe siècle subsistaient encore des espèces dont nous n'avons pas idée aujourd'hui...

— J'ai trouvé, reprend Margeride, une lettre très explicite. Contrairement à ce que nous avons lu dans le courrier de l'évêque, d'Argentières n'était pas en Ardèche pour y « mener une chasse ». Du moins, pas une chasse quelconque. Il tentait de retrouver un fauve de Madagascar échappé pendant son transport.

— *Ferassimus.*

— *Ferassimus Subtilis.* « Le fauve le plus redoutable de toutes les colonies de la France ».

— Et de qui est cette lettre ?

— Elle est adressée au secrétaire de Buffon par un certain Riquier, commis de d'Argentières. Il en ressort que ce fauve, commandé par Buffon, aurait été débarqué à Marseille à l'automne 1762. En cours de route, il aurait profité d'un accident du chariot qui l'acheminait vers Paris pour disparaître dans la nature.

— Ce qui expliquerait, dis-je, ce dessin récupéré par le musée.

— Je pense que c'est un dessin fait à Madagascar par d'Argentières. Ce portrait de *ferassimus S.* a pu servir à vérifier l'aspect de l'animal lors de la livraison.

— Le louvetier ne l'a peut-être pas réceptionné lui-même, mais il l'accompagnait.

— Il nous manque le début de l'affaire, dit Margeride. D'Argentières, en tout cas, s'est fait écharper. Il semblerait aussi qu'un voiturier ait été blessé à mort lors de la fuite de l'animal.

Ma chambre d'hôpital est située à un étage élevé. Le jour décline. À travers le double vitrage, je ne vois, contrairement à sœur Anne, rien qui verdoie. Juste la neige fine qui poudroie au-dessus des marronniers. De l'autre côté des Promenades, la noire cité médiévale de Saint-Flour se laisse à peine deviner. C'est là-bas que, dans la maison d'une sulfureuse arrière-grand-mère, toute cette histoire a commencé. Je devrais plutôt dire : « a commencé à recommencer ».

— Ce qui m'étonne, reprend Margeride, c'est que ce fauve africain ait pu survivre dans un pays aussi froid.

— Il n'a pas survécu, dit Ulrich.

— Comment ça ?

— Uli a raison, dis-je. Il n'a pas pu passer l'hiver.

— Dans ce cas, dit Margeride contrariée, on fait fausse route.

— Non. On ne fait pas fausse route.

— Et pourquoi ?

— Parce qu'avant d'avoir les castagnettes définitivement congelées, *Ferassimus* a eu le temps de se reproduire. Ça a donné la Bête.

— Je le crois aussi, intervient Uli. Tout concorde. Le père de la Bête est un fauve de Madagascar, déjà très rare à l'époque et aujourd'hui disparu. Sa mère est une louve qui lui a légué son adaptation au froid.

La pénombre peu à peu envahit la chambre. Les jours sont censés rallonger, mais n'en font rien. Ulrich se lève pour allumer.

— Quoi d'autre ? demandé-je. Il y a quoi dans cette lettre ?

— Lors de la fameuse chasse, dit Margeride, d'Argentières était accompagné, je cite, « d'une douzaine de compagnons, piqueurs, valets de chiens ainsi que de plusieurs gentilshommes des environs ». Mais l'attaque n'a eu que deux témoins.

— C'est toujours ce Riquier qui raconte ?

— Il donne pas mal de détails, poursuit Margeride. D'Argentières avait prescrit une capture au filet. Mais, quand ses voisins d'affût virent surgir le fauve, ils déchargèrent leurs fusils sur lui. D'un peu trop loin, si j'ai bien compris.

— Ça n'a fait que l'énerver, non ?

— D'après les deux chasseurs, le fauve était « enragé comme un démon ». « Une bête sauvage de couleur rousse, aux oreilles petites et bondissant comme un tigre... » Ils ont craint pour leur vie. Le temps qu'ils se ressaisissent et rechargent leurs armes, d'Argentières, qui n'avait pas eu le temps de réagir, était déchiqueté, « par les dents et par les griffes ». Les deux hommes ont remarqué que le fauve s'acharnait sur le col du manteau et le mettait en pièces...

— « *Sur le col* », dis-je, ça signifie plutôt « le cou » en langage du XVIIIe siècle ?

— Je ne crois pas, dit Margeride. Il est même précisé que son col était fait à partir d'un des plus glorieux trophées de d'Argentières, « dans la peau d'un grand loup mâle ».

— Dans la peau d'un loup mâle, répète Ulrich d'un air pénétré.

— Ça a l'air de t'inspirer.

— *Ferassimus*, dit Ulrich, s'accouple avec les louves et attaque sauvagement ses rivaux...

— Et qu'en déduis-tu ? demande Margeride. Qu'il n'est pas homosexuel ?

37

Le tagomas

L A BÊTE DU XXIᵉ SIÈCLE, pendant ce temps, poursuit ses exploits. Frustrée de sa proie du Creux des morts, moi en l'occurrence, elle sévit avec fureur sur les pentes du mont Mouchet. Non loin du village d'Auvers, dans un hameau environné d'une forêt épaisse, elle attaque au crépuscule une jeune femme de vingt-huit ans. Le fauve était tapi près de la remise à bois. La jeune agricultrice, fluette de sa personne, est surprise et égorgée en quelques secondes.

Deux voisins armés de bêches, cependant, interviennent et la Bête n'a pas le loisir de dévorer ni d'emporter sa proie. De fureur et de dépit, elle n'hésite pas à pénétrer, à quelques kilomètres de là, dans un hangar attenant à une ferme où une fillette de huit ans est en train de faire de la balançoire. La Bête est immédiatement poursuivie. On récupère le cadavre de la petite fille à cinq cents mètres de là avec seulement quelques morceaux de chair arrachés.

Dans la relation de ces attaques d'Auvers, une certaine « scène » rapportée par les parents de l'enfant frappe plus que tout les imaginations. Avant l'arrivée des secours, alors qu'ils venaient de ramener chez eux le corps de leur fille, ils disent avoir vu, par une fenêtre du rez-de-chaussée, la Bête qui les regardait. Cherchant peut-être à récupérer sa proie, elle les avait suivis et s'était dressée contre l'appui de cette fenêtre. Sur un mouvement du père pour s'emparer du fusil, elle avait disparu dans le bois.

Comment, dans cette attitude, s'empêcher de voir un acharnement au mal, un cynisme presque humain ? Ce témoignage des parents rejoint certaines histoires qui courent la campagne et qui, pour être moins crédibles, n'en sont pas moins horrifiantes. Une personne dont l'identité est voilée d'un flou artistique aurait vu, un matin à l'aube, en sortant de chez elle, la Bête en train de s'ébattre dans l'eau glacée de la Truyère. Se sentant tout à coup épiée, elle se serait dressée sur ses pattes de derrière et aurait disparu en courant comme un homme.

La sorcellerie, visiblement, n'est pas loin. On aurait même trouvé, paraît-il, un prêtre pour exorciser des personnes et des lieux à risque. Il paraît aussi, et ce n'est peut-être pas du roman, que des habitants de fermes isolées aux alentours du Montgrand auraient entendu et décrit le hurlement de la Bête. En concordance troublante avec les récits d'autrefois, ce cri nocturne ressemblerait « au bruit que fait un homme qui vomit ».

Une vieille aide-soignante qui a bien connu ma famille et qui en sait long sur les choses du Gévaudan s'attarde dans ma chambre pour me faire part de ces rumeurs. À peine est-elle partie que je vois entrer, la casquette à la main et le pas hésitant, ce vieux Mauriçou. Il est venu en stop jusqu'à Saint-Flour et les touristes anglais qui l'ont transporté n'ont pas été déçus question couleur locale. Il leur a fallu charger sur la voiture une brouette défectueuse destinée à être ramenée chez Monsieur Bricolage.

On m'a enlevé la perfusion. Je suis libre de sauter du lit pour étreindre Mauriçou. Sans lui, aucun doute là-dessus, j'étais cuit.

— On t'a fait de gros pansements, dit-il avec une sorte de timidité.

— Et ils m'ont rasé la tête. Ça va vous faire drôle... Comment vont les chiens ?

— Fougère n'est pas revenue. Elle a trop voulu poursuivre. J'y vois pas beau pour elle.

— C'était la plus mignonne... Avec Granite.

— Les cinq autres ont tous été mordus. Mais t'inquiète pas. Je les soigne... Et toi, pauvre, ça va quand même ?

— Maumau, je ne sais pas ce que je ferais sans toi.

À mon expression, il voit bien que ce n'est pas une boutade. Il a l'air tout ému.

— On dirait que ça va aller.

— Oui, dis-je avec une conviction tout de même un peu forcée, j'arrête de déconner. J'ai beaucoup parlé avec Ulrich et Margeride. On va essayer... On va trouver une solution. Tu es avec nous ?

À Mauriçou, fait suite l'abbé Blanqui. Par téléphone. Sa voix est toute précautionneuse. Il dit s'inquiéter de mon état. Mais, bien vite, viennent les questions. Ce corps à corps avec la Bête l'excite comme un fou. C'est ça qui le démange bien qu'il s'en défende. Interroger quelqu'un qui a vu. Une véritable victime vivante et contemporaine. L'abbé n'est pas le seul. Les « bestieux » sont frénétiques. Outre les gendarmes, plusieurs d'entre eux m'ont déjà cuisiné. Presque tous assimilent la nouvelle Bête à celle de jadis. Résoudre l'énigme d'aujourd'hui, ce serait résoudre l'ancienne.

Entre deux visites, les yeux au plafond, je m'adonne à des exercices mentaux visant à reprendre le contrôle de moi-même. Ce n'est pas tout de décréter. Ce lit d'hôpital doit marquer un tournant véritable. Il est temps de s'arracher. De

334

vaincre l'affolement. D'arrêter surtout la catastrophe. Il le faut à tout prix. Je reformule les
questions. Je prononce dans ma tête les grandes
phrases signifiantes. C'est dans ces transes que je
me débats lorsque paraît le docteur Védrine.

— Vous vous êtes mis dans de beaux draps,
s'exclame-t-il.

Le paléozoologue dépose sur une chaise un
incongru manteau de fourrure grise. Il ôte aussi
son gros bonnet de laine. Son crâne étincelle
comme dans une pub pour nettoyant intégral. Il
s'assied à mon chevet.

— Mais, rassurez-vous. En ce qui me concerne,
vous êtes compris et approuvé. Je suis avec vous.

— Merci, dis-je... Mais vous approuvez quoi ?

— Vos expériences. Votre succès. Votre re...
création.

Le savant fou me sourit avec bienveillance. Clin
d'œil complice et compagnie. Farfelu peut-être,
mais il a tout deviné.

— Vous auriez dû m'associer à cette aventure ! ajoute-t-il. Je pouvais vous apporter des
éléments.

— C'est à cause de ce morceau de peau que vous
dites ça ?

— Dès que vous me l'avez montré, j'ai tout
compris. Par la suite, je n'ai pas eu de mal à suivre
les étapes de votre travail.

335

— Mais, demandé-je sans plus résister, qui d'autre est au courant ?

— Ne vous affolez pas. Seul un spécialiste peut comprendre. Et je garde le secret, c'est promis. La police est venue me voir, figurez-vous. Ils ont analysé des poils trouvés sur les victimes et ils sont très perplexes.

— Ils sont venus vous voir !

— Je leur ai dit qu'à mon avis, il y avait là-dessous une aberration génétique fortuite et naturelle.

— Ce que j'ai déclenché, dis-je, est épouvantable. Je ne me le pardonnerai jamais.

Appuyé sur les bras du marronâtre fauteuil d'hôpital, métal et skaï répugnant, Védrine se penche vers moi. Ton de la confidence. Il hoche benoîtement sa tête chauve.

— Vous n'avez rien à vous reprocher, dit-il. Ce qui arrive est un malheureux dérapage. Un accident. Il faut relativiser. L'homme a toujours eu des prédateurs... Je voudrais maintenant que vous me fassiez confiance. Nous avons des informations à échanger.

— Quel genre d'informations ?

— L'« identité » véritable de la Bête, ça vous intéresse ? Mais peut-être avez-vous un peu avancé sur cette piste. Je sais que mon neveu vous a tendu la perche...

— L'abbé Blanqui est dans le coup ?

— N'exagérons rien dit Védrine. C'est un excellent chercheur, mais il vit dans le passé et moi je vous parle du présent. Je l'ai juste encouragé à vous transmettre certains documents. Il n'était que trop content de trouver un prétexte pour vous approcher. Ce garçon manque d'affection.

— Pour la Bête, il y a longtemps que vous savez ?

— Des années. À force de fréquenter l'œuvre de Buffon...

Le docteur Védrine s'interrompt pour me scruter à travers ses lunettes en écaille de tortue fossile du jurassique. Ou assimilé.

— Voyons un peu, reprend-il. Qu'avez-vous appris ?

— Le père de la Bête, récité-je avec lassitude, serait un fauve de Madagascar ramené en France par un trafiquant nommé d'Argentières. Il se serait échappé en Ardèche et accouplé avec une louve. Buffon le destinait sans doute à la ménagerie royale.

— Pas mal du tout ! Il faut dire que vous êtes bien entouré. Cette petite Margeride a bien travaillé.

— Comment le savez-vous ?

— Tout se sait dans notre microcosme... Ceci dit, je suis persuadé que Buffon n'aurait pas livré le fauve au roi. Sa trouvaille possédait des particularités bien trop exaltantes pour un naturaliste... Buffon l'aurait gardée pour lui.

— D'après un dessin d'époque, dis-je en remontant le bandage qui me bouche la vue, cet animal serait le *Ferassimus subtilis*.

Éclair de triomphe dans les lunettes du paléozoologue.

— 16 sur 20 ! dit-il. D'autant que vous auriez du mal à en savoir plus. J'ai tout de suite repéré ce dessin, moi aussi. Contrairement à ce que pensent tous ces incompétents, il ne s'agit pas de la Bête du Gévaudan. *Ferassimus subtilis* est une variété de tagomas ou « tigre de Madagascar ». Cet animal n'a jamais été décrit scientifiquement. Bien entendu, ce n'était pas un tigre. Il s'agit d'un viverridé très rare et très étrange qui s'est éteint à la fin du XVIIIe siècle.

— Et le paysage du dessin, ce n'est pas du tout le Gévaudan.

— Absolument pas ! Ils n'ont rien compris. Ces maisons à toits aigus. Ces gens vêtus de toges. On reconnaît même entre leurs mains les instruments agraires traditionnels. D'après moi, ce tagomas est originaire de la côte est où subsiste une forêt très ancienne à température et pluviométrie uniformes.

— Il serait donc issu de ce mystérieux ancêtre commun au chien et au chat ?

— Schématiquement. Si vous voulez. Il est en tout cas d'une grande plasticité génétique et donc capable de s'accoupler, dans certaines conditions, avec divers canidés, félidés et viverridés. Je pense cependant que ses hybrides sont stériles.

— Encore heureux.

— Le tigre de Madagascar était sans doute à peine plus gros qu'un puma, mais unanimement redouté pour sa ruse et sa férocité. Les légendes malgaches font aussi référence au tagomas pour sa grande agressivité sexuelle. Il était censé venir s'accoupler aux portes des maisons avec des animaux domestiques. D'après la tradition, il aurait donné naissance à des chimères fabuleuses.

Védrine est lancé. On ne l'arrête plus. J'approuve dans une sorte d'hébétude. Je me sens faible, incapable de me situer dans une quelconque stratégie. Ce n'est que sur la promesse que nous nous reverrons pour « aviser » que le paléozoologue consent à me quitter. Malgré son ton complice et les éclaircissements qu'il m'apporte, cette visite ne fait que renouveler mon angoisse. Je passe une nuit affreuse.

38

La fontaine du Malzieu

EN ATTENDANT MIEUX, je dois me contenter du titre de survivant. Je quitte l'hôpital tondu et balafré, mais avec mes membres et mes organes au complet. Ulrich m'accompagne dans les démarches paperassières relatives à ma sortie. Il doit me ramener à la maison. En milieu de matinée, nous embarquons dans sa vieille Volkswagen malmenée par une utilisation abusivement tout terrain.

En cours de route, j'expose à Uli la thèse du tagomas. Elle a au moins l'avantage de compléter parfaitement la nôtre. D'après Védrine, le tagomas de Madagascar serait d'une « grande agressivité sexuelle ». *Idem*, sans doute, pour sa progéniture, c'est-à-dire la Bête. Mais, alors que l'hybride du XVIIIᵉ siècle pouvait, de temps en temps, s'offrir une louve, celui d'aujourd'hui doit se sentir bien seul. Quelle femelle voudrait se dévouer pour calmer ses ardeurs ?

De l'avis d'Ulrich, la Bête, de même que certains criminels humains, pourrait être furieuse par frustration chronique. Les propos d'Estelle, décrivant un animal en érection, vont dans ce sens. À part ça, la plupart des victimes ne sont plus là pour raconter. Il y a bien des rumeurs, comme il y en avait eu au xviiie siècle. On fantasme sur le fait que la Bête ne s'en prend qu'à des femmes et des enfants. Mais, *a priori*, les corps des victimes ne portent pas trace d'agression sexuelle.

— À moins, dis-je, que les enquêteurs ne détiennent certains indices et les gardent secrets...

— Je ne pense pas, dit Ulrich, que la Bête parvienne à s'assouvir sur ses victimes humaines. Elle ne fait qu'essayer. Et ça l'énerve encore plus.

Autoroute A 75. Coup d'œil distrait sur le viaduc de Garabit surplombant la vallée inondée de la Truyère. Fin du Cantal. C'est la Lozère. Petites routes sombres du Gévaudan où le ciel est bas. Au Malzieu, nous laissons la voiture dans un parking extra-muros à peu près vide. Justine m'a fait promettre de passer la voir. Elle veut me munir d'une huile de lavande réputée apaisante que je dois m'appliquer sur les tempes. Il est aussi question d'ampoules de radis noir et de lait de chardon.

Un prétexte sans doute, mais je m'exécute. Je ne veux surtout pas contrarier Justine. Je ne suis pas en état de faire face à un clash. Et nous sommes à la limite. Ulrich, par discrétion, propose de m'attendre dans la voiture, mais je préfère qu'il vienne. Un tête-à-tête ne me paraît pas souhaitable.

Hier, en arrivant de Mende, Justine a surgi dans ma chambre avec le fracas d'une intervention du GIGN. Fureur noire de ne pas avoir été prévenue de mon hospitalisation. C'était, ai-je dit, pour ne pas l'inquiéter sans nécessité. Parce qu'elle était difficile à joindre. Parce que j'étais bien faible. Ces raisons ne l'ont pas convaincue. Circonstance aggravante : sagement assise dans le fauteuil de skaï, Margeride était à mon chevet. Les deux filles ont eu un aparté dans le couloir et Margeride s'est éclipsée. Je crains le pire.

Rue des Pénitents. Il y a des monticules de neige durcie devant les maisons. Justine a rénové une ancienne échoppe située près de l'une des portes fortifiées de la ville. Enseigne médiévale, panneaux de bois, bassines de cuivre en vitrine, et autres caractéristiques des boutiques implantées en zone pittoresque. La façade est engageante. Commercialement, Justine se débrouille. Elle fait preuve d'agressivité, inutile de le dire. Elle travaille aussi par correspondance et il semble que le mot Gévaudan porte ses fruits. C'est un bon label pour des plantes sauvages. Ses frais, en plus, sont réduits. Les locaux lui viennent par héritage de sa grand-tante et j'en passe. La famille de Justine a de l'argent.

Ceci dit, à part l'été où il y a un peu de monde, je me suis toujours demandé comment on pouvait faire vivre, dans un si petit bled, une activité aussi parallèle. Je n'ai jamais posé la question de front à l'intéressée. Ce serait mal perçu.

En entrant, Uli et moi dérangeons un berger allemand couché en travers de la porte. Zodiac se lève paresseusement et va se recoucher contre le radiateur. Ça veut dire que la grosse Monica n'est pas loin. Elle et Justine sont en train de bavarder de part et d'autre du comptoir où s'alignent des pots à pharmacie ornés de mots latins.

À l'arrière-plan, sur des rayonnages rustiques, s'entassent sous divers aspects et conditionnements, des extraits de plantes. Gélules, ampoules, sachets, poudres, bocaux, bâtonnets, lyophilisats, bulbes asiatiques, tubercules en forme de mandragore. Ça sent bon bien qu'un peu trop. Les noms sont pleins de musicalité : angélique, aubépine, armoise, anémone pulsatille ou fleur de Pâques, alchémille, avoine, aneth, artichaut...

— Tu as très mauvaise mine, me dit Justine.

— Avec toi, je ne risque pas de me bercer d'illusions.

— Tu ne vas pas attraper des maladies, au moins, avec ces morsures ? Ils t'ont vacciné ?

— Mais oui. J'ai tout eu, même la rage.

— Tâche de te remettre comme il faut. Et arrête un peu de t'obséder. Tu deviens sinistre... On pourrait partir deux ou trois jours en thalasso. Un bon bain d'algues vertes. En hiver, ça fait beaucoup de bien.

— Moi, tu sais...

— Il n'y a plus rien à en tirer, dit Justine, prenant à témoin son amie.

Aux trois quarts tournée vers nous, la prodigieuse croupe de Monica déborde triomphalement du modeste tabouret. Sachant ce que je sais sur le penchant révélé au bois des Fades, je la contemple avec des yeux nouveaux, presque intimidés. Une distance sacrée.

— Rien à en tirer... à quel point de vue ? demande-t-elle avec perfidie.

— Plus rien du tout.

— Il faut essayer, dit Monica, l'extrait de bambou. Le meilleur, c'est celui de Malaisie.

— Le bambou, dis-je. C'est imagé...

Aucune répartie, ne me venant à l'esprit, je me laisse tomber sur une chaise en rotin laquée de vert.

— Pourquoi pas la corne de rhinocéros ? intervient Ulrich.

Je lui fais pitié, sans doute. Je suis tellement éteint qu'il vient à mon secours.

— À propos de la corne de rhinocéros, ajoute-t-il, il y a quelque chose que je n'ai jamais compris, c'est qu'on l'administre en poudre. Vous ne trouvez pas que c'est un contresens ?

Gloussements des deux filles. Sur le bambou de Malaisie et consorts, elles préfèrent cependant ne pas trop insister. Elles font mine de s'inquiéter pour moi, ce qui justifie tout un chapelet de conseils. Soupes et décoctions à l'appui. Non, décidément, je n'ai plus assez d'agressivité pour rétorquer. Bien peu d'agressivité sexuelle. Contrairement à la Bête et à toutes ces femelles diaboliques.

— Alors, me demande Monica, c'est quoi la Bête ? Tu l'as vue de près non ?

— Tu n'avais peut-être pas tort, dis-je avec lassitude, la Bête, c'est rien d'autre que nos vieux démons.

— Je n'ai jamais parlé de ça. Tu entends quoi par vieux démons ?

— Tout ce que je sais, dis-je, c'est qu'ils sont censés revenir. « Le retour des vieux démons », tu connais cette expression ?

— Et alors ?

— Alors rien. C'est juste une formule, mais formuler me fait du bien.

— Je vois, intervient Justine, que tu as encore la force de délirer un peu.

La clochette de la porte tinte. Nous n'attendions surtout pas Margeride. Elle-même semble surprise et confuse. Elle rougit un bon coup. De l'extérieur, elle ne nous avait pas repérés.

La boutique est sombre et nous sommes assis dans un angle mort.

— Je pensais te trouver seule, dit-elle à Justine. Je repasserai une autre fois.

— Et pour quoi faire ?

— Pour parler.

— Nous avons des choses à nous dire ?

— Je n'aime pas les conflits, dit Margeride. Ce qui s'est passé à l'hôpital, ça ne m'a pas beaucoup plu. Me faire traiter de petite pouffiasse et compagnie...

— Tu voudrais peut-être que je m'excuse ?

— Oui, dis-je faiblement. Il faudrait que tu t'excuses. Margeride est sensible. Elle a mal pris...

— Moi aussi, dit Justine, j'ai mal pris. J'ai mal pris que ce soit elle qui ait été convoquée pour ramasser les morceaux... Alors, tu l'as bien dorloté ton petit prof chéri ?

— C'est pas mon prof, proteste Margeride.

— Ah bon ! Je croyais qu'il te faisait faire une thèse sur je ne sais plus quelle bête poilue. Enfin, je me comprends !

— Ce n'est pas une thèse. Et il n'est pas question de bête poilue.

— Je sais, poursuit Justine, vous faites de l'histoire de l'art. Mais moi je dirais plutôt que c'est de la mauvaise science-fiction votre truc... Arrêtez de vous foutre de ma gueule.

— Qui, interviens-je péniblement, se fout de ta gueule ?

— Je ne suis pas idiote. Et je ne parle pas seulement de ce que tu fabriques avec cette gamine. Je crois que tu as fait une belle connerie et qui va sans doute te coûter cher.

— Quel genre de connerie ?

— Tu le sais très bien, grince Justine. Et je ne suis pas sûre de vouloir te couvrir.

Je retombe sur la chaise d'où je m'étais levé. Encore un coup bas. Percé à jour de tous côtés. Dès que j'en aurai le courage, je prendrai ma « bonne amie » entre quatre yeux. Mais ce n'est pas gagné. Il y a du coup fourré dans l'air. La voilà maintenant qui saisit Margeride par le poignet.

— D'accord pour parler, lui dit-elle. Il est temps de clarifier les choses.

— On peut vous laisser, propose Monica en levant à demi ses fesses dantesques du tabouret.

— Oui, dit Ulrich, il faut qu'on s'en aille de toute façon.

— Restez, dit Justine, on ne sort que cinq minutes.

Le malaise ! Si Margeride m'avait prévenu de cette démarche, j'aurais tout fait pour l'empêcher. Qu'elles s'expliquent... Je vois ça d'ici. Elles vont ensuite venir m'enjoindre de faire un choix. Poison violent d'une part. Gosse épuisante d'autre part, et qui va s'empresser, dès que j'irai mieux, de me faire tourner en bourrique.

Justine enfile son anorak. Les voilà dehors. Contournant les tas de neige, elles font quelques pas jusqu'à la fontaine sur laquelle trône, au milieu de la placette, une statue peinturlurée de la Vierge Marie. Nous nous approchons de la vitrine pour surveiller. Elles se toisent. Grandes toutes deux. De même taille. Elles se parlent à bout portant. Que sont-elles en train de se dire ?

À peine ai-je le temps d'échanger avec Ulrich un regard alarmé qu'une gifle retentissante a déjà claqué. Si violente qu'on l'entend d'ici. Et une autre dans la foulée. La douce Margeride n'a mis que quelques centièmes de secondes à restituer cette gifle carabinée.

Le pugilat évolue très vite. Ces harpies s'empoignent aux vêtements et par les cheveux, se tiraillent dans tous les sens, se bousculent contre la fontaine. Aux pieds de la Sainte Vierge, le canon crache dans la vasque une eau spectrale. Le sang leur afflue au visage. Rictus. Visages révulsés. On soupçonne rarement ça chez une femme. Quelque chose qui remonte aux racines de la haine. Quelque chose qui était là depuis toujours et qui, d'un coup, remonte en surface.

Elles se secouent, s'agrippent avec tant de frénésie que les vêtements leur remontent jusqu'aux aisselles. On voit le ventre blanc de l'une et de l'autre. Le string noir, la raie des fesses de Justine dans le pantalon à taille basse. Les ongles laissent des traînées rouges. On voit jaillir, du soutien-gorge arraché, le sein de Margeride. Un sein rond et innocent. Et, au-dessus, la tache de naissance en forme de patte. Le signe de la Bête. La scène est d'un érotisme étonnant.

Ulrich et Monica se précipitent au-dehors et je les suis presque malgré moi. Parce qu'il faut. Nous courons vers la fontaine. Justine, de toutes ses forces, est en train de faire basculer Margeride par-dessus la margelle. Renversée en arrière, baignant à mi-corps dans l'eau glaciale, Margeride s'accroche à l'anorak vert pomme de Justine. Justine est plus nerveuse, mais Margeride est plus lourde. Ça y est, les voilà toutes deux, les pattes en l'air, dans le bassin.

Les têtes reparaissent. Les corps dégoulinants ravageant la fine couche de glace. Nous les saisissons. Nous les tirons n'importe comment par-dessus le rebord. Chacune d'un côté. Allons-nous devoir les ceinturer pour les empêcher de remettre ça ? Elles ont des airs hagards. Elles se relèvent lentement. Elles ne grelottent pas encore. Elles s'ébrouent sous le regard navré de la Vierge Marie dont les mains conciliantes voudraient calmer le jeu.

39

Margeride à Montchauvet

U LRICH PREND LES CHOSES EN MAINS. En rentrant, ce soir-là, avec moi à la Chaleille, il affiche au mur une carte d'état-major de la région du mont Mouchet. Avec ou sans espoir, il n'y a pas d'autre ressource que d'agir. L'idée est de représenter, dans l'ordre chronologique, toutes les attaques et tous les déplacements connus de la Bête. Il semble que les lieux où son « ancêtre » s'était fixé en 1767 exercent sur elle une forte attraction.

Les environs du mont Mouchet sont boisés et accidentés. Propices pour un animal sauvage en quête d'un refuge. Y aurait-il autre chose, cependant ? Serait-il possible que la Bête du xviiie siècle ait légué à son clone une sorte de mémoire ? Des traces d'un vécu ancien pourraient-elles être transmises par la voie du génome ? Nous ne le croyons pas vraiment, mais il ne nous reste, pour aider la chance, que le recours à l'intuition et à l'inspiration.

Nous compulsons toutes sortes de livres. Nous revenons sur la vie et l'œuvre de Buffon. Toujours dans l'idée de déchiffrer la créature. Peut-être « sa » créature. Ulrich est très calé sur le contexte scientifique de cette époque. D'après lui, si Buffon est responsable de l'importation du tagomas, il serait naturel qu'il ait voulu étouffer la rumeur de son évasion. Ceci expliquerait aussi l'absence de rapport rédigé par lui alors que l'animal tué par Chastel lui a réellement été présenté.

« M. de Buffon, chargé de l'examiner, reconnut que c'était un loup énorme », dit le seul document connu. On n'en sait pas plus, sinon que le cadavre de la Bête était si avancé que le domestique du marquis d'Apcher chargé de l'acheminer le fit enterrer en arrivant à Paris. Il nous semble cependant que le naturaliste n'était pas homme à se laisser rebuter par la putréfaction. Buffon ne craignait pas de se faire apporter, dans des barils de sel ou à l'état de cadavres mal séchés et puants, moult restes d'animaux exotiques. D'après Ulrich, il se serait aussi intéressé à des expériences d'accouplement entre espèces. Avec le tagomas, il avait de quoi faire.

Le lendemain matin, nous nous rendons à Saugues. Je m'y procure une arme à longue portée qui devrait faire plus d'effet que mes chevrotines (c'est d'une armurerie de Saugues que provenait le fusil de Jean Chastel). Un acte plutôt symbolique. Je m'y raccroche pour m'aider à surnager. Ulrich lui-même semble tendu. Au retour, nous nous mettons à l'écoute des infos sur la radio locale. Un habitant de Nozeyrolles dit avoir tiré sur la Bête d'assez loin alors que, délogée par les battues, elle quittait le secteur d'Auvers. Depuis, pas de nouvelles. Serait-elle blessée ?

En début d'après-midi, une voiture arrive. Margeride se fait déposer par un condisciple qui repart aussitôt. Elle revient du site archéologique. En cette saison, il ne s'agit pas, bien sûr, de fouiller, mais il paraît que la neige permet des relevés privilégiés et des photos de reliefs.

Margeride est pâle et haletante. Je crains les conséquences du bain dans la fontaine. Il lui faudrait peut-être une boisson chaude, mais il est dit que ma tisane verveine-hibiscus (provenance Justine) restera à refroidir dans les tasses. À peine nous a-t-elle confié la cause de son émoi que nous levons le camp.

Nous débarquons, une demi-heure plus tard, en bas du bois de Montchauvet. En chemin, nous n'avons croisé personne. De ma voiture, nous déchargeons tout un arsenal. Ce n'est pas choquant. Par les temps qui courent en Gévaudan, tout le monde se promène armé. J'ai juste veillé à dissimuler sous un bonnet le pansement qui me ceint la tête. On pourrait me prendre pour un lobotomisé. Un évadé psychiatrique.

Sur la pente boisée s'étagent des cailloux entassés, des reliquats de murs, des affleurements, des traces de pavage grossier. Bourg médiéval. Zone castrale. Pas évident du tout. Le site de Montchauvet est peut-être inscrit à l'Inventaire supplémentaire des monuments historiques, mais, pour le profane, il n'y a pas grand-chose à voir. Il n'y a qu'une ambiance à ressentir. Le lieu est aujourd'hui fantomatique comme jamais. Granitique et sauvage. Relié par télépathie aux âges farouches.

Du point de vue de la Bête, parallèlement, nous sommes en zone sensible. Montchauvet est tout proche du village de Servières où un enfant a été dévoré.

— Voilà, dit Margeride, le secteur du fortin. C'est là que nous étions. En ce moment, les terrasses et les fossés sont très nets. On repérait un mur qui nous avait échappé jusqu'à présent. Et puis, là-haut, j'ai aperçu une silhouette. On était quatre, mais je suis la seule à l'avoir vue.

— Une sorte de gueule ouverte, dis-tu...

— Oui, comme une tête avec une longue mâchoire qui se découpait à contre-jour.

— Et tu es sûre que ce n'était pas un animal ?

— Sans doute que non. C'était trop... caricatural.

— Tu as peut-être été trompée par des branches, dit Uli. Quelquefois les ombres sont bizarres.

— Mais on est allés derrière les arbres, dit Margeride. Pour vérifier. Il y avait des traces d'homme. Venez voir. Elles mènent à la route.

Dévalant et escaladant fossés et talus, parmi les blocs enneigés, nous contournons les restes du castrum. Au sol, se lisent les allées et venues, fraîches de ce matin, des quatre étudiants. Un chemin creux, à l'état de réminiscence lui aussi, nous conduit derrière un épais rideau d'arbres surplombant les ruines. Ma main se crispe sur le fusil tout neuf. J'y suis allé carrément. Un fusil pour les grands fauves.

— Les traces sont toutes mélangées !

— Oui, dit Margeride, mais c'est celles-là.

— Quelqu'un qui porte, dit Ulrich, des chaussures de marche en goretex.

Nous prenons le temps de compter. Il y a dix pieds. Les quatre étudiants et donc une autre personne. Dans les taillis, le long des terrasses médiévales effondrées, la piste de l'inconnu nous fait redescendre vers le « grand » chemin. C'est par là que, tant bien que mal, nous sommes arrivés en voiture. Ce chemin est creusé d'ornières encroûtées de glace. On y voit le sillage récent de mes pneus. Là, parmi les piétinements des jeunes archéologues, la mystérieuse piste disparaît.

— Il est venu à pied, dit Margeride. Nous l'aurions entendu démarrer, sinon.

— C'était peut-être un randonneur, dit Ulrich.

— Drôle de look pour un randonneur. Et pourquoi il nous aurait suivis ?

— C'est vous qui l'avez suivi, en fait.

Nous parcourons, sans rien noter de particulier, un bon kilomètre de forêt en direction de Servières. Revenant sur nos pas, nous remontons ensuite le chemin carrossable au-delà de la ferme déserte qui marque le bas de Montchauvet. Tout à coup, Margeride pousse un petit cri. Il y a des empreintes très nettes.

— Il avait marché dans les traces des voitures. À cet endroit, il a bifurqué.

L'inconnu s'est engagé dans un chemin secondaire où la neige est haute. Un chemin profond encadré de talus broussailleux. Il se dirige, en gros, vers le Malzieu. Après une brève concertation, nous décidons de suivre cette piste. L'homme ne s'est sans doute pas attardé, mais sait-on jamais ? J'espère, tout de même, qu'il n'y en a pas pour des heures et que l'obscurité ne va pas nous tomber dessus.

Nous marchons vite et presque sans un mot. Ulrich, en tête, qui porte à la bretelle le fusil de mon père. Margeride songeuse et frissonnante. Je ne me suis pas expliqué avec elle depuis l'affaire de la fontaine. Ni avec Justine d'ailleurs. Toutes ces crises en même temps, ça fait trop. Elles ont compris peut-être qu'il fallait attendre. Il y a trêve.

Des petits oiseaux noirs vont et viennent sur la haie autour des baies rouges. Je constate que la couche de neige, dans les prés, est plutôt fine. Le vent a tout balayé pour remplir le chemin qui n'est plus qu'une congère ininterrompue. De la trace, on ne distingue qu'un sillon profond, mais informe. Par moments, je me dis que nous nous égarons. La Bête n'est pas un homme tout de même !

Au bout d'une heure, nous débouchons sur la route. La piste continue de l'autre côté. Un autre chemin s'engage sous le ciel qui noircit. La lumière s'étiole. Les arbres au bout du plateau ont des silhouettes de croix brûlées. L'horizon fume comme le charnier d'une guerre. Nous cheminons encore longuement entre des haies incultes. Un autre carrefour se dessine. À nouveau la route. Mais cette fois plus rien. Rien sur les bas-côtés. Rien dans les chemins adjacents. Nous cherchons en vain.

Ce qui surtout nous trouble tous les trois, on le comprendra, c'est que nous voilà rendus à deux cents mètres de chez moi. En bordure du pré de Mauriçou.

40

À ne pas mettre un chien dehors

U N BEAU FEU flambe dans la cheminée. Réconfortant autant qu'il peut l'être, c'est-à-dire pas assez. Il nous relie aux chasseurs des âges de pierre. À leurs abris environnés de ténèbres. Le vent fait tourbillonner autour de la ferme de mes ancêtres des nuées de poudre. Margeride passera la nuit à la maison. Tout comme Ulrich, bien sûr, qui est mon hôte. Nous voudrions parler stratégie. Durant le dîner, cependant, nous ne parvenons qu'à ressasser. Piéger la Bête en nous servant de son passé, on en reparle, mais sans conviction.

Ulrich, tout à l'heure, m'a ramené à Montchauvet pour récupérer ma voiture. Margeride a suivi. Pas question de la laisser seule. La vaisselle étant faite, nous décidons de regarder un film. À éviter, bien sûr, les *loups-garous de Londres*, de Paris ou d'ailleurs. À éviter aussi : *Jurassic Park*. Je glisse dans le lecteur de DVD une vieille comédie italienne censée nous euphoriser, mais cette soirée reste placée sous le signe d'un découragement tacite et partagé.

Vers vingt-trois heures, le film s'achève sur des images de peupliers frémissants. *Exit* la Lombardie. Je me lève du canapé pour jeter dans le feu une bûche de hêtre. Mon geste reste en suspens. Un cri vient de retentir, long et modulé. Plus rauque que le hurlement du loup. Presque un feulement. Je n'y crois pas, d'abord, car ce cri ressemble à un enregistrement. Il résonne. Il est réverbéré. On le croirait de fiction. Mais la télé est éteinte. Ça ne vient pas de là. C'est comme si cette musique sinistre émanait d'un tuyau.

Enfin, je réalise. Mes fenêtres sont pourvues de doubles vitrages. Ce cri venant du dehors est entré par la cheminée comme le loup dans un conte. Je sens se hérisser les poils de ma nuque. Les visages figés de Margeride et d'Ulrich se tournent vers moi.

— Vous avez entendu ? demandé-je d'une voix blanche.

Oui, ils ont entendu.

— C'est comme, dit Margeride, ce que racontent les gens. Le bruit de quelqu'un qui se racle la gorge. Mais avec l'écho...

Dans un sursaut, fusil en main, j'ouvre une fenêtre pour écouter. Je dois me faire violence tant ces ténèbres presque insoutenables m'inspirent de répulsion voire de terreur. Comme si elles allaient me sauter au visage. Le vent glacial qui balaie le plateau marque de temps en temps des pauses, mais on n'entend rien de distinct. Nous prêtons l'oreille quelques instants puis je referme.

Dans l'étable, les chiens donnent de la voix. J'allume la lampe du perron. Tenter une reconnaissance ne servirait à rien. Au-delà du vague halo de l'ampoule, il n'y a rien à voir. La nuit est d'un noir absolu. Mieux vaut attendre. Malgré les aboiements, la Bête, si étrangement hardie vis-à-vis des lieux d'habitation, pourrait s'approcher. N'est-elle pas venue jusqu'à la porte des Albaret ? Nous convenons de ne laisser allumée que la lampe du dehors et de nous poster aux fenêtres.

Tâchant de nous rendre invisibles, nous demeurons immobiles chacun à son carreau. Le vent, autour de la ferme, fait craquer les branches. Les chiens se sont tus. Dix minutes plus tard, un deuxième cri se fait entendre. Plus estompé, couvert par la bourrasque. Impossible de dire s'il est plus proche ou plus lointain. De toutes mes forces, je scrute, à travers une vitre de la cuisine, la terne luminescence de la neige. La nuit extérieure, à force, s'imprime dans ma rétine. Des taches plus noires m'apparaissent çà et là, mais aucune ne semble animée de vie.

« Il faut que je la flingue, me répété-je comme une incantation. Il faut que je la flingue. »

Ulrich s'est embusqué à l'étage. Margeride dans la pièce commune. À portée de voix tous deux, mais ils ne donnent plus signe de vie. Vers minuit, quelqu'un, pour une raison inconnue, se déplace dans la maison. Du temps s'écoule encore.

Une perception légère, soudain, m'arrache un soubresaut. Ça vient de la buanderie. L'entrée de ce local se situe dans un angle mort, hors de la lumière du perron. C'est là qu'on entend gratter. Dans un état de nerf indescriptible, je rejoins Margeride. Je la vois tétanisée. Elle aussi perçoit ce bruit. Transformée en débarras, l'ancienne buanderie communique avec le bâtiment principal par une ouverture très basse, presque une voûte. Nous y pénétrons et faisons face à la porte du dehors, braquant sur elle nos armes.

Depuis le début des « événements », j'ai déjà fait plusieurs cauchemars au cours desquels mon arme refusait de fonctionner. Je vérifie encore le cran de sûreté. On n'y voit presque rien. Il n'y a, pour nous éclairer, que de vagues lueurs indirectes. Devons-nous tirer à travers cette porte, tout de suite tant qu'il est temps ? Mon gros calibre la transpercerait, c'est sûr. Ça gratte à nouveau. Dois-je demander à Margeride d'ouvrir tandis que je mets en joue ? La tension est telle que l'un de nous deux, je le sens, va presser la détente. C'est intenable. Il y a derrière cette porte un être qui s'appuie sur elle de tout son poids. Le bois craque.

Mais non, bon sang, ça frappe ! Une voix, dehors, se fait entendre. En même temps, dans la maison, quelqu'un dévale l'escalier.

— C'est Mauriçou ! crie Ulrich. C'est Mauriçou qui frappe !

— Maumau ! dis-je, en ouvrant. On a failli te tirer dessus.

— Je voulais pas me faire voir dans la lumière. Elle est par là. Il faut la laisser venir.

La casquette rabattue sur les yeux, emmitouflé dans un cache-col tricoté, son vieux fusil à la main, Mauriçou émerge de l'ombre. Son visage est sinistre. Il entre et, avec lui, une bouffée de vent porteuse de paillettes glacées.

— Je voulais lui lâcher les chiens au cul, ajoute-t-il. Mais ils ont pas voulu donner. Ils sont même pas sortis. Ils étaient tout hérissés.

— J'y avais réfléchi, dis-je. On l'aurait pas eue comme ça de toute façon. Elle en aurait encore écharpé un ou deux et c'est tout.

L'arrivée de Mauriçou produit une relative détente. Ulrich se verse à boire. Margeride s'enferme dans la salle de bains. Par la baie dite « de la petite écurie » dont je viens de faire changer la vitre, Maumau et moi examinons la nuit aggravée par la chétive ampoule du perron. Un écran de verre bien dérisoire nous sépare de ces ténèbres-là. C'est alors qu'un cri strident se fait entendre. Remontant en catastrophe culotte et pantalon, Margeride, frénétique, jaillit des toilettes. C'est elle qui a crié.

— Ça a frappé ! halète-t-elle... Je l'ai encore vu.

Mauriçou se précipite. Nous derrière lui. Margeride a commis l'imprudence de s'éclairer. Sans doute on l'a repérée du dehors. La salle de bains est pourvue d'une petite fenêtre à barreaux. La vitre n'est pas dépolie. Le rideau prévu pour l'intimité est grand ouvert. Mauriçou braque sur l'obscurité sa vieille pétoire. Il s'avance lentement. Il scrute.

— On sort faire le tour, dit-il à mi-voix.

La nuit s'est encore refroidie. Le vent nous pénètre comme une lame. Avec une lenteur extrême, Maumau et moi contournons les bâtiments. Nos yeux, peu à peu, s'adaptent à l'obscurité. Près de la fenêtre de la salle de bains, nous allumons brièvement une lampe-torche. Les traces ne manquent pas, mais *a priori* ce sont les nôtres, celles de nos allées et venues des jours précédents. Aucune bête ne se profile. Il est fort possible pourtant qu'elle soit tapie tout près. La maison l'attire, c'est sûr, et nous n'avons rien fait qui puisse la mettre en fuite.

J'ai entre les mains une arme puissante, me répété-je désespérément. Ce serait le moment ou jamais. Sans un mot, nous faisons une deuxième fois le tour de la ferme, étudiant à chaque pas tous les détails de l'ombre. Sans plus de résultat.

Ulrich, livide, le catogan défait, les cheveux dans les yeux, sursaute à notre retour. Assise sur une chaise paillée, la carabine sur les genoux, Margeride grelotte. Je l'entoure de mes bras, peu confiant cependant en ma capacité de réconfort.

— C'était un machin horrible, dit-elle. Comme à Montchauvet.

— Qu'est-ce que tu as vu ?

— Ça avait des dents énormes et une grosse tête allongée, mais plutôt comme un squelette. Je crois que j'ai vu aussi des mains d'homme. Mais rien qu'une seconde.

— Tu es sûre ?

— La tête a cogné très fort contre la fenêtre, mais les barreaux l'ont gênée. La vitre ne s'est pas cassée.

Pendant des heures encore, nous restons sur le qui-vive. Entre deux prudentes sorties, nous tentons de rassembler nos idées. Quel piège tendre ? Quel piège nous est tendu ? Appeler des secours ? La Bête fuirait, elle est trop futée. Et puis je me sens trop mal à l'aise vis-à-vis des autorités pour me signaler ainsi. En désespoir de cause, nous nous affalons dans les fauteuils près de la cheminée où Uli a dressé, comme à des fins d'exorcisme, un échafaudage de bûches.

— Cette vision à la fenêtre, dit Margeride, ça me rappelle je ne sais quoi. Ça me rappelle ce type qui m'a attaquée quand j'étais gamine...

— Il ressemblait à un squelette ?

— Non, bien sûr. Mais, après, j'ai eu des cauchemars où je voyais des trucs comme ça. J'en ai encore d'ailleurs.

— C'était peut-être une hallucination. Ta peur a peut-être fait revenir le cauchemar.

— Il a failli tout casser, je vous dis.

Ulrich et moi considérons avec stupeur la belle bouche oppressée de Margeride. Mais nos questions se tarissent. Nous sommes épuisés. Le feu caresse de ses ailes rouges la plaque de fonte. Vision hypnotique.

Et puis, soudain, au sortir d'une lacune indéterminée du temps, une grosse main dure empoigne mon épaule et je bondis d'effroi. J'ai dormi d'un sommeil hanté et gluant sans véritable frontière avec la réalité. Le jour maintenant s'est levé. Cette main, c'est Mauriçou.

— Viens voir, me dit-il d'un air épouvantable.

Frissonnant et claquant des dents, je prends le fusil. Nous sortons. À cinquante mètres de la maison, au bord de la route, il y a une voiture. La voiture de Justine. La portière est restée ouverte. Un peu plus loin, derrière une haie, Mauriçou me mène à un corps gisant au milieu d'une zone de neige ensanglantée. Un corps sans tête dans la lumière livide du petit jour. Au moment de sa mort, Justine portait son anorak vert pomme acidulé. Fort peu épais et qui ne doit pas lui tenir chaud. Surtout maintenant.

41

Paradoxes

J'AI TOUJOURS ÉTÉ un grand coupable. Un coupable de naissance. C'est comme si le simple fait de mon existence représentait pour le monde et pour moi-même un traumatisme. Du temps où je n'avais encore rien fait ou presque, où je n'étais ni Faust ni Frankenstein ni responsable de la mort de personne, je me sentais déjà coupable. Alors maintenant...

Depuis le premier meurtre de la nouvelle Bête, l'obsession me ronge. Je pèle, je perds mes cheveux, j'ai mal à l'estomac. La mort de Justine devrait être le coup de grâce. Si ma culpabilité suivait une progression arithmétique, je devrais péter les plombs. Il ne devrait plus me rester, mettons, que le suicide ou, dans le meilleur des cas, la chimiothérapie psychiatrique lourde.

Comment se fait-il, alors, que je ne m'effondre pas ? La vision du corps mutilé de Justine certes me poursuit. Mais cette vision ressemble moins à la réalité qu'à un film gore projeté sur un écran. Il y a là un mécanisme dont le fonctionnement m'échappe. Un mécanisme de survie. Peut-être l'angoisse est-elle un luxe qu'en présence d'un fléau réel on ne peut pas s'offrir. Angoisse à l'intérieur. Fléau à l'extérieur. À moins d'imploser, on ne peut pas tout éprouver à la fois.

Bref, je suis dans un transitoire état de non-état. En attendant de me réveiller, je fais face comme malgré moi. Entre autres aux questions policières. On me connaît bien ici et depuis des générations. *A priori*, on ne me soupçonne de rien et l'enquête devrait établir qu'à une heure de la soirée qui reste à déterminer, Justine, sans sommation, a voulu me rendre visite. Du fait des rafales de vent, nous n'avons pas entendu sa voiture arriver ni ses cris éventuels. La Bête rôdait autour de la ferme. Elle a tué Justine et emporté sa tête.

Dans la même nuit, d'ailleurs, la Bête a fait une autre victime tout près de la maison. Écartant un panneau de bois branlant, elle est entrée dans la cabane où était parqué l'âne de Mauriçou. Bien que s'étant défendu comme un beau diable (on a retrouvé des planches cassées par ses coups de sabot), l'âne a été égorgé. Il gisait dans une mare de sang, le ventre et les cuisses en partie dévorés.

C'est cette attaque, en fin de compte, qui est la plus stupéfiante. Jamais un loup ni un chien ne viendrait seul à bout d'un âne adulte. De l'avis général, la puissance et l'agressivité du fauve ne cessent de croître.

Dans le pré de Mauriçou et aux abords de la cabane, on distingue parfaitement les traces de la Bête. Autour du cadavre de Justine, elles sont, par contre, très brouillées, car cette zone a été auparavant piétinée et plusieurs fois gelée et dégelée. Les pattes du fauve ne se sont imprimées avec netteté que dans une congère, en bordure du fossé. La conviction des enquêteurs me semble néanmoins intacte. Justine est une victime de plus de la Bête dévorante.

Margeride, Ulrich, Mauriçou et moi avons été interrogés sous toutes les coutures. Pour éviter de jeter le trouble, nous avons gardé pour nous l'épisode de Montchauvet et l'apparition à la fenêtre. En ce qui me concerne, je n'ai, bien sûr, pas parlé du courrier récupéré près du cadavre dans le sac de Justine grand ouvert et renversé sur la neige. Ce courrier était adressé au procureur de la République, mais l'enveloppe ne contenait qu'une feuille blanche. Justine projetait une tentative d'intimidation. Ce courrier, je l'ai mis au feu.

Les parents de Margeride, très tendus, sont venus la chercher. Mauriçou n'y voit pas beau. Il est rentré dans sa coquille. L'entretien avec la police, surtout, lui reste sur l'estomac. Après le départ des enquêteurs, Ulrich et moi nous retrouvons assis devant le feu. Refuge et placenta. J'ai tendance à me sentir glacé.

— C'est la faute à Buffon, soupiré-je. C'est ce que j'essaie de me dire.

— Tu te sens comment ?

— Pour Justine ? Je ne sais pas. Ça fait trop à la fois. Trop de catastrophes. Peut-être que, tout d'un coup, il va y avoir un retour de bâton...

— Déconne pas, dit Ulrich. Promets-moi que tu me diras ce qui se passe.

— OK, dis-je lugubrement. Je te tiens au courant.

Dehors, il vient de se remettre à neiger. Les traces vont s'effacer. Ça tombe dru. C'est beau, mais maléfique. Dedans, sous les corbeaux de la grande cheminée de granite, le feu ressemble à un jeu vidéo lancinant. J'actionne le soufflet de cuir. Je souffle à bout portant sur les braises. Désormais, c'est tout ce que je sais faire. Ça et dissimuler aux flics quelques parcelles de vérité.

— J'ai repéré un truc bizarre, dit soudain Uli.

— Oui. Il y a beaucoup de bizarre.

— Les traces de la Bête dans la neige. Pas celles du pré de Mauriçou, mais celles autour de Justine, eh bien elles sont anormales.

— Anormales ?

— On ne voit que des pattes avant. En plus, elles sont toutes... raides.

— C'est vrai, dis-je, que tu es spécialiste... Mais peut-être que seules les pattes avant ont marqué. Certains endroits sont déneigés.

— Dans la congère, les pattes arrière auraient dû suivre... Près de la fenêtre des chiottes, par contre, il n'y a que des traces humaines.

— Tu as une théorie ?

— C'est la Bête qui a tué l'âne. Mais elle n'a pas tué Justine.

Je lève les yeux vers Ulrich. Son profil préoccupé se découpe sur fond rougeoyant. Ce point de vue, je le partage, mais l'entendre formuler rajoute tout de même une couche à mon accablement. Une bête, ça fait déjà pas mal. Alors deux...

— Tu crois ? dis-je en grimaçant comme sous l'effet de la douleur.

— Mais qui pourrait être venu par une nuit pareille ? Ou bien, alors, personne n'est venu. Au fond, ça pourrait être toi ou moi ou Margeride. Pour faire le guet, nous étions séparés. L'un de nous aurait pu sortir...

— Tu imagines ? C'est impossible.

— Ou alors Mauriçou, poursuit Ulrich, ou quelqu'un d'autre. Qui aurait des raisons de tuer Justine ? *A priori*, je ne vois pas, mais on peut tout concevoir.

— Et l'apparition à la fenêtre ?

— Ça pourrait être un stratagème, tout comme les pattes avant de la Bête.

— À propos, dis-je, j'ai trouvé quelque chose près de cette fenêtre.

Pour mieux accéder à la poche de mon pantalon, je me lève à demi du fauteuil. Je farfouille et exhibe un petit sac en plastique transparent. Il contient la pièce à conviction.

— Tu as trouvé ça où ? demande Uli, surpris de me voir réagir.

— Sur la fenêtre des toilettes. À l'extérieur. Je suis passé avant la police.

— Et c'est quoi ?

— Ça ne me dit rien de précis, mais toi, tu devrais savoir...

— *Vielleicht*, dit Ulrich en se penchant vers les flammes pour examiner le petit objet jaunâtre. Peut-être...

42

La croix processionnelle

Dès le lendemain du meurtre de Justine, une vieille femme « échappée » de la maison de retraite de Saint-Flour est retrouvée morte dans les bois au bord du lac de Garabit. Comment la vieille femme, qui n'avait pas toute sa tête, s'était-elle rendue là ? En auto-stop, pense-t-on. Elle avait ensuite erré et fait une mauvaise rencontre. Son corps était presque intact. À peine entamé au ventre. La chair n'était pas assez tendre peut-être. La Bête, en tout cas, avait franchi la Truyère et parcouru dans la nuit une trentaine de kilomètres. Pas en stop, quant à elle, mais cette distance est à la portée de n'importe quel loup.

Toujours dans le même coin du Cantal, sur la rive gauche de la Truyère, en amont du barrage de

Grandval, la Bête frappe peu après à l'orée du village de Malbosc. Il y a là une petite église jaune et grise de lichens, au clocher peigne battu par le vent des planèzes. Entourée des restes moussus d'un cimetière, elle est située sur une butte dominant les cinq ou six maisons qui constituent le cœur de l'ancienne paroisse.

En ce mercredi matin, le cours d'éducation religieuse dispensé par un jeune diacre, Victor Chazal, vient de s'achever. Les enfants ne sont pas encore tous partis. Sur la douzaine d'élèves que compte le catéchisme, il en reste cinq : trois filles et deux garçons âgés de huit à douze ans. En attendant la voiture qui doit venir les prendre, ils jouent et discutent parmi les pierres tombales et les caveaux en ruine, dont la plupart remontent au début du xixᵉ siècle.

Le diacre Chazal est occupé à ranger la sacristie où a eu lieu le cours. Il songe à aérer l'église qui ne sert pour la messe que deux ou trois fois par an et qui sent l'humide et le renfermé. C'est alors qu'il entend des cris en provenance du cimetière. Non plus des cris d'enfants jouant. Ce sont des hurlements de terreur. Depuis le seuil, le diacre voit s'éloigner un animal qui traîne à terre la petite Amélie Girard. Les quatre autres enfants refluent vers lui, révulsés de terreur. Victor Chazal n'a pas d'arme. L'un des vieux placards de la sacristie est ouvert. Le diacre saisit une croix processionnelle.

La fillette se débat. Le fauve en est encombré et tarde à franchir le muret du cimetière. C'est là que le diacre le rejoint. Au premier coup frappé, la hampe vermoulue de la croix se brise. La Bête lâche le bras ensanglanté de l'enfant et fait face. Victor Chazal n'a que le temps de ramasser le lourd crucifix de cuivre orné de rinceaux. Il l'abat sur l'échine de la Bête qui cherche à lui saisir la jambe. Mais les coups glissent sur cet animal mouvant comme le serpent du péché dont il a la froide reptation et la pupille fendue.

La Bête, maintenant, se jette sur le petit Michaël qui avait cru trouver refuge derrière le catéchiste. Plus jeune et plus léger que la fillette, il est renversé comme un fétu. C'est carrément par le crâne que la Bête le saisit entre ses mâchoires. Mais le croisillon tréflé du crucifix l'ayant frappée entre les deux oreilles, elle doit à nouveau lâcher prise. Un peu vacillante, elle recule, contourne le groupe et revient aussitôt. Les enfants pourraient peut-être se réfugier dans la sacristie, mais ils n'osent s'éloigner de l'adulte. Tel est leur réflexe.

Dans le village de Malbosc, rien ne bouge. Sans doute, il n'y a personne. Les rares habitants permanents sont à leur travail. Les résidences secondaires, en cette saison, sont vides. La petite route est déserte. La voiture qu'attendent les élèves ne vient pas. Comme à son habitude, la Bête se met à décrire des cercles. Elle cherche une faille.

Amélie est restée à terre, roulée en boule, protégeant sa tête de ses bras. C'est vers elle que la Bête revient tout à coup. Elle saisit ses vêtements et la traîne sur quelques mètres avant de faire face au catéchiste. Peu après, elle se jette à nouveau sur le petit Michaël. L'un des enfants hurle. Les autres restent hébétés. Sans sa hampe, la croix processionnelle est réduite à un moignon de cinquante centimètres... Le diacre commence à paniquer. Il ne s'en sortira pas. Son bras droit a été mordu profondément. Les coups qu'il cherche à asséner s'en ressentent. Le diacre Chazal sent qu'il s'épuise.

Un soudain revirement le sauve *in extremis*. La jeune Constance Portefaix, qui jusqu'alors se contentait de crier à tue-tête, vient de saisir une ferraille longue et acérée arrachée à la clôture d'un caveau. À douze ans, Constance est déjà une grande et robuste adolescente. Ses cris maintenant changent de ton. Elle vient de frapper le flanc du fauve occupé à harceler le diacre. Désorientée, la Bête recule de quelque pas puis contourne le caveau pour tenter de saisir à nouveau Amélie. Mais Constance se rue sur elle et parvient à lui enfoncer sa pique dans la gueule.

Au bout de quelques minutes de ce front commun du diacre et de son élève, les autres enfants prennent courage et brandissent eux aussi des barreaux descellés par la rouille. Le petit Michaël, tout sanglant qu'il est, fait bonne figure. Amélie, dont les blessures sont les plus sérieuses, s'est relevée du sol où elle se tenait prostrée. Elle se réfugie derrière le groupe. La Bête recule encore et Constance Portefaix, déchaînée et consciente de tenir en main une arme efficace, parvient à lui faire à la poitrine une blessure assez profonde. La croix de cuivre, presque en même temps, s'abat sur la mâchoire du fauve.

La Bête tourne les talons et saute le muret du cimetière. Sa fuite est rapide d'abord, puis semble plus pénible. C'est en boitillant qu'elle disparaît parmi les pins noirs et sinistres qui couvrent la pente. Quelques secondes après, le monospace venu prendre les cinq élèves arrive enfin sur l'esplanade sableuse de l'église. Sa conductrice voit avec stupeur courir vers la sacristie un groupe déguenillé et sanguinolent, arborant un crucifix en ruines.

Le combat a été homérique, biblique, évangélique. Le fait divers de Malbosc connaît, dès le lendemain, un retentissement énorme. L'affaire de la nouvelle Bête est certes déjà célèbre, mais Malbosc contient tant d'ingrédients décisifs que des journalistes de toute l'Europe, mais aussi japonais, australiens, américains convergent bientôt vers le Gévaudan. Télés, photographes, plumitifs de tout poil (si j'ose dire) sillonnent la région, déterrant tout ce qu'ils peuvent. Ils apprennent ainsi qu'à l'époque de la première Bête, un petit berger nommé Portefaix, du même nom que Constance, avait héroïquement repoussé le fauve à la tête d'un groupe d'enfants.

L'homonymie paraît miraculeuse. De même que tout le reste. Ce retour inouï sur des circonstances vieilles de deux siècles et demi. Une victoire inspirée par la Grâce divine. Une lutte d'anges contre le démon. C'est la chasse au vampire. C'est saint George contre le dragon. C'est tout ce qu'on voudra. Cette croix brandie comme une arme enflamme les fantasmes. Le diacre Chazal et Constance sont canonisés par la vox populi. Le pape lui-même s'émeut et offrira quelques mois plus tard à la petite paroisse solitaire une croix processionnelle d'argent et de vermeil.

Une foule de badauds photographiant tout et de pèlerins qui se croient à Lourdes débarque bientôt à Malbosc. Des commerçants opportunistes vendent des souvenirs et des reliques. Des prêtres sont sollicités pour bénir des croix de bois, des croix de fer, des fusils, des munitions qu'on leur apporte. C'est l'hystérie. Un exalté va jusqu'à se tremper nu dans le bénitier de l'église. Un producteur a déjà pris des contacts pour un *reality show*. Les réservations des gîtes ruraux s'affolent. Avec une telle tempête, le Cantal, la Lozère et la Haute-Loire font le plein de touristes pour au moins trois ans. On dit que les retombées vont dépasser celles du Tour de France.

Outre les Français et étrangers moyens, déferle une vague de gourous : magiciens, médiums, radiesthésistes, secteux, psychanalystes, écrivains, cryptozoologues. Des chasseurs free-lance veulent également tenter leur chance. Malgré l'interdiction (vu leur tendance à se fusiller entre eux, il y a déjà eu des accidents), il en vient de partout. Prudence cependant aux curieux et même aux chasseurs de démons armés de contre-sortilèges ou de fusils à pompe. Prudence, car la Bête court toujours. On suit sa piste qui descend vers la retenue de Grandval. On la perd comme toujours.

Blessée ? Pas tant que ça. Les jours suivants, on l'aurait vue à Lajo en Lozère. On l'aurait vue en Haute-Loire près de Pompeyrin. La Bête est assez en forme pour égorger, quarante-huit heures après Malbosc, une vieille femme près de Saint-Alban. Inutile de dire que le fait d'armes de Constance Portefaix et du diacre Chazal éclipse totalement cette affaire secondaire. La pauvre vieille est dévorée dans l'indifférence générale.

Il apparaît donc que la Bête ne s'émeut ni du pape, ni de la presse japonaise, ni d'une nouvelle vague de chasseurs plus ou moins illuminés. Elle change de lieu, c'est tout. Je pense, quant à moi, qu'elle revient vers le mont Mouchet, son refuge de prédilection. Mais comment fait-elle, chaque fois, pour franchir la profonde vallée de la Truyère ? Il y a là un lac tout de même. La réponse m'est donnée inopinément par un coup de fil de la grand-mère Albaret informée par le réseau du troisième âge.

« La Bête passe le viaduc ». C'est ce que rapporte un vieux copain d'Élisa, un personnage haut en couleur surnommé Jean de la Montagne.

Jean de la Montagne habite une ferme isolée sur les hauteurs dominant Garabit. Ce paysan d'âge canonique et d'une santé redoutable a tendance à se lever tôt. C'est à l'aube que, par deux fois, il aurait vu de très loin la Bête s'engager sur le pont ferroviaire qui enjambe le lac. Ce pont qui domine l'eau d'une hauteur inouïe est un ouvrage historique achevé en 1884 par Eiffel. Le fameux viaduc de Garabit.

« Elle passe là, aurait affirmé Jean de la Montagne. Elle passe le viaduc. » Imaginez la Bête trottinant sur les poutrelles de cette immense arche de fer repeinte d'un étonnant rouge rosé. La Bête du Gévaudan sur Garabit, c'est King-Kong sur l'Empire State, Quasimodo sur Notre-Dame.

43

Le message chamanique

DANS LA SALLE COMMUNE du moulin du Puech règne une odeur méphitique de cendre et de conservateur chimique.

— Je vous renouvelle, dit le docteur Védrine, mes condoléances. Votre amie Justine était une si jolie jeune femme. Et si piquante.

— Oui, fais-je presque distraitement et en regardant les murs, c'était horrible.

— Vous êtes bien entouré cependant. Je sais que votre ami allemand est resté pour vous soutenir... Et puis il y a la petite Margeride.

— Vous êtes toujours très bien renseigné.

— Je ne voudrais pas être indiscret... Sachez surtout que mon amitié et mon soutien vous sont acquis. Vous êtes un garçon si sympathique. Et puis, n'est-ce pas, nous avons bien des choses en commun.

Arguant que la température y est plus douce (c'est la pièce où il travaille), Védrine me fait passer dans son « labo ». Comme lors de ma première visite au Puech, mon regard est aimanté par les ossements. Tomarctus du miocène, mésocyon, tigre à dents de sabre, crânes plus que jamais assortis à la tête ivoirine de mon hôte.

— Voulez-vous du café ?

— Non merci, dis-je. C'est contre-indiqué. Je suis sous tranquillisants pour ne rien vous cacher.

— Alors asseyez-vous et parlons science. Ça vous changera peut-être les idées, si je puis me permettre.

Je demeure cependant plongé dans ma contemplation. Védrine vient me rejoindre devant les étagères. Ses épaisses lunettes lui font des yeux de poisson des abysses.

— Vous admirez mon hyaenodon. C'est une belle bête, n'est-ce pas ?

— Oui, mais il lui manque une dent.

— À son âge, sourit le paléozoologue, c'est un peu normal.

— Il y a, à cet endroit, une trace plus claire. Elle a été prélevée récemment.

— Ou cassée peut-être, par la main coupable de ma femme de ménage...

— Il se trouve, dis-je, que j'ai récupéré cette dent.

De ma poche, j'extirpe le sac en plastique. Bien que précédemment qualifiée de « petit objet », la canine en question, en forme de poignard courbe, est tout de même impressionnante. Védrine y jette un rapide coup d'œil. Sans s'émouvoir, l'air plutôt rêveur, il caresse de sa grande main la mâchoire supérieure du hyaenodon.

— Je n'en attendais pas moins de vous, conclut-il. Je ne dirai pas que vous avez tout compris, mais il se confirme que vous êtes perspicace.

— Qu'êtes-vous venu faire chez moi l'autre nuit ? Et sur le chantier de fouilles ?

— Je suis un peu mystificateur...

Le docteur Védrine marque une pause stratégique. Il étudie mon expression.

— Mais pas tant que vous, ajoute-t-il perfidement.

— Avez-vous tué Justine ?

— Du calme. Je suis de votre côté, ne l'oubliez pas. Je vous en ai un peu voulu, certes, de ne pas m'avoir associé à votre magnifique expérience, mais je sais, au fond de moi, que nous nous comprenons.

— Mais pour Justine ?

— Ne regrettez rien, dit calmement le paléozoologue. Cette jeune femme était trop ombrageuse. Elle vous aurait dénoncé.

— Vous l'auriez tuée pour me rendre service ?

— Replaçons tout ça dans son contexte, s'il vous plaît. Vous savez ce que signifie la Bête ?

— La Bête de Chastel ou celle d'aujourd'hui ?

S'emparant d'une craie, Védrine se dirige à grands pas vers son tableau noir. Le voilà qui se met à dessiner une bizarre et rudimentaire gueule ouverte pleine de dents acérées.

— Vous connaissez cette représentation préhistorique ? On la retrouve sous forme de peintures et de gravures un peu partout en Europe : Espagne, France, pays de l'Est... C'est cette même gueule qui figure parmi les représentations de la grotte de Cussac. Vous savez bien, dans la vallée de la Vézère...

— Oui, articulé-je.

— Eh bien, sachez que je considère cet idéogramme, si j'ose dire, comme le message chamanique le plus fort de tout l'art pariétal. Il signifie la force dévorante. C'est l'effigie du « super-prédateur ».

Aussi posément que possible, je m'assieds à la grande table centrale où traînent des livres ouverts et des instruments de dissection. Je dois, je le sens, me contenir et attendre. Védrine est mûr et il va tout dire. Je comprends maintenant pourquoi ce type a si mal brouillé sa piste. Il y a longtemps qu'il cherche à m'attirer à lui pour m'administrer ce « cours ».

— Cette gueule, poursuit-il, est un symbole magnifique. Elle représente l'aboutissement ultime de la chaîne alimentaire et donc de la nature. Aux âges préhistoriques, c'est au chaman que revenait de déchiffrer les lois supérieures. C'est par lui qu'elles étaient révélées aux hommes.

— Et aujourd'hui ?

— Aujourd'hui c'est par la science. Du moins par certains scientifiques. Vous avez devant vous un chaman du nouvel âge !

Le docteur Védrine fait deux pas vers moi et me toise, sans agressivité particulière. Doucement hilare même. Ce grand type chauve à lunettes a presque parfaitement l'air d'un vieux prof inoffensif. Qui devinerait qu'il est fou perdu ?

— Comment l'avez-vous tuée ? demandé-je d'un ton égal, comme un étudiant posant une question relative au cours. Comment avez-vous tué Justine ?

— Ça ne vous bouleverse pas trop, je le vois. Vous avez raison. Un brillant garçon comme vous ne doit pas dépendre d'une femme. Une femme se conquiert par la lutte, mais elle n'est pas une fin en soi.

— Peut-être, dis-je, faisant mine de réfléchir. Peut-être faut-il quelquefois voir plus loin que la morale ordinaire.

— À la bonne heure. Vous me faites plaisir. Écoutez-moi et vous y viendrez. Songez qu'à l'origine de ces quelques traits laissés sur les parois des cavernes (il montre le tableau noir) il y a une pensée complexe et profonde. Ces hommes, déjà, avaient inventé la notion de force sacrée. Songez que vous êtes de cette race. De la race des chamans.

Par mon attitude, je m'efforce de refléter un débat intérieur, une hésitation teintée de lueurs intermittentes. Le paléozoologue pointe vers moi sa craie.

— Nous allons conclure une alliance, dit-il. Parlons clair donc. Justine ne m'a jamais inspiré. Mais vous savez qu'il y a dans votre entourage une personne prédestinée. Elle porte sur son buste une marque spécifique.

— Margeride ?

— Rappelez-vous ces empreintes de mains si fréquentes dans l'art pariétal. Ces mains qu'on voit dans les cavernes. Elles signifient l'appropriation. Margeride est vouée à la Bête. Elle est sa vestale, sa victime sacrée.

— C'est elle que vous voudriez sacrifier ?

— J'ai effectivement suivi Margeride l'autre jour, dit Védrine. Je vous ai même un peu assiégés dans votre maison.

— C'est aussi vous qui l'avez attaquée quand elle était gamine !

— Il y a longtemps que je la connais pour ce qu'elle est.

— Mais que voulez-vous lui faire ? demandé-je sur un ton plus alarmé qu'il ne faudrait.

386

— Je n'y toucherai pas si ça vous froisse. Il n'y a pas urgence. Vous y viendrez vous-même.

Le regard du paléozoologue franchit la fenêtre et se perd dans le petit pré où la fille du meunier fut, durant le terrible hiver 1767, enlevée par la Bête dévorante.

— Et c'est vous qui avez fouillé chez moi pendant que j'étais aux Kouriles ?

— Ne m'en veuillez pas. J'espérais en savoir plus sur votre projet. Ce n'était que pour mieux vous proposer mon aide...

— Mais enfin, répété-je, comment avez-vous tué Justine ?

En soupirant, Norbert Védrine se dirige vers un placard et en sort un étrange objet rappelant le rostre d'un poisson-scie.

— Cette arme, dit-il, est composée d'un assortiment des canines des plus grands prédateurs vivants ou ayant vécu : lions, tigres, loups, smilodon, ours des cavernes... Je les ai enchâssées avec de la résine entre ces deux lames de métal.

— C'est avec ça que vous avez frappé la fenêtre ?

— J'ai perdu une dent en heurtant les barreaux. Vous allez penser que je n'ai pas toute ma raison, mais ce jour-là et cette nuit-là, j'étais en transe. La transe chamanique.

— Vous n'avez pas pu avoir Margeride et vous vous êtes vengé sur Justine ?

— La force dévorante était en moi.

— Vous l'avez tuée, dis-je, avec ce... truc ! Et vous lui avez scié la tête !

— Scié la tête ?

Il a un mouvement d'hésitation comme s'il avait oublié ce « détail ».

— Oui, reprend-il. Et je suis allé jusqu'à enduire les chairs du cou de salive canine. La police, de toute façon, n'y regardera pas de si près. Ils sont débordés par les cadavres.

Je contemple avec effroi la lourde massue hérissée de crocs que le paléozoologue tient en main. La lacune en plein milieu correspond à la canine de hyaenodon perdue à la Chaleille. Il a dû frapper Justine par-derrière alors qu'elle refermait sa portière et passer ensuite un bon moment à lui déchiqueter le cou avec cette scie invraisemblable.

— Et si vous aviez rencontré la Bête ?

— C'est mon vœu le plus cher, dit Védrine avec assurance. Elle et moi sommes faits pour nous entendre. Regardez, j'ai même adopté sa signature.

Il se penche vers le placard et exhibe deux pattes naturalisées emmanchées sur des bâtons comme deux sceptres maléfiques. Des pattes de loup certainement. C'est avec ça qu'ont été imprimées les empreintes près du cadavre.

— Et quelle alliance voulez-vous conclure ? demandé-je d'une voix mal maîtrisée. Je ne comprends pas.

— Vous savez sur moi des choses compromettantes. Quant à moi, je sais que, par science génétique interposée, vous êtes un redoutable *serial killer*. L'équilibre est merveilleux.

— Mais une alliance pour quoi faire ?

44

Les vététistes

« C ET ANIMAL parut dans les montagnes de la Margeride, le 16 du présent, au lieu d'Auzenc paroisse de Paulhac et y dévora une fille... » Deux siècles et demi plus tard, la même phrase pourrait être reprise mot pour mot. Le lieu, l'acte, le jour de l'année, tout y est. Aujourd'hui, la Bête est à Auzenc, à mi-chemin entre le Montgrand et le mont Mouchet.

Un redoux, sans doute passager, a fait fondre les neiges du Gévaudan. Les hauteurs seules demeurent blanches. Il n'est pas loin de midi. Un vivifiant soleil illumine le plateau. En vue du village, deux cyclistes sont arrêtées à une croisée de chemins. Une fausse manœuvre a séparé de leur groupe ces deux jeunes femmes de vingt-huit et trente ans. Il avait pourtant bien été recommandé de rester ensemble. Par les temps qui courent, les sorties sont encadrées par des personnes averties et armées.

Dans un pré voisin, quelques vaches Aubrac broutent bovinement le foin que leur offre un râtelier abrité par un auvent de tôle. Les deux VTT aux couleurs acides sont appuyés contre un muret. Agathe et Valérie, jeunes enseignantes brivadoises (de Brioude, Haute-Loire), ont déployé une carte et sont en train de se concerter. Tout à coup, elles lèvent la tête. Dans le chemin, elles voient venir un animal aux oreilles dressées. Il marche lentement, la gueule ouverte, la queue fouettant ses flancs. Aussitôt, elles comprennent.

Il serait vain de remonter sur les vélos. La position ne serait que plus vulnérable. Déjà, à l'issue d'un mouvement tournant, se dressant sur ses pattes de derrière, la Bête se jette sur Valérie, la plus frêle des deux. Aucune arme n'est à portée. Agathe ramasse des pierres, aussi lourdes qu'elle peut, et les lance sur le fauve qui tente de renverser son amie. Les deux jeunes femmes hurlent, mais personne n'est en vue.

Harcelée par les projectiles, la Bête hésite entre sa proie et la lanceuse de pierre. Elle décroche tout à coup et fait mine de s'éloigner à petits pas. C'est une ruse. Elle revient en bondissant. Son élan est tel que Valérie est projetée à terre et saisie à la gorge. La jeune femme se débat brièvement, puis elle semble perdre connaissance. Agathe, qui s'est emparée d'une branche morte, frappe sur l'échine de la Bête à tour de bras. Cette branche dérisoire casse et se raccourcit, mais ces coups finissent par irriter l'animal qui, lâchant soudain sa proie, fait un bond énorme et la renverse dans le fossé.

Agathe est déjà sévèrement mordue, son short cycliste noir tout ensanglanté. Profitant cependant d'un mouvement des vaches qui alerte la Bête, elle parvient à se relever et plonge sous la clôture électrique pour se réfugier dans le pré. Le fauve prend le temps de manger la joue qu'il vient d'arracher. Il franchit ensuite le fil, mais plusieurs des Aubrac, qui s'étaient arrêtées de mastiquer pour considérer la scène, arrivent au pas de charge. Cornes basses, elles se préparent à affronter la Bête. Tandis qu'épuisée par la lutte et un début d'hémorragie, Agathe s'évanouit au milieu des vaches, le fauve bat en retraite.

Quand elle reprend connaissance, une dizaine de minutes plus tard, la Bête et Valérie ont disparu. Ce n'est qu'au soir qu'on retrouvera, en bordure de forêt, un corps à moitié enterré. La Bête ne l'a pas décapité, mais a sucé le sang à la gorge et a dévoré la poitrine et le ventre. Blessée à la cuisse et au visage, Agathe est hospitalisée au CHU de Clermont-Ferrand.

Au lieu d'entreprendre une battue, les louvetiers aussitôt alertés décident d'attendre à l'affût que la

Bête revienne vers le cadavre pour un autre repas. On saura par la suite qu'ils se sont postés en vain durant trois nuits.

Elle était à Auzenc, me dis-je en entendant la nouvelle à la radio. Oui, mais maintenant ?

Rappelé par son travail, Ulrich est rentré à Stuttgart. Après ce qui vient d'arriver à la Chaleille, Margeride est quasiment séquestrée. Sa mère lui a fait la grande scène du IV, menaçant presque de se défenestrer si elle retourne se mettre en danger. Quant à Mauriçou, qui jouit d'habitude d'une santé de fer, il est au lit avec une méchante grippe et un bon kilo de médicaments que je lui ai ramenés du Malzieu. Ce soir-là, donc, je suis seul chez moi.

Je n'ai pas faim. Il faut pourtant que je mange. Je fouille les tréfonds du buffet rustique. Je retrouve de vieilles lentilles presque poussiéreuses. Issues de l'agriculture biologique, elles sont emballées dans un sachet en toile. À la suite d'une visite dans une ferme écolo, ce paquet m'avait été offert par Justine. Nous ne nous entendions pas si mal à cette époque. Par la suite, j'avais souvent ressenti Justine comme si oppressante que j'imaginais éprouver, le jour où elle sortirait de ma vie, un soulagement proche de l'orgasme... Tout est toujours plus compliqué.

Jeter ces lentilles ne me semble pas satisfaisant. Les garder non plus. Je fais chauffer de l'eau, y verse ces 250 grammes de légumineuses. Je goûte en cours de cuisson pour éprouver la consistance.

Ces lentilles ont dépassé de deux ans la date pré-férentielle, mais on ne peut pas dire qu'elles soient mauvaises. Elles contiennent du fer, me dis-je, mais elles n'ont pas rouillé. Je mange tout. Ça s'appelle liquider le passé par la voie digestive.

Je passe ensuite un moment assis à la grande table, la tête dans mes mains. J'ai devant moi, déployés, des livres anciens et modernes, des cartes, des calendriers dont un de l'année 1767. Des phrases trottent dans ma tête. Le genre de phrases qui, dans les romans et les films, sont cen-sées contenir l'irradiante solution de l'énigme. « La Bête se souvient. » « Elle revient se réfugier dans la région des trois monts. » « Elle passe le viaduc. » La Bête, périodiquement, rentre « chez elle », c'est un fait.

La Bête s'est attachée à une zone privilégiée (un périmètre plutôt qu'une simple tanière), depuis laquelle elle rayonne, notamment vers le sud. D'après les données croisées du XVIIIe siècle et d'aujourd'hui, d'après les informations officielles et quelques autres dont celles de la grand-mère Albaret, j'ai annoté la carte et le calendrier. L'activité déployée par le réseau des vieux n'est pas si naïve, reconnaissons-le. Ayant débuté bien avant que le Bête ne s'en prenne aux humains, leurs observations portent sur une période significative. Elles mettent en évidence des lieux de passage.

Sur la carte, je dessine un triangle ayant pour sommets le Montchauvet, le Montgrand, le mont Mouchet. Presque un triangle rectangle. Le théorème de Pythagore, cependant, n'est pas en cause. Mon idée se fonde sur une concordance de lieux et de dates en fonction des crimes et des « repos » de la Bête. Une idée fragile, qui ne vaut que ce qu'elle vaut.

Dans la cheminée, de belles bûches crépitent et s'effondrent contre la noire plaque de fonte. Cette plaque, qui me vient des aïeux de mes aïeux et qui remonte, paraît-il, à des temps « anté-bestieux » (avant Louis XV donc), porte l'effigie d'une salamandre. À travers le rideau des flammes, le mythique amphibien me fixe de ses yeux inquiétants. Non, certaines représentations du monstre dévorant de la Margeride ne sont pas si éloignées de cette créature incombustible et cracheuse de feu.

Être vivant ou mort, le choix après tout est limité. Un bon feu de bois est une transcendance. Il relativise tout. Trop agité pour me coucher, je triture les braises. Si mon plan fonctionne, c'est décidé, je me restitue le droit de vivre. Et c'est demain que je tente le coup. Je n'ai plus le choix, de toute façon. Tagomas de Madagascar, *Ferassimus subtilis* ou simple chien taré, peu importe l'identité du fléau, et autres fioritures intellectuelles. Si je n'ai pas la peau de la Bête, la Bête aura la mienne. Que dis-je, la Bête. Il y en a au moins deux.

45

La lune noire

« MARGERIDE » proviendrait de *mar* qui, dans une langue pré-celtique, veut dire grand et de *garric* qui veut dire chêne. Il y a des millénaires, des siècles et des lunes, du temps des chamans du néolithique, le mont Mouchet régnait, d'après ce qu'on en sait, sur une chênaie immense. Les chênes aujourd'hui ont disparu. Le site est couvert d'une forêt de pins extraordinairement sombre.

Par sa forme, le mont Mouchet évoque l'échine hirsute d'un animal gisant. Arête suprême de la Margeride, frontière naturelle des régions anciennes, Auvergne, Velay, Gévaudan, devenue frontière des départements, il appelle à lui, pour des raisons indéchiffrables, le faisceau des forces obscures. C'est un pays de légendes, de fantasmes et de mystères.

On le sait ou on le sent : depuis toujours le mont Mouchet fascine. Témoins, non loin de là, la Tuile des Fées et d'autres mégalithes cabalistiques. Témoin, érigé en mémoire des sanglants événements de 1944, le monument aux Maquis. Il confirme la vocation sacrée de cette montagne dont la Résistance fit un refuge et un haut lieu du piège et de l'embuscade.

Outre la mémoire des incantations, des combats et des chênes fantômes, que cache ce grand moutonnement de conifères ? On le croit monotone et homogène. L'impression est trompeuse. Comme un lettrage ancien, la forêt du mont Mouchet s'inscrit en pleins et en déliés. Elle recèle mille rochers, replis, crêtes, clairières, sentiers, drailles, restes de murs, enchevêtrements funèbres de bois mort. Sans compter ces glauques humidités qu'on appelle des « sagnes ». On dit aussi parfois « saugnes », comme dans le cas de la Saugne d'Auvers.

Le jour est en train de se lever. Dans les fossés, l'herbe est blanche de givre. Je viens de garer la voiture près du petit carrefour de Chanteloube. Les arbres la dissimulent. Elle est invisible de la route. Le ciel est opalescent et vide.

Je scrute les environs. J'écoute. Aucun bruit. Aucun véhicule. Et puis, soudain, je sursaute. Une silhouette a surgi de nulle part. L'homme vient à pied. Il est vêtu du manteau en peau de loup, celui que Védrine portait lors de sa visite à l'hôpital et qu'il dit avoir ramené de Sibérie. C'est la tenue du chaman. Et pourtant ce n'est pas lui.

— Vous avez l'air complètement égaré, dit l'abbé Blanqui.

Je sens qu'il savoure ma surprise.

— J'attendais votre oncle.

— Vous pensiez donc avoir rendez-vous avec l'assassin de Justine ?

— Il m'a dit... Il a fini par me dire...

— Qu'il se prend pour un sorcier et qu'il s'amuse à faire peur aux gens ? C'est tout à fait le cas. Mais il n'a jamais rien fait de plus. Le pauvre homme est complètement inoffensif.

— Il m'a montré son arme. Il m'a expliqué comment il avait fait...

— Vous l'avez tenté. Il aimerait tant incarner une puissance destructrice alors qu'il est tout juste capable de se travestir et de brandir son objet ridicule. Remarquez, moi aussi, je me suis travesti. Pour vous mystifier, j'ai pris le manteau et la massue.

Soulevant la pelisse, Blanqui me montre le rostre attaché à sa ceinture. J'entrevois sa soutane relevée, enroulée à la taille pour libérer les mouvements.

— Mon oncle, ajoute-t-il, m'a fait part de votre rendez-vous. Il était très excité. Je l'ai calmé avec quelques somnifères. J'ai pris sa place, mais ne soyez pas déçu... Vous avez devant vous l'homme qui a tué Justine.

— Je ne vous crois pas.

— La nuit où mon oncle est allé faire ses simagrées autour de votre maison, il a perdu sa massue. Je suis retourné là-haut pour la récupérer. Je voulais lui éviter des ennuis. Justine est arrivée à ce moment-là. L'arme était dans ma main...

— Mais qu'est-ce qui vous a pris ?

— C'était une impulsion. Quelque chose de foudroyant. Avoir tué est une charge inouïe pour ma conscience, mais je n'avais pas mon libre arbitre. J'étais l'instrument de la Bête.

— Si ce n'était pas prémédité, pourquoi avez-vous laissé ces traces de loup ?

— Comme par hasard, ça s'est passé à l'endroit où mon oncle avait laissé ce qu'il appelle sa signature.

— C'est invraisemblable. Donnez-moi une preuve.

— Je n'ai pas amené sa tête. Trop encombrante. Mais regardez...

De la poche du manteau en peau de loup, il tire un scalp flamboyant aux cheveux encore soyeux. Je réprime un haut-le-cœur. Je me sens verdir. Un fou furieux. Un autre fou. Mais il ne faut pas flancher. Mon cerveau, en un éclair, refait le calcul. Blanqui remplace Védrine. Le plan demeure.

— Cette révélation vaut bien que vous m'ameniez à la Bête. Mon oncle vous a arraché cette promesse. Je prends sa place.

— Allons-y, dis-je.

— Comment allez-vous faire ?

— La lune

— Vous avez sûrement raison. La lune est la clé des grandes chasses.

— Je ne promets rien. J'ai rencontré la Bête ici deux fois, c'est ma seule certitude. Et, à chaque fois, en fin de lune décroissante.

Une violente nausée me tord les tripes, mais il faut tenir. Toute la nuit, j'ai répété mon rôle. Je me suis travaillé au corps. Je dois aller jusqu'au bout. Le fait que l'abbé ait endossé la bizarre pelisse de son oncle tombe d'ailleurs à pic. Elle est munie d'une capuche que Blanqui, déjà coiffé d'une toque, n'utilisera pas. À l'insu de l'abbé, je glisse dans cette capuche un petit sachet. Croisons les doigts pour qu'il ne sente aucune odeur.

— Au cours de ces périodes, ajouté-je, la Bête est calme et douce. Je lui ai parlé.

— Que lui avez-vous dit ? demande Blanqui, visiblement excité.

— C'était juste pour me faire entendre. Pour qu'elle reconnaisse son créateur.

— Elle vous respecte, mais vous ne l'avez pas créée. Elle a surgi de l'abîme.

Nous nous mettons en route vers la Saugne d'Auvers. Le chemin est funèbre. Lors de mon pèlerinage de l'an dernier avec Margeride, l'ambiance, comparativement, était presque riante. De la vie de la Ténazeyre ne demeurent, en cette saison, que les formes les plus sourdes. Pour ne pas troubler le lugubre mutisme ambiant, les brindilles molles se laissent piétiner sans bruit. Les bras velus des pins se tendent vers nous. Du sol monte une vapeur.

— Mais pourquoi voulez-vous rencontrer la Bête ?

— Vous ne prenez pas au sérieux, n'est-ce pas, ces notions de bien et de mal ? Moi si. Je veux m'affronter au châtiment de Dieu.

— Affronter ? Mais, n'est-elle pas plus forte que tout ?

— J'ai beaucoup prié, dit Blanqui. J'ai demandé la force de la subjuguer.

Nous progressons sur le flanc du mont Mouchet. Les taches de neige des sous-bois se font plus nombreuses. La forêt s'épaissit. Les arbres grouillent autour de nous comme des morts vivants en rupture de cimetière. Dire que c'est en compagnie d'un psychopathe que je m'enfonce dans ces ténèbres ! Vis-à-vis de lui, je ressens cependant moins de peur que de dégoût. Il faut voir les choses en face, cet homme est amoureux de moi.

— Et si je vous dénonce ?

— Ça n'aurait pas de sens, dit-il. La révélation finale va tout bouleverser. Saint François est allé vers le loup de Gubbio. Il l'a soumis par le signe de la croix.

Des ronces s'entremêlent aux branches des résineux. La végétation resserre son étreinte. Parmi les cimes des arbres, la lueur matinale peine à se frayer un passage. Nous nous arrêtons brusquement. C'est bien là. Je reconnais les lieux. Cette fatale fourche de sentiers où, le 19 juin 1767, Jean Chastel vit arriver la Malebête. La Saugne d'Auvers est environnée d'une brume blanchâtre qui rampe et stagne au ras du sol. Je lève les yeux vers le maigre ciel cendré.

— La nuit qui vient de s'écouler, dis-je à voix basse, était la dernière du cycle lunaire. J'ai étudié le calendrier des attaques récentes et anciennes. Quand il n'y a plus de lune, la Bête n'est nulle part. On ne la voit jamais.

— Ça veut dire qu'elle rentre chez elle.

— Et c'est par ici qu'elle devrait passer. Chastel ne s'y est pas trompé. La Saugne d'Auvers est l'entrée de son sanctuaire.

Je compte sur la Bête. Je compte sur elle pour remonter la vallée de la Desges. Elle viendra du nord ou de l'est par l'un des deux sentiers convergents. Le vent, dans ce cas, ne devrait pas nous trahir. Nous nous postons derrière un enchevêtrement de ronces et de houx. Des ondes nerveuses parcourent le visage de l'abbé Blanqui. L'incroyable créature, pense-t-il, va paraître. Celle dont il a étudié toute sa vie les traces apocalyptiques.

Il me jette tout à coup un regard chaviré. Sous l'effet d'une sorte de désir obscène, sa voix est haletante.

— Ces femmes qui gravitent autour de vous, chuchote-t-il, elles ne vous méritent pas. Vous valez mieux que ça. Le fléau de Dieu va faire table rase.

— Vous auriez tué Margeride aussi si vous aviez pu !

— Qu'importe maintenant. Nous allons vivre ensemble l'initiation suprême.

Du temps s'écoule encore. À force de scruter les sous-bois obscurs, je crois voir s'y dessiner la gueule du Léviathan. Va-t-il enfin venir ? J'ai bluffé en prétendant que j'avais croisé ici la Bête. Je suppute, c'est tout. Et si je me trompe ? Ce ne serait pas franchement surprenant. Je peux me tromper de jour, de forêt, d'astre ou d'animal. Tout ça est si nébuleux. Ce qui serait le plus surprenant, en fait, c'est que mon invraisemblable plan aboutisse.

La poche de mon anorak est lourde. Je la soutiens de ma main pour qu'elle ne pendouille pas trop. J'ai l'impression que ça se voit. Mais ça ne se voit pas. En l'espace de deux heures, la lueur du ciel s'est à peine amplifiée. Je songe à la nuit arctique des Kouriles. Je devrais avoir froid. Je devrais avoir mal aux jambes. Mais je ne sens rien. J'ai peur, c'est tout. J'en arrive à psalmodier, à me répéter des formules intérieurement. Ne dit-on pas que Chastel, lors de son affût, lisait des prières à la Vierge ?

Tout à coup, sans que rien ne se soit fait entendre, je prends conscience que quelque chose vient. C'est juste d'abord un épaississement local de l'ombre. Un mouvement deviné. Un animal s'avance sur nos traces par le sentier du nord, celui que nous avons emprunté. Sa silhouette svelte et puissante se précise. Sans doute, par-dessus la guirlande épineuse du houx, repère-t-il nos têtes. Dans la poche de mon anorak en duvet, ma main se crispe.

Les oreilles de la Bête se dressent. Dans une sorte de reptation saccadée, elle continue d'approcher. Non, finalement, elle renonce. Elle quitte le sentier et disparaît parmi les enchevêtrements sombres de la Ténazeyre. Que faut-il faire ? Attendre. Au bout de longues minutes, quelque chose craque derrière nous. Elle nous a contournés. Je la vois qui hume l'air. Nous sommes deux hommes adultes. Elle devrait hésiter, mais elle n'hésite pas et je crois savoir pourquoi. La Bête se rue vers nous.

J'ai à peine besoin de m'écarter. C'est sur l'abbé Blanqui qu'elle se précipite. Il lève le bras pour un signe de croix, mais, dans une rage folle, elle lacère déjà de ses griffes et de ses dents le manteau en peau de loup. Déjà, elle s'arc-boute en grondant et essaie de mordre plus haut. Elle vise la gorge, le cou. Contournant l'homme, elle attaque la capuche.

Sous sa toque de fourrure, Blanqui roule des yeux fous. Tandis qu'elle s'accroche à son dos, le voilà qui extrait péniblement de sous son manteau l'incroyable outil denté de son oncle le chaman.

Je recule de quelques autres pas dans le sentier. L'abbé Blanqui est entravé. Suspendue à la capuche, la Bête le déshabille. Le vêtement le ligote comme le piège d'une araignée. Il essaie de faire usage de l'arme, mais cette mâchoire symbolique ne fait pas le poids. Dans un combat aussi rapproché, ses coups ne portent pas. La Bête esquive, amortit, s'enroule, se déroule, reprend appui sur ses quatre pattes pour jaillir à nouveau.

L'homme amorce une fuite de quelques mètres. En trois bonds, la Bête le rejoint et lui saute à la gorge. Un grondement ininterrompu sort de sa gueule. Sa fureur systématique est plus humaine qu'animale. Le spectacle en est paralysant. Plongée dans ma poche, ma main dégantée étreint le métal froid.

L'abbé Blanqui vacille sous la charge. Le rostre est tombé à terre et ses mains sont impuissantes à libérer sa gorge. Le sang coule à flots. L'étreinte se prolonge et l'homme, affaibli, finit par s'abattre sur le tapis de ronces. La Bête ne me prête toujours aucune attention. Assurant sa prise, elle saigne consciencieusement sa proie qui tressaute en poussant des grognements étouffés. Avec l'énergie du désespoir, l'homme tente encore de se dégager. Ses mains empoignent le sol.

Derniers spasmes. Le sang imbibe la terre jonchée d'aiguilles de pin. Il s'en est écoulé des litres. C'est terminé pour l'abbé Blanqui dans son manteau déchiqueté sous lequel paraît le col ecclésiastique broyé et écarlate. Je m'avance avec lenteur. J'ai sorti de ma poche et je brandis le vieux revolver de Mauriçou. Ce revolver qui date du Maquis et des combats du mont Mouchet. À bout portant, je tire deux balles dans le flanc de la Bête. Elle roule sur le cadavre de l'homme, mais se relève aussitôt et s'enfuit en titubant.

46

Le labyrinthe

J E SUIS ALLÉ CHERCHER GRANITE. Une heure plus tard, me revoilà sur les lieux. La chienne flaire avec excitation le cadavre de Blanqui.

C'est l'acharnement du tagomas contre le col de d'Argentières et le massacre du parc à loups qui m'ont donné à penser que la Bête attaquait tous les mâles qu'elle identifiait comme de son espèce. Rivalité sexuelle. Pour qu'elle s'en prenne à Blanqui, j'avais glissé dans sa capuche deux testicules de loup tirés de mon congélateur. C'est l'odeur qui l'a rendue furieuse. J'ai la présence d'esprit de faire disparaître les deux pièces à conviction.

Granite s'élance sur la piste. Je la tiens en laisse et ce n'est pas facile. Le long de gorges envahies de brume, nous dévalons, d'abord en direction d'Auvers, puis nous remontons en zigzag, croisant des sentiers, franchissant un ruisseau, contournant des éboulis.

La Bête a de l'avance, mais je suis sûr de l'avoir vraiment touchée. La chienne saura. Elle sait. Granite ne marque aucun temps d'arrêt. Bien que blessée par le monstre à la roche Truyère, bien qu'ayant refusé de l'affronter la nuit où Justine a été tuée, elle n'hésite pas aujourd'hui. Elle fonce à travers les sous-bois de la Ténazeyre. C'est un chien courant et elle court. Moi aussi, je cours. La piste est fraîche, sanglante et forte.

Au-devant de nous, je sonde avec anxiété les fourrés où la chienne me précipite. Je lutte pour garder l'équilibre, car mes bras sont encombrés. La laisse est dans ma main gauche. Le fusil à longue portée dans ma main droite. J'en serre si fort la crosse que mes doigts sont douloureux. J'ai aussi gardé sur moi le revolver subtilisé lors de ma visite au chevet de Mauriçou.

Aucun taillis, aucun bourbier plus ou moins gelé, aucun ravin ne nous est épargné. À la suite de la chienne, je me débats dans les buissons et les ronces. Les épines me griffent. Mon pantalon est déjà déchiré. Ponctuée d'écarts, de volte-face, cette piste cherche à nous égarer. En imitant la course de la Bête, en copiant ses hésitations et ses manœuvres, il me semble pénétrer sa logique animale. Curieuse impression.

La forêt est répétitive et sans fin. Où sommes-nous ? Une trouée surgit. Un chemin sableux descend en lacets. La chienne s'y jette. La piste suit ce chemin. Dans le fossé, une plaque de neige conserve une trace rougeâtre. Quelques petits prés, çà et là, éclaircissent la pente. Progressivement, je crois reconnaître les lieux. Nous ne sommes pas si loin de notre point de départ. Aurions-nous tourné en rond ? Ces toits qui pointent à travers les arbres, ce sont les quatre tours du manoir de Ribeyrevieille.

La Bête a sans doute cessé de perdre son sang. On n'en voit plus nulle part. Sa piste va passer au large du château-musée. C'est ce que je suppose d'abord. Mais Granite m'y mène tout droit. Les cônes gris des toits se cachent puis reparaissent. Deux petites baies Renaissance grimacent derrière leurs grilles de fer. Au pied des murs livides, aucune voiture n'est garée. Le lieu, en cette saison, est désert. Ribeyrevieille est un bout du monde et ça vaut mieux pour le secret de cette chasse.

Le musée est fermé, mais le portail est ouvert. Au détour de la haie de noisetiers qui délimite le parc, les oreilles tombantes de la chienne se froncent et frémissent. Son échine se tend. Elle gronde briè-vement. J'attache la laisse à ma ceinture par un mousqueton. J'assure ma prise sur le fusil. Je m'avance avec prudence. À la vue d'une forme sur le perron, tous les poils de mon corps se hérissent.

En haut des marches, il y a quelqu'un. Granite maintenant trépigne et remue la queue.

On me voit. Je me compromets. Mais cette femme, elle aussi, se compromet. Cette femme tout en rotondités sanglées dans un manteau de duvet, c'est Monica. Elle a longtemps attendu sans doute. Elle a l'air frigorifiée. Elle serre à deux mains son col remonté devant sa bouche. Je gravis les marches ravinées du double escalier. Avec lenteur. Pour me donner le temps.

— Tu as rendez-vous ?

— Oui, dit Monica. En quelque sorte.

Au ton de sa voix, on sent qu'elle a déjà retrouvé une contenance. Ce n'est pas mon cas. Avec ce fusil de Tartarin et ce chien qui distend ma ceinture... Je détache Granite qui court renifler dans les allées du parc.

— Un rendez-vous avec elle ?

— Elle ne viendra pas, dit Monica, si tu restes dans le coin.

— Je t'avais reconnue au bois des Fades, mais je n'avais pas compris. Je croyais que c'était avec ton chien que tu...

Tout en cherchant mes mots, je surveille les abords. Le perron de Ribeyrevieille est un bon endroit pour voir venir. Sur trois côtés la vue est dégagée. Une haie discontinue délimite le parc. Au-delà : une petite prairie.

— Tu ne vas pas t'offusquer, quand même, dit Monica. Cette Bête, c'est ton œuvre. Si fascination malsaine il y a, nous sommes au moins deux.

— Ce qui arrive est accidentel. Je voulais juste savoir la vérité.

— Ne le prends pas de si haut. Tu as foutu un sacré bordel... Alors que moi je sauve des vies humaines.

— Tu sauves des vies !

— Chaque fois que je le calme, il arrête de tuer.

Je note qu'elle vient de parler au masculin de la Bête. Lui rendant son sexe véritable.

— Quel altruisme !

— Tu peux ricaner, dit-elle. L'apprenti sorcier, c'est toi. Et il y a longtemps que je le sais. À l'époque de tes expériences, je suis passée un jour chez toi voir Justine.

— Et tu as entendu tous ces chiens gueuler dans la grange ?

— Par la lucarne, j'ai vu tout un tas de matériel. Quand la Bête est apparue, j'ai bien sûr fait le rapprochement.

— Mais, ensuite, tu n'as pu la rencontrer que par hasard...

— La première fois, elle est venue à moi dans les bois du mont Mouchet. J'étais couchée sur le dolmen pour une séance d'imprégnation magnétique. J'étais en condition. La Bête reste calme quand on lui donne ce qu'elle veut. C'était au début. On n'avait pas encore peur d'elle.

— Je vois, dis-je. Tu étais en condition magnétique.

— Je connais maintenant les secteurs qu'elle fréquente et à quels moments. J'y vais et c'est elle qui me trouve. Elle est capable de me sentir de loin. Elle sent l'odeur femelle.

Du perron, je continue à suivre des yeux la chienne. Il y a, devant le musée-château, un ancien labyrinthe végétal qu'on a recommencé à entretenir. Les arbustes en sont restés denses et verts. Granite vient de s'engager là-dedans. Je vois sur son passage frémir des branches.

— La Bête n'est pas loin, dis-je. Aide-moi à la faire venir.

— Je ne tiens ni à la faire tuer ni à te rendre service.

— Tu ne crois pas qu'il est temps d'en finir ?

— À toi de prendre tes responsabilités.

Non, Monica ne veut pas servir d'appât. Balançant avec dignité ses monumentales fesses, elle redescend les marches du perron. Je la vois passer le portail et s'engager dans le chemin. Sa voiture doit être garée en bas, en bordure de route.

Je reporte mon regard sur le labyrinthe immobile. J'appelle. Je siffle. La chienne devrait m'entendre. Elle est peut-être en train de creuser. Elle adore creuser des trous.

Enfin, je vois bouger. Je capte un geignement. Granite a trouvé quelque chose. Je m'avance. Le labyrinthe est divisé en compartiments dont les issues, toujours en retrait, sont censées se dérober à l'œil. Au moment de pénétrer dans le troisième rectangle, je perçois, à l'extrême limite de mon champ de vision, un brusque déplacement. Je me tourne et le canon du fusil heurte le flanc d'un animal qui bondit. Trop tard, un piège à dents de fer m'a saisi le bras.

Mon coude droit est pris comme dans un étau. Je n'ai pas lâché le fusil, mais sa longueur m'empêche de le pointer contre la Bête. Je sens un souffle carnassier et puant. Le halètement s'accompagne d'un léger sifflement. J'ai mal, mais l'anorak est épais. Les dents ne pénètrent pas trop encore. Ma main gauche se contorsionne en direction du pistolet de Mauriçou. Il est dans la poche droite. Dans l'affolement, j'arrache le curseur de la fermeture éclair. J'ouvre ma main droite et le fusil tombe. Elle tente d'aider la gauche, mais la douleur la paralyse.

Je sens la chaleur du fauve et ses longs poils gluants. Regarder sa face m'achèverait. Je me concentre sur ma main qui cherche l'arme. Dans un bref coup d'œil, je vois que mes deux balles ont fait mouche. Une dans le train arrière, une au milieu du flanc. Ça explique ces bulles de sang et ce bruit de pneu qui fuit. Les balles du revolver sont de petit calibre, mais il faut tout de même que cet animal ait la vie dure pour attaquer si sauvagement avec un poumon percé. De longues minutes s'écoulent. À tout prix, il me faut rester debout. Dénouer la poche...

La Bête pousse sur ses pattes arrière. Ses efforts sont calmes et froids. Elle ne lâchera pas mon bras. Elle me veut à l'usure. Dans mon dos, la paroi végétale se dérobe. Je fais un pas de côté. Le début du vacillement. C'est au moment où je fais ce pas que claque une détonation sèche. Je sens la morsure de la Bête se ramollir. Je vois un homme debout sur la large balustrade du perron. Il était là à quinze mètres. Il attendait que je bouge. Il attendait le bon angle. Cet homme porte une épaisse veste de mouton.

Une fumée blanche environne le double canon de la pétoire. Une arme ancienne aux platines gravées. Je comprends que ce fusil qui a parlé, c'est le fusil de Jean Chastel, autrefois acquis et vénéré par le vieux prêtre Pourcher comme une preuve que le Gévaudan n'avait pas rêvé sa Bête, comme l'arme surhumaine d'une chasse surhumaine. Sur ce fusil dont le canon s'abaisse vient mourir un rayon de lumière. Cette relique surpuissante, ostensoir de la force divine, quelqu'un l'a retrouvée. Quelqu'un la détient.

La Bête est tombée. Elle se tord. Un soulagement dangereux commence à me pénétrer. Non, il faut faire vite. J'arrache le revolver à ma poche. Je vide le barillet dans la poitrine palpitante de la Bête. Je m'éloigne ensuite de quelques pas et tire trois balles de fusil. Trois énormes trous. Cet acharnement est ridicule peut-être, mais on sait que la malfaisante a mille fois disparu dans la nature avec du plomb plein les tripes...

Je sors du labyrinthe. Je fais le tour du château. Je scrute le chemin. L'homme n'est plus là. Peu importe. Il sait que je l'ai reconnu. Je retourne vers la Bête. Longuement, je vérifie que ce cadavre en est bien un. Le fusil est déjà rechargé. Du bout du canon, j'entrouvre l'énorme gueule bavante et sanglante. Aucun souffle n'en sort. Le cadavre baigne dans une épaisse flaque noire. L'œil couleur cinabre est grand ouvert et vitreux.

Je détaille et m'enhardis à palper. De sa mère, la Bête a hérité les traits d'un grand loup à la poitrine marquée d'un cœur blanc. Du tagomas, son père, outre la fureur, elle tient les griffes rétractiles, le torse souple du félin, la pupille fendue... La Bête est venue mourir devant « son » musée. Au rendez-vous de sa légende, dédale étrange de l'imaginaire. À quelques mètres de sa statue à facettes qui, derrière la grande porte cloutée, accueille le visiteur.

Je cherche et je retrouve la dépouille exsangue de Granite dans un coin du labyrinthe. Son échine est toute tordue. Sa tête quasiment en morceaux. Les vertèbres cervicales sont brisées et dénudées.

Tout à l'heure, me dis-je, je nettoierai le sang. Il faut effacer les traces.

En face du musée de Ribeyrevieille, se trouve l'ancienne ferme du château. Elle n'est plus habitée, mais sert toujours de stabulation. C'est là que je porte le cadavre de Granite. Je reviens ensuite chercher la Bête. Je la traîne péniblement. Elle pèse presque mon poids. Je l'ai si bien mitraillée qu'elle en perd ses entrailles. Dans la cour de la ferme, un tas de fumier frais exhale une vapeur dansante. Je m'approche. Une surprenante chaleur m'enveloppe. Un beau fumier, dit-on, peut atteindre, à cœur, une température de soixante-dix degrés.

À l'aide d'une vieille bêche trouvée sous l'appentis, je creuse le tas puis, en dessous, la terre meuble. Ruisselant de ma sueur, tout crépi de sang animal, je pousse la chienne et le monstrueux hybride dans cette fosse. Je recouvre le tout. En présence de ce fumier en fermentation, les deux cadavres se décomposeront très vite. Aucun effluve ne sera repéré, même par les chiens les plus subtils. Double avantage. À peine ai-je terminé mon odorante besogne, que la neige se met à tomber à gros flocons. La page redevient blanche.

47

L'ami caché

« *M*on cher ami, dit la lettre, *la prudence voudrait que je vous confie tout ce qui suit de vive voix, mais j'ai du mal à contraindre mon tempérament. La spontanéité n'est pas mon fort. C'est dommage sans doute. Je ne sais m'exprimer que de manière studieuse et besogneuse. Vous m'avez peut-être trouvé assez à l'aise en public, mais, dans les rapports individuels, je suis d'une timidité pathologique.*

Comme vous l'avez sans doute entendu dire, je suis un ancien séminariste. Au cours de mes études et de ma carrière, j'ai fréquenté beaucoup de prêtres. Je reste très croyant et, à bien des égards, je me considère toujours comme l'un d'entre eux. Aujourd'hui, je suis toujours en quête de la même

vérité. Pourquoi tant de prêtres se sont-ils passion-
nés et se passionnent-ils encore pour la Bête du
Gévaudan ? S'ils ont écrit tous ces livres, c'est à
cause du mal. Il nous hante de la même manière
que la Bête hante ce pays. Dans cette fièvre d'inter-
prétation, certains ont trouvé la lumière. D'autres
se sont égarés.

À l'insu de tous ces abbés chercheurs, il se pour-
rait que, depuis le XVIIIe siècle, l'Église détienne les
clés de l'histoire de la Bête. J'ai acquis la conviction
que des documents cruciaux, vraisemblablement
scientifiques, avaient été retirés des archives du
Vatican. Les mauvaises langues diront que c'est
parce que l'Église se nourrit de mystère. Je crois,
quant à moi, que les autorités religieuses ont voulu
éviter d'alimenter le délire de certains esprits.

Mais venons-en au fait. Vous vous interrogez
sans doute sur ma présence providentielle, la
semaine dernière, sur le perron de Ribeyrevieille.
C'est tout simplement qu'à votre arrivée j'étais à
l'intérieur. En tant que conservateur du musée, j'y
viens travailler à ma guise. Avant les événements,
je venais parfois, en période de fermeture, pour
méditer face à la forêt. Ces temps derniers, c'était
pour surveiller. Du haut de la tour de l'Ouest, on
embrasse un secteur immense. Vous l'avez com-
pris, vous aussi, Ribeyrevieille est à la croisée des
chemins de la Bête. De là-haut, plusieurs fois, je
l'ai aperçue.

Le mensonge n'est pas dans les principes de ma foi ni dans les miens propres. Je vous avouerai donc être l'auteur de cette lettre indélicate reçue par votre amie Margeride. Le but de cet avertissement, dont la violence ne visait qu'à brouiller les pistes, était de la contraindre à la prudence. J'avais pris note de certaines attitudes alarmantes. Des individus malsains s'apprêtaient à lui nuire. Impossible de vous prévenir plus nettement. À l'heure qu'il est, je n'ai toujours que des soupçons, mais, si c'est ce que je pense, ces personnes sont aujourd'hui hors d'état de nuire.

Sans doute avez-vous appris par la presse l'arrestation du postier qui disait avoir aperçu la Bête juste avant le meurtre de Grèzes. Cet homme aurait des antécédents psychiatriques. Il n'était d'ailleurs même pas postier. D'après les analyses, il semble avéré que c'est cet homme qui a violé, tué et mutilé la jeune fille dont la tête a été retrouvée en haut du calvaire. Je prie pour elle, de même que pour les autres victimes, de même que pour les coupables. Ceci dit, cette pluralité des meurtriers ne va pas faciliter le travail des enquêteurs ni la compréhension de l'affaire. Je vois là un parallèle de plus avec la Bête d'autrefois. Certains malfaiteurs de l'époque avaient profité de la vague pour masquer leurs crimes.

Quant à l'arme historique que vous m'avez vue entre les mains, sa redécouverte est le fruit de dix années de recherche. Peut-être ai-je commis une faute professionnelle en ne l'acquérant pas pour le compte du musée, mais pour mon propre compte. Je n'ai pas pu résister. Peut-être même ai-je commis, en termes de religion, un péché d'orgueil. Cette arme, cependant, n'a de sens que pour un petit nombre d'initiés et le grand public ne sera pas trop lésé. Après ma mort, elle reviendra à la collectivité.

À ce stade de la confidence, j'avoue que je suis tenté de vous révéler le parcours étrange du fusil de Jean Chastel. La transmission de cet objet implique des personnes désirant garder l'anonymat, mais, si vous me promettez la plus grande discrétion, je vous en dirai quelques mots un jour prochain. Spontanément, j'ai confiance en vous. Mais secret contre secret. Je brûle de vous entendre me révéler l'identité de la Bête.

Pour finir, et à propos de secret, vous comprendrez qu'il est de notre intérêt à tous deux que vous détruisiez cette lettre. À bientôt, donc, et, bien que vous ne soyez pas croyant, j'ajouterai : à la grâce de Dieu.

Jacques Rimeize »

48

Aux chandelles

Notre table est ornée de deux chandeliers vénérables et frustes comme ces flambeaux d'argent que Jean Valjean vola une nuit à l'évêque Myriel. Le serveur vient à nous et allume les bougies. Un bloc de pierre du Velay est posé sur chaque assiette, par ailleurs décorée de crocus et de perce-neige fraîchement cueillis.

L'heure sonne à un clocher voisin. Margeride et moi sommes attablés, tout près d'une vaste baie vitrée, dans le plus beau restaurant du Puy. La vue panoramique embrasse la ville et les hauteurs qui la dominent. Coulée dans la fonte de deux cent treize canons pris à Sébastopol, Notre-Dame de France resplendit au sommet du rocher Corneille dans un halo rosé. Un escalier grimpe, paraît-il, à l'intérieur de la statue et débouche dans la couronne de la Vierge, mais je n'y suis jamais monté.

D'autres projecteurs, plus loin, illuminent une deuxième cheminée volcanique. Tel un monastère grec de Thessalie, une chapelle est perchée sur cette colonne rocheuse. Saint-Michel d'Aiguilhe semble murmurer à l'oreille de la ville quelque sombre prophétie. Une autre cloche se met à sonner. La porte des cuisines s'ouvre toute grande. Un serveur passe avec une hure de sanglier. Bouffée d'angoisse. C'est de mauvais goût, mais je songe à la tête de Justine. On ne saura jamais ce qu'elle est devenue.

— Il paraît, dit Margeride, qu'ils ont transféré Védrine.

— Depuis sa crise, il est à Clermont, à l'hôpital Sainte-Marie. Il s'était mis à casser des portes et des fenêtres à coups d'ossements.

— Savoir que c'est lui qui m'a poursuivie quand j'étais gamine, ça me soulage. J'espère qu'ils vont le garder chez les fous un bon moment.

— Il fait beaucoup de cinéma, mais tu as peut-être raison. On ne sait jamais.

— Tout de même, lui et son neveu, le curé, on aurait pu les repérer avant. Tu ne vas pas me dire qu'ils étaient seulement « originaux ».

— Je ne sais pas, dis-je. C'est peut-être le retour de la Bête qui leur a fait péter les plombs. Ce ne serait pas la première fois qu'elle réveillerait la folie des hommes.

On nous apporte la bouteille de vin. Je goûte et approuve précipitamment. Ce genre de rituel m'afflige toujours un peu.

Margeride pose sur moi un regard hésitant et un peu inquiet. De peur de ranimer mon malaise, elle retient ses questions. Je n'irai pas au-devant. J'ai enfoui le cadavre du monstre. Le fumier et le temps doivent le décomposer. Quant à celui de l'abbé Blanqui, il a été retrouvé et tout s'est bien passé. La neige a effacé les traces de ma présence. On a jugé que ce pauvre prêtre avait été victime de sa fascination pour la Bête. Les autorités en ont profité pour lancer de nouveaux appels à la prudence.

— Je n'en reviens toujours pas, dit Margeride. De ne plus boiter.

— Pour un peu, je finirais par croire au paranormal.

— La marque sur mon sein, par contre, n'a pas disparu.

— C'est une protection, dis-je. Et un ornement.

— Tu ne trouves pas que cette histoire ressemble à un conte ?

— À part que les petits enfants ne vont pas ressortir du ventre du loup.

La malédiction est terminée ? Ça m'arrangerait de le croire. Que cette affaire soit régie par des forces qui nous dépassent allégerait ma responsabilité. Je préfère ne pas trancher, la reléguer dans une autre dimension. Tout ce que je sais, c'est que la Bête a cessé, pour l'instant, de m'écraser. Progressivement, je me relève. Ma sexualité va mieux.

— Tu sais quoi, dis-je, je vais organiser une grande fête à la Chaleille.

— Tu fêtes une page tournée ?

— Il y aurait Ulrich, Maumau, les Albaret, des collègues de Clermont et de Montpellier, des copains de Mende, de Saugues. Tu ne les connais pas tous. Une amie de Saint-Flour...

— Tu invites aussi tes anciennes maîtresses ?

Regards de défi de part et d'autre. Margeride me tire la langue. De concert, nous trempons nos lèvres dans le vin couleur rubis.

— Il est aussi question, dis-je, de faire venir du Japon la copine d'Ulrich. Celle des Kouriles. Atsuko, elle s'appelle.

— Une Japonaise en Gévaudan !

— Les journalistes ont ouvert la voie. Elle saura où elle met les pieds. Il y aurait aussi Rimeize et d'autres « bestieux ». Ce n'est pas que j'aie envie de parler de la Bête, mais je ne vais pas subitement leur faire la gueule.

— On prend les mêmes et on recommence ?

— Arrête tes conneries.

— Et moi, demande Margeride en minaudant, je serai invitée ?

Pensivement, elle chatouille de son doigt la flamme d'une bougie.

— Et nous après ? insiste-t-elle.

— Toi et moi ? Tu sais bien. Je doute.

— Je te le répète, tu n'es pas vieux.

— Pour l'instant, peut-être pas tant que ça... Mais je ne crois pas en l'avenir.

— Tu penses trop.

— Il ne faut pas trop penser, tu as raison. C'est ça qui fait venir les monstres.

— Et si je te disais que je suis enceinte ?

— Pourquoi pas, après tout. Il faut foncer.

— C'est tout ce que ça te fait ?

Par-dessus la table, je prends entre mes mains le visage de Margeride. Je la fixe intensément. Un regard franc et massif qui veut dire « on y arrivera ». Elle me sourit. J'embrasse sa paume. Je m'insinue dans la manche de sa veste. Margeride porte au poignet droit un bracelet fait de plusieurs rangs de petites perles irrégulières. C'est un collier ancien qu'elle a ainsi entortillé.

— Ça vient du grenier de la sorcière, dit-elle.

— Excellent. Il est fait pour toi. Le mot « Margeride », tu sais ce que ça veut dire ?

— Tu m'as déjà expliqué. Ça viendrait du celte. Ça voudrait dire « grands chênes » ou je ne sais quoi.

La fenêtre est entrouverte. Dehors, la nuit est douce et sent le printemps à naître. La vieille ville du Puy-en-Velay scintille de ses lumières du soir. Étagée, stratifiée, chaotique. En haut de la rue des Tables, une aura en forme d'amande enveloppe le porche de la cathédrale romane mêlée d'orient et d'Espagne mauresque. Le Puy est une ville de réminiscences et de pèlerinages.

— On n'est pas certain, dis-je, de cette étymologie. « Margeride » pourrait aussi venir du latin « margarita » qui veut dire perle.

— Il y aurait des perles en Gévaudan ?

— On m'a raconté que, dans certains ruisseaux, comme la Virlange, vivraient des moules d'eau douce. D'où ces petites nacres rarissimes. Il paraît que cette irisation est symbole de soleil levant.

— Plus on les regarde, dit Margeride, plus on les trouve étranges. Toutes sauvages.

— Elles sont comme le pays d'ici, tu ne trouves pas

Table des matières

Imprimé en France par CPI
en avril 2019
N° d'impression : 2043643
Dépôt légal : juin 2019
ISBN : 978-2-8129-2527-6
www.deboree.com
livre@centrefrance.com